AF705046

Giganten des Hard Rock

Die Musik von Deep Purple

Helge Holm

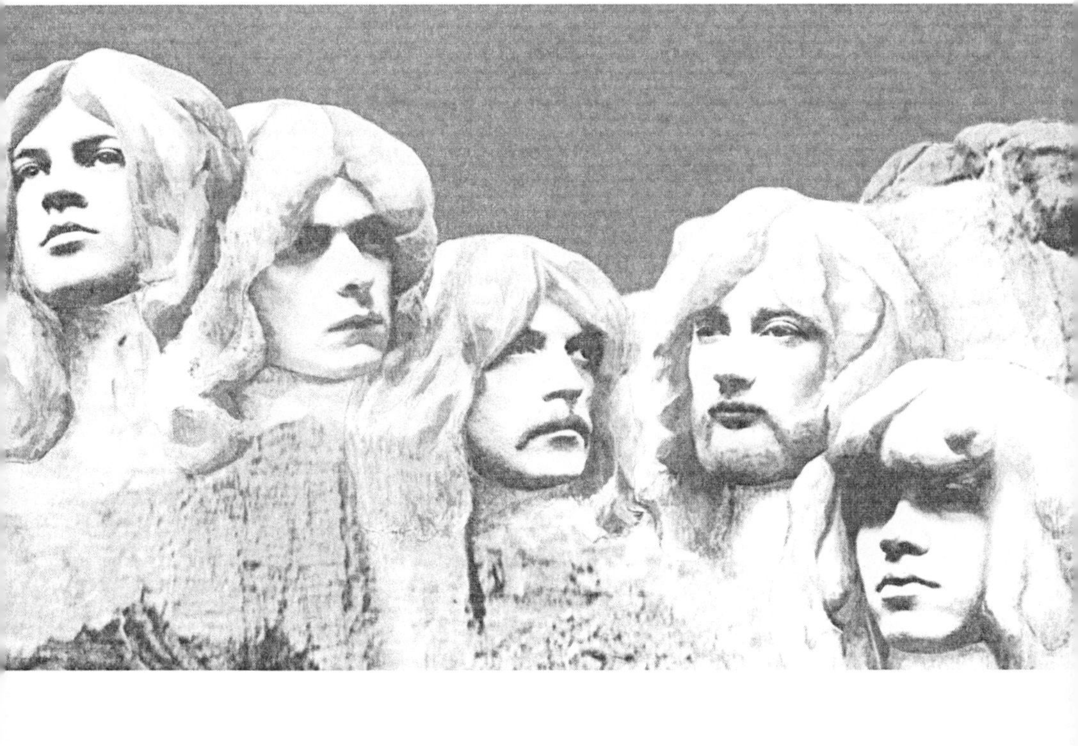

Helge Holm

Giganten des Hard Rock
Die Musik von
Deep Purple

DeBehr

Copyright by: Helge Holm
Herausgeber: Verlag DeBehr, Radeberg
Erstauflage: 2024
ISBN: 9783987272004
©-Vermerke zu den jeweiligen Covern unterhalb der Abbildungen
Mit herzlichem Dank an die Zurverfügungstellung der Rechte.

Inhalt

Vorwort

Es gab für mich schon längere Zeit viele Gründe, ein Buch über Deep Purple zu schreiben. Aber es bedurfte eines äußeren Anstoßes.

Wenn ich zurückblicke, begleiten mich Deep Purple bereits mein ganzes Leben lang. Als ich im frühen Teenageralter meine ersten Berührungen mit populärer Musik hatte, waren Deep Purple bereits auf einem ihrer zahlreichen Höhepunkte angekommen – sie veröffentlichten „DEEP PURPLE IN ROCK". 1970 war das.

Heute, im Jahr 2024, gibt es sie immer noch. Regelmäßig touren sie durch die Lande und die Musikzeitschriften flankieren ihre Aktivitäten mit einer Mischung aus Stolz, Respekt, Bewunderung und Verehrung.

All dies haben sie sich verdient. Nicht nur weil sie so lange durchgehalten haben. Auch weil sie in ihrer Art und Weise eine Einmaligkeit erreicht haben.

Anfangs waren sie mir nicht gleich aufgefallen. Zu sehr beschäftigten mich in dieser Zeit der frühen 70er-Jahre die damals populären Glamrock-Bands. Deep Purple war für uns Kinder musikalisch ein Stück weit zu progressiv und sie hatten auch nicht das Image der netten Jungs, aus denen die frühen Idole erwachsen konnten.

Das änderte sich, als sie mit „Smoke On The Water" plötzlich auch eine Single am Start hatten, die die hiesigen Hitparaden erreichte und Radioberücksichtigung fand. In der Konkurrenz zu allem, was damals Rang und Namen hatte, fielen sie damit zunächst nicht großartig auf. Schließlich waren sie auch alles andere als Teenie-Idole. Aber sie blieben hartnäckig ihrem Stil treu. Der Glamrock verschwand Mitte der 70er-Jahre, Punk und New Wave entwickelten sich, und Deep Purple boten den Rockinteressierten so etwas wie einen Heimathafen, auch wenn sie sich zu dieser Zeit bereits ihre erste Krise nahmen. Was sie bis dahin aber geschaffen hatten, war bereits legendär.

Richtig interessant wurden sie für mich, als sie 1984 aus der Versenkung zurückkehrten und nahtlos an ihre Zeit von vor neun Jahren anknüpften. Plötzlich war da dieser Kick. Als Mittzwanziger nahm ich ihr Comeback-Album wahr und erinnerte mich an sie. Da waren diese Alben, für die ich mit 12 Jahren noch etwas unbedarft gewesen bin.

Sofort waren die alten Platten auf dem Tisch. Nun erschloss sich mir auch die Qualität der Musik vollends. Sie war wie ein guter Wein: Mit dem Alter gereift, vollmundig und bekömmlicher denn je. Seitdem sind sie nicht mehr aus der Musikszene wegzudenken.

Ihre zahlreichen Veröffentlichungen waren und sind stets musikalisch interessant und bieten inzwischen reichlich Stoff für tiefere Betrachtungen. Dass es dabei nicht nur Lob und ständig neue Höhepunkte zu bewundern gibt, dass sie in gruppeninternen Auseinandersetzungen auch Federn ließen, dass sie Fehler eingestanden haben und musikalische Irrwege einschlugen, lässt sie menschlich erscheinen.

Ihre Livekonzerte sind inzwischen beinahe Familientreffen. Zumindest aber sind es Treffen derjenigen, die die Fahne des Hard Rock ungeachtet aller zwischenzeitlich eingetretenen Trends weiter aufrechterhalten. Ich habe einige ihrer Konzerte gesehen und mich beeindruckte stets ihre enorme Bühnenpräsenz.

Ihre imposante Musik hat überdies zahlreiche Cover- und Tributebands auf der ganzen Welt hervorgebracht. Etliche von ihnen genießen den Zuspruch der Gruppe. Kürzlich wurde ich auf die italienische Tributeband „Strange Kind Of Women“ aufmerksam. Eine reine Frauenband, leicht abgewandelt benannt nach einer Single von Deep Purple.

Deep Purple planen kein Ende ihrer musikalischen Aktivitäten. Das lässt mich auf weitere Veröffentlichungen hoffen und führt dazu, dass ich heute - Stand Anfang 2024 - dieses Buch mit einem offenen Schluss beenden muss, denn die Geschichte geht wohl weiter.

Helge Holm

Das Phänomen Deep Purple

Es war das Jahr 1968. Die Beatlemania nahm eine kurze Verschnaufpause, um sich anschließend ein letztes Mal aufzubäumen. Neben den so erfolgreichen britischen Beatles und den Rolling Stones, die einen Hit nach dem anderen in den Charts platzierten und als Beatbands den Rock`n`Roll auf eine neue kommerzielle Stufe hoben, zeichnete sich eine neue Richtung ab. Beeinflusst durch die aufkommende progressive Rockmusik, die einen Gegenentwurf zu den Single- und Hitbands der „British Invasion" darstellten, versuchten immer mehr Musikgruppen, sich von dem stets gleich bleibenden Schema des „Strophe-Refrain-Bridge-Refrain-Einerlei" abzuheben und einen neuen Musikstil zu kultivieren.

Die Geburtsstunde des Hard-Rock

In dieser Zeit beschlossen der Schauspielstudent Jon Lord und ein junger Studiogitarrist namens Ritchie Blackmore, die sich bereits einige Zeit kannten, eine neue Band zu gründen.

Sie waren diejenigen, die gemeinsam mit einigen anderen jenen neuen Stil prägen sollten, der sich künftig „Hard Rock" nennen sollte.

Gemeint war eine Stilrichtung die aus den populären Zutaten des Rock`n`Roll, Blues und Psychedelic Rock ein neues Genre entstehen lassen sollte. Musikalisch zeichnete sich der „Hard Rock" durch ein druckvoll und erdig gespieltes Rhythmusfundament aus, auf dessen Grundlage laut verzerrte Gitarren und ein aggressiver Gesang on top gesetzt werden. Bass und Schlagzeug gehen ein Stück weit nach vorn, Gesang und Gitarren erhalten Screaming-Effekte. Überhaupt spielten Effektbeimischungen durch die zunehmende Entwicklung der Technik eine zunehmend stärkere Rolle.

Deep Purple waren es nicht allein, die das Kind aus der Taufe hoben. Parallel entwickelten sich Led Zeppelin aus den Yardbirds, die die gleiche Richtung einschlugen, jedoch stärker vom Blues geprägt waren und später Folk-Anteile in ihrer Musik verarbeiteten. Und noch ein Team machte Furore: Black Sabbath aus Birmingham, die ein Jahr später an den Start gingen und mit ihren schweren, metallischen Soundkaskaden auf der Gitarre ein Vorläufer der späteren Metal-Bands werden sollten. Diese drei waren in ihrer Ursprünglichkeit und Individualität unerreicht. Es war ihnen vorbehalten, die Grundlagen für die neue musikalische Ausprägung zu legen.

Wie nicht anders zu erwarten, entwickelten sich aus der immer beliebter werdenden Stilrichtung des „Hard Rock" etliche Ableger. Deep Purple bekamen mit Uriah Heep 1969 eine britische Konkurrenz, die mit dem gleichen Line-up an den Start ging und auffällige Parallelen aufwies. Sie fischten in den gleichen Gewässern und wirkten anfangs phasenweise wie ein Zwilling von Deep Purple.

Über die besondere Ähnlichkeit dieser beiden Bands berichte ich näher an anderer Stelle in diesem Buch.

Dem neuen Dreigestirn des Hard Rock, Led Zeppelin, Deep Purple und Black Sabbath folgten bald weitere Musikgruppen, die sich ähnlich ausrichteten. Inzwischen sind es ganze Generationen geworden, die ihnen nacheifern.

Nachhaltigen Eindruck hinterließen dabei Alice Cooper, Nazareth, AC/DC, Kiss, Aerosmith, Van Halen, Bon Jovie, Guns N` Roses … und viele mehr.

Das Alleinstellungsmerkmal von Deep Purple

Beim Blick in die Neuzeit steht fest: Während etliche der anderen Gruppen nur temporäre Erscheinungen waren, haben Deep Purple überlebt. Die beiden anderen Schwerfiguren dieser Zeit, Led Zeppelin und Black Sabbath, gibt es heute nicht mehr. Deep Purple aber bestehen fort. Bis auf den Schlagzeuger Ian Paice, der zur Gründungsformation gehörte, haben sie bereits alle anderen Positionen in der inzwischen 55-jährigen Geschichte der Gruppe neu besetzt. Ein Ende ihrer musikalischen Zusammenarbeit ist - Stand Sommer 2023 - nicht absehbar.

Ein Grund von vielen, sich mit ihnen zu beschäftigen.

Aber es gibt weitere Gründe dafür:

Als sie 1968 beschlossen, mit ihrem Sound eine Symbiose aufzubauen, die aus einem wechselnden Leadinstrument zwischen E-Gitarre und Orgel besteht, war dies dem Zeitgeist geschuldet. Viele der damaligen, progressiv ausgerichteten Bands gingen in diese Richtung. Spätestens seit den 90er-Jahren galt diese Aufstellung und Mixtur bereits als „out of style“ - außer man hieß Deep Purple. Die britischen Hardrocker kultivierten diesen Sound und entwickelten ihn weiter, mal mit klassischem Einschlag, mal auf einem Bluesschema basierend, immer jedoch überraschend in ihrer Musik. Sie überlebten diesen Trend, mehr oder weniger als einzige.

Aber da ist noch etwas.

Deep Purple haben schon immer für musikalische Schlüsselmomente gesorgt. Augenblicke, nach denen alles anders war als vorher, alles neu wurde.

Da wäre der Urknall des Hard Rock, den – ungeachtet des zu Recht hochgelobten Debüt-Albums von Led Zeppelin 1969 – eher Deep Purple auslösten, als sie 1970 mit „In Rock“ auf den Markt kamen. „DEEP PURPLE IN ROCK“ war die Initialzündung. Der Maßstab in Sachen „Hard Rock“ von da an.

Vieles auf diesem Album macht die Band bis heute unsterblich. Ein Stück ganz besonders: „Child In Time“. Ursprünglich aus einer

Session entstanden, so simpel wie effektiv, so virtuos wie eindrucksvoll und nachhaltig. Ein Stück für die Ewigkeit. Mit einem Sänger, der die Grenzen des Einsatzes seiner Stimme neu definiert. Bis heute unerreicht.

Zwei Jahre danach veröffentlichten sie auf dem Zenit ihres bisherigen Schaffens den perfekten Rocksong: „Highway Star".

Ein geniales Stück Musik, das man nicht mehr aus dem Kopf bekommt und dessen solistische Beiträge Maßstäbe setzten.

Zu gleicher Zeit erfanden sie ungewollt das Gitarrenriff für die Ewigkeit und staunten selbst, welche Hymne aus dem eigentlich recht einfachen, doch nur mittelmäßigen Rocksong „Smoke On The Water" erwuchs.

Zu diesem Zeitpunkt waren sie erst gute drei Jahre zusammen und bereits weltweit bekannt.

Aber Deep Purple schrieben auch in anderer Hinsicht Geschichte. Legendär sind die Scharmützel ihrer Mitglieder untereinander. Im Stile einer endlosen Seifenoper trennten und wiedervereinigten sie sich, um sich kurz darauf erneut zu trennen. Ein Besetzungskarussell, das über Jahrzehnte immer neue Blüten trieb und erst 2002 für eine längere Zeit still stand. Aktuell ist es aber wieder angelaufen.

Die ständigen Querelen hielten sie nicht von neuen und teilweise sehr guten Alben ab, wenngleich die Streitigkeiten hier und da Spuren hinterließen. So schufen sie selbst im Dauerstreit weitere Highlights ihrer Karriere, etwa nach dem sensationellen Comeback im Jahr 1984. Einer weiteren Trennung folgte 1993 noch einmal ein Comeback, nicht weniger sensationell. Den endgültigen Abschied ihres kultigen Gitarristen Ritchie Blackmore kompensierten sie im darauffolgenden Jahr überraschend locker.

Als nach Ritchie Blackmore auch Jon Lord die Band 2002 verließ, waren die zentralen Leitfiguren nicht mehr dabei.

Den übrigen Mitgliedern glückte erneut die Nachbesetzung.

Trotzdem ist es erstaunlich, welche qualitativ guten Alben ihnen angesichts des mittlerweile betagten Alters bis heute gelingen.

All dies aber wird gekrönt durch das Live-Erlebnis ihrer Konzerte. Wenn die Legenden unter den noch aktiven Dinosauriern auf der Bühne stehen, ist immer noch klar:

Die härteste Rhythmusgruppe rockt im Verbund mit einer einmalig kreativen Verbindung aus Gitarre und Orgel zeitlos durch die Songs. Und inmitten der Wucht ihres Soundgewitters steht Sänger Ian Gillan wie ein Fels in der Brandung und presst aus seinem über 77 Jahre alten Körper immer noch den mächtigen, fast majestätischen Gesang heraus, den die Fans seit über 50 Jahren lieben. Er quält sich sichtbar. Dabei verlangt er sich alles ab. Mag auch der „Highway Star" in der heutigen Zeit des Klimawandels nicht mehr ganz so glaubhaft die Botschaft von Freiheit, Kraft und Lebensfreude symbolisieren – musikalisch bleibt er ein Gigant, wie Deep Purple an sich. Und natürlich gibt es so ziemlich kein Konzert dieser Band, wo nicht der Rauchgeruch über dem Wasser spürbar wird.

Sie machen immer weiter

Deep Purple haben sich inzwischen annähernd einen Legendenstatus erarbeitet, der dem der ebenfalls noch aktiven Rolling Stones gleichkommt, auch wenn ein direkter Vergleich nicht ganz passend erscheint. Fast ist man geneigt zu sagen, sie haben sich bereits überlebt und machen trotzdem weiter.

Ein wesentlicher Punkt ihrer Konstanz ist die Zusammengehörigkeit des Mitgliederkerns, bestehend aus Roger Glover und Ian Gillan. Jene beiden, die die Bedeutung ihrer Zugehörigkeit zu Deep Purple schätzen, nicht nur weil ausgerechnet sie doch in der Vergangenheit schon einmal hinausgeworfen worden waren. Ian Gillan sogar zweimal.

Roger Glovers integrierende Funktion scheint dabei ein ganz wichtiger Faktor zu sein. Er, der nach eigener bescheidener Einschätzung schon immer der einzige Musiker bei Deep Purple war, dem nicht eine überragende Virtuosität in die Wiege gelegt worden ist. Umso mehr bemühte er sich, andere dienende Funktionen zu übernehmen. Er war der Produzent mehrerer Deep Purple-Alben, er unterstützte Ian Gillan beim Texten der Songs, er vermittelte in Streitigkeiten und von ihm sind keinerlei Eskapaden (Alkohol, Drogen, konkurrierende

Soloaktivitäten, Umsturz ...) überliefert.

Mit Ian Gillan verbindet ihn eine jahrzehntelange Freundschaft. Gegen die beiden kann nicht mehr wie früher durch Ritchie Blackmore erfolgreich opponiert werden. Dafür ist ihre Stellung inzwischen zu stark. Ian Paice als einziges noch aktives Gründungsmitglied komplettiert dieses Duo. Er ist trotz anderweitiger musikalischer Aktivitäten stets an einem Fortbestand der Band interessiert gewesen. Daran änderte sich auch nichts, als ihn ein gesundheitliches Problem vor ein paar Jahren für einige Zeit aus dem Geschäft nahm. Diese drei bilden den langjährigen Kern der Band. Sie sind das Überbleibsel aus der erfolgreichsten Phase der Mark-II-Besetzung. Solange sie weitermachen wollen, wird es Deep Purple geben.

Was sie antreibt, ist die Suche nach aufregender Musik. Deep Purple standen stets für vielfältige Einflüsse, nicht nur Rock und Blues, sondern auch Orchestermusik, Klassik, Rock`n`Roll, Soul und Swing. Dabei war es ihnen stets egal, ob sie radiotauglich waren. Die Singleversion von „Smoke On The Water“ entstand mehr oder weniger ohne ihr Zutun.

Deep Purple gehören bereits sehr lange zu dem Großen im Musikgeschäft. Neben Led Zeppelin und Black Sabbath gelten sie als die Erfinder des Hard Rock. Sie sind nach über 50 Jahren immer noch mit neuen Plattenveröffentlichungen und diversen Tourneen weite Teile des Jahres über unterwegs.

Ihre Live-Konzerte sind regelmäßig Familientreffen mehrerer Generationen. All dies ist Grund genug, das musikalische Wirken ausreichend zu würdigen.

Was früher in der Gruppe ein Problem war, nämlich die unstete Besetzung, die häufigen Personalwechsel, ist inzwischen zu einem Erfolgsfaktor im Sinne einer Blutauffrischung geworden. Zweifellos traf dies auf die letzten „Neuen“ von Deep Purple zu - Steve Morse, der 1994 in die Gruppe kam, und Don Airey, der im Jahr 2001 Jon Lord ersetzte. Im Jahr 2022, nach einer aktuell etwas trägeren Phase, kommt der scheinbar perfekte Gitarrist zu ihnen, um Steve Morse abzulösen. Plötzlich ist das bereits mehrfach zum letzten musikalischen Neuwerk erklärte Album noch nicht komponiert. Man redet darüber, den neuen Gitarristen Simon McBride in das Schreiben neuer Songs einzubeziehen. Demnach wird es also neue Songs geben und das Abschlussalbum erwartet uns noch. Nicht die schlechteste Aussicht. Es bleibt die Erkenntnis: Deep Purple sind nicht tot zu kriegen. -

Aber gestatten wir Ian Paice als letztem Gründungsmitglied auch das letzte Wort in dieser Angelegenheit:

„Wir alle wissen, dass mit jedem Jahr, das vergeht, der Zeitpunkt näher rückt, an dem man es nicht mehr schaffen wird. Solange wir Spaß haben und solange wir das, was wir tun, sehr gut können und die Leute uns dazu auch noch sehen und hören wollen, machen wir einfach weiter. Wenn aber zum Beispiel Ian Gillans Stimme schwinden würde, dann wäre das das Ende. Wenn ich meinen Händen sage, sie sollen etwas mit den Trommelstöcken tun, und sie gehorchen nicht mehr richtig, dann kann ich mit Freunden vielleicht noch in einer Kneipe spielen, sollte aber nicht mehr versuchen 20.000 Leute zu unterhalten. Dieser Punkt, an dem wir körperlich die Fähigkeit verlieren werden, das zu tun, was wir tun müssen, ist nicht mehr in ferner Zukunft. Aber wir haben jetzt keinen Plan für das Ende der Band und wir werden nie ein allerletztes Konzert anberaumen, auch wenn man damit viel Geld machen könnte. Wie traurig wäre eine geplante allerletzte Show."

Recht hat er. Noch ist davon auch keine Rede.

Schauen wir lieber mal, wie alles begann …

1. Kapitel

Mark I – Die Reise beginnt

Die Gründung von Deep Purple geht auf ein schicksalhaftes Zusammentreffen zurück, wie so oft in der Musik. In diesem Fall spielte es sich 1967 ab, als die beiden jungen Musiker Jon Lord und Ritchie Blackmore einander begegneten und beschlossen, eine Band zu gründen.

Auf der Suche nach geeigneten Mitstreitern wurden sie auf den jungen Schlagzeuger Ian Paice aufmerksam, der sich ihnen spontan anschloss. Während Bassist Nick Simper über Jon Lord in das Sichtfeld der in Gründung befindlichen Band kam, bewarb sich Sänger Rod Evans erfolgreich um die Aufnahme und komplettierte das Quartett.

So sehr man sich einig war, miteinander zu musizieren, so verschiedenartig war das Feld ihrer musikalischen Aktivitäten.

Man war jung, musikalisch noch nicht sehr erfahren und inmitten einer vielfältigen Musiklandschaft.

Es ist nicht ungewöhnlich, sich als junge, neu gegründete Gruppe zunächst einmal auszuprobieren. Auch die jungen Deep Purple vermieden in dieser Zeit eine musikalische Festlegung. Die Einflüsse der Zeit nahmen sie auf und verarbeiteten sie zu einem Stilmix eigener Art.

Im Falle Deep Purples dauerte es allerdings ganze drei Alben und einen Ritt durch so ziemlich alle damals angesagten populären musikalischen Richtungen. Angereichert wurde dieser bunte Strauß noch durch den klassikaffinen Organisten Jon Lord, dessen mehrmalige Versuche, Rock und Klassik bei Deep Purple zusammenzufügen, spätestens 1970 als gescheitert angesehen werden mussten. Denn die Gruppe sollte eine andere Bestimmung haben.

Mark I bildete den Auftakt. Aber Mark I hatte keine Zukunft. Nicht, weil aus Deep Purple keine Rock–Klassik–Formation wurde, sondern weil der Zug in eine andere Richtung zu fahren begann, in der etwas

Großes entstehen und mindestens ein Gruppenmitglied sich dafür als dauerhaft nicht geeignet erweisen sollte.

Die als Mark I bezeichnete Gruppenphase brachte folgende Alben heraus:

SHADES OF DEEP PURPLE (1968)
THE BOOK OF TALIESYN (1968)
DEEP PURPLE (1969)

Sie spielten in der Besetzung:

Jon Lord – Orgel
Ritchie Blackmore – Gitarre
Ian Paice – Schlagzeug
Rod Evans – Gesang
Nick Simper – Bass

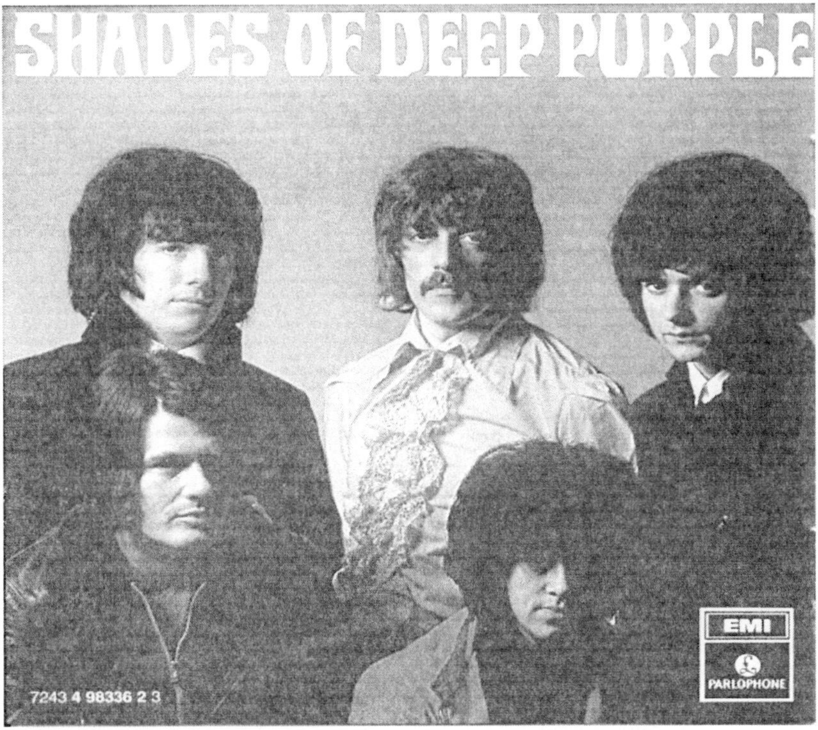

SHADES OF DEEP PURPLE (1968) – Verheißungsvolles Debüt aus einer anderen Zeit

© Universal

Songs
1. And the Address (Blackmore, Lord)
2. Hush (Joe South)
3. One More Rainy Day (Evans, Lord)
4. Prelude: Happiness / I'm So Glad
(Deep Purple, Rimsky-Korsakov, Skip James)
5. Mandrake Root (Evans, Blackmore, Lord)
6. Help (Lennon/McCartney)
7. Love Help Me (Evans, Blackmore)
8. Hey Joe (Billy Roberts)

Total Time: 43:33

Bonustracks on 2000 remaster:
9. Shadows (outtake)
10. Love Help Me (instrumental version)
11. Help (alternate take)
12. Hey Joe (BBC Top Gear session, 14 January 1969)
13. Hush (live US TV, 1968)

*Previously unreleased

Line-up (Mark I)
- Rod Evans / lead vocals
- Ritchie Blackmore / guitars
- Jon Lord / Hammond organ, backing vocals
- Nick Simper / bass, backing vocals
- Ian Paice / drums

Zur Entstehung des Albums

Das Debütalbum von Deep Purple, veröffentlicht 1968, führte sehr unterschiedliche Musiker zusammen. Beeinflusst von der vielfältigen musikalischen Landschaft Ende der 60er-Jahre suchten sie nach ihrem Weg und pickten sich aus dem reichhaltigen Angebot großer Pop-Songs heraus, was ihnen zusagte. War es mangelndes Vertrauen in die eigenen Songwriter-Qualitäten? Möglicherweise. Andererseits ist es nicht untypisch, sich auf der Suche nach dem eigenen Stil zunächst an Vorbildern zu orientieren.

Da war zunächst einmal die amerikanische Psychedelic-Rock-Band Vanilla Fudge, deren Konzept praktisch übernommen wurde: Progressive Rockmusik mit einer Hammond-Orgel im Zentrum, wilder Rhythmik und konfuser Gitarre sowie den Coverversionen, die einer sehr freien Bearbeitung unterzogen wurden. Besonders deutlich betraf dies die Coverversionen der Beatles, die auch Vanilla Fudge im Programm hatten. In England waren „Cream" auf dem kreativen Höhepunkt, was sie ebenfalls zu einem Studienobjekt von Deep Purple machte. Und natürlich Jimi Hendrix, dessen „Hey Joe" sich auf dem Weg zur Unsterblichkeit befand.

Aber Deep Purple zeigten auch bereits eigenen Facettenreichtum: Orgel plus Gitarre, sich wild dabei anstachelndes wechselseitiges Improvisieren, wobei hier der klassische Einfluss und dort der des Blues ineinander verschmolzen. Später sollten sie daraus Solostrecken in Hochgeschwindigkeit entwickeln.

Alle diese Zutaten flossen in ein Album, das je nach Geschmack als vielseitig oder orientierungslos bezeichnet werden konnte.

Die Songs

„And the Address" eröffnet die „SHADES OF DEEP PURPLE" mit einer instrumentalen Eigenkomposition. Ein waberndes Keyboard baut eine Spannungskurve auf. Nach gut einer Minute steigt dann der Rest der Band ein. Die Gitarre spielt ein eingängiges Thema über einem Underground-Beat. Nacheinander solieren Gitarre (etwas schräg) und Orgel. Das ist nicht sonderlich spektakulär, ließ aber in seiner Struktur bereits deutlich erkennen, wohin der Weg von Deep Purple führen sollte. Für ihr Album „WHOOSH! nahmen sie das Stück 2020 in einer gestrafften Fassung mit verkürztem Intro neu auf. Offenbar erachtete man 2020 das lange Vorspiel nicht mehr als zeitgemäß, den Song an sich aber als bedeutend.

„**Hush**" ist das erste Stück einer Reihe von Coversongs auf dem Album. Joe South war der Autor. Vor allem in den USA mauserte sich „Hush" mit dem Mitgrölrefrain „Nananana Nanana Nanana" zu einem überraschenden Hit und erreichte Platz 4 der Charts. Für Deep Purple war „Hush“ aus heutiger Sicht eine ungewöhnliche Pop-Nummer, sehr sixties-like, und eigentlich nicht ihre originäre Richtung. Zum damaligen Zeitpunkt waren sie aber noch offen für Experimente in alle Richtungen, und das Covern bekannter Hits gehörte zur erklärten Strategie ihres ersten Albums. Deep Purple entdeckten später die Live-Tauglichkeit und Beliebtheit von „Hush“ und nahmen es nach einer Anregung von Steve Morse als Zugabe in das Live-Programm späterer Jahre. Im Gegensatz zu den anderen Coversongs auf diesem Album gehörte „Hush“ zu den gelungeneren Stücken.

„One More Rainy Day“ ist eine weitere Popnummer mit breitem Refrain einschließlich recht typischer Backing-Vocals für die damalige Zeit. Jon Lord und Nick Simper sollen die Backgroundsänger auf dem Album gewesen sein. Tatsächlich klingt es sehr nach den Hollies, sixties-like, und noch sehr weit weg von den Deep Purple, wie sie etwa in den 70er-Jahren wahrgenommen wurden. Dennoch ganz nett anzuhören.

„Prelude: Happiness / I'm So Glad“ zeigt dagegen wieder die andere Seite des Albums: Prog-Rock mit klassischem Einschlag und gleichzeitig ein Coversong. „I'm So Glad“ ist eine in erster Linie durch Cream populär gewordene Rocknummer. Das dazu ausgewählte „Prelude: Happiness“ stammt aus der Feder von Deep Purple. Immerhin ist durch Mischung dieser beiden Songteile eine diskussionswürdige Bearbeitung entstanden. Mehr aber auch nicht.

„Mandrake Root“ ist eine weitere Eigenkomposition, die in dem sperrigen Riff am Beginn gewisse Parallelen zu Jimi Hendrix` „Foxy Lady“ aufweist. Das Stück geht, wie auch „And The Address“ im Ursprung der Idee auf Entwürfe von Ritchie Blackmore zurück. In einem späteren Interview erklärte Ritchie Blackmore allerdings, befragt nach seinen Einflüssen, er habe von Jimi Hendrix nicht so viel übernehmen können, wie immer behauptet werde. Auch sei Hendrix nicht das Maß aller Dinge gewesen. Welche teilweise ungewöhnliche Einschätzung Ritchie Blackmore zu anderen Gitarristen pflegte, darauf gehe ich in seiner Biografie näher ein.

Zumindest bei „Mandrake Root“ ist eine Beeinflussung de facto nicht wegzudiskutieren. Aber wie auch immer: Hendrix oder nicht – in puncto Eindringlichkeit in der Darbietung reichen Deep Purple mit

„Mandrake Root“ nicht an Jimi Hendrix heran. Ein langes Orgelsolo, untermalt mit einem virtuosen Schlagzeug, gehen wiederum schon sehr in die Richtung der späteren Deep Purple. Auch die ergänzende Gitarre Ritchie Blackmores hat ihren Anteil daran.

Mit **„Help“** riskierten Deep Purple das Covern eines der Beatles-Heiligtümer. Und das hätten sie besser nicht getan. Der Song wirkt wie nach dem Genuss etlicher Schlaftabletten eingespielt und lässt alles vermissen, was das Original auszeichnet: Brillanz, Tempo, Ausdrucksstärke. Den Gesang trennen Welten vom Original. Ein furioser Ausbruch der Orgel im Mittelteil rettet da auch nichts mehr. Insbesondere, weil die Interpretation dann ins Koma zurückfällt und mit einer Kinderliedmelodie dem Ausklang entgegentrudelt. Einer der Schwachpunkte des Albums.

Mit **„Love Help Me“** folgte anschließend wieder eine Eigenkomposition, die in den Beatles-Katalog gepasst hätte, aber noch mehr klingt sie nach „The Who“. Flott vorgetragen und passend instrumentiert gehört das Stück zu den Highlights der Popsongs auf dem Album.

„Hey Joe“, im Original von Jimi Hendrix, beschließt das Album mit einem Coversong, den erneut die Orgel relativ weit weg vom Original einleitet. Das Ganze erhält in der Harmonie einen spanischen Anstrich. Mit dem Einstieg des eher soften und unpassenden Gesangs von Rod Evans fällt die aufgebaute Spannung jedoch deutlich ab, da sich auch die instrumentale Begleitung im Hintergrund hält. Mehrere Fehlentscheidungen auf einmal. Letztlich überwiegt die Enttäuschung, auch wenn die Gitarre gegen Ende den Song noch in die bekannten Bahnen leitet. Summa summarum hätte es auch dieses Covers nicht bedurft.

Fazit:

Es ist nicht ungewöhnlich, dass sich musikalische Formationen kurz nach ihrer Gründung erst einmal ausprobieren wollen und dabei ihre Fühler in unterschiedliche Richtungen ausstrecken. Bei „SHADES OF DEEP PURPLE“ trifft dies fraglos zu. Sixties-Pop, progressiver Rock, psychedelische Klanggebilde, ansatzweise Hard Rock, eine Mixtur aus Eigenkompositionen und populären Coverversionen, dazu ein Schuss Klassik … viel mehr Gemischtwarenladen geht eigentlich nicht. Alles wird angerissen und teilweise etwas lieblos zusammengewürfelt. Bemerkenswerterweise zünden die Coverversionen, ausgenommen „Hush“, nun überhaupt nicht und fallen gegenüber den jeweiligen Originalen deutlich ab, weshalb sich die Frage stellt, warum sich Deep Purple angesichts der überragenden Originale überhaupt in die Niederungen derart halbgarer Coverversionen begeben haben. Der gewünschte Mehrwert tritt jedenfalls nicht ein. Stattdessen inszenieren Deep Purple die Stücke teilweise temporeduziert und mit psychedelischen Effekten. Die große Wirkung entfaltet das aber nicht.

Dennoch wird deutlich, dass hier Musiker mit Potenzial am Werke sind, deren überdurchschnittliche Fähigkeiten bereits hier und da erkennbar werden, namentlich Jon Lord, Ritchie Blackmore und Ian Paice. Ihr Zusammenspiel ist ein dichtes Spannungsfeld voll überraschender Einfälle. Dagegen fallen die Kollegen am Bass und Gesang etwas ab. Schon bald sollte sich zeigen, dass sie für größere Aufgaben nicht vorgesehen waren. Aber das wussten alle Beteiligten zu diesem Zeitpunkt noch nicht, auch wenn vor allem die Monotonie des eher spannungsarmen Gesangs von Rod Evans dessen Grenzen schon hier sichtbar machte. Seine Stimme war zweifellos angenehm anzuhören, aber ihr fehlte die Ausdruckskraft und Variabilität. Und noch ein Problem zeigte dieses Album: Es gab verschiedene Strömungen, aber noch keine übereinstimmende Richtung. Die Songs pendelten zwischen Pop und Rock und zwischen Eigenkomposition und Cover. Auch war es Jon Lords Orgel, die auf dem Debütalbum von Deep Purple die tragende Rolle einnahm, während das eigentliche Monster, die Riffgitarre, sich noch verhalten zurückhielt.

Bewertung:

Sixties-Pop, progressiver Rock, psychedelischer Rock
*** gut, sofern Abwechslungsreichtum geschätzt wird
Top-Tracks: And The Address, Hush, Love Help Me

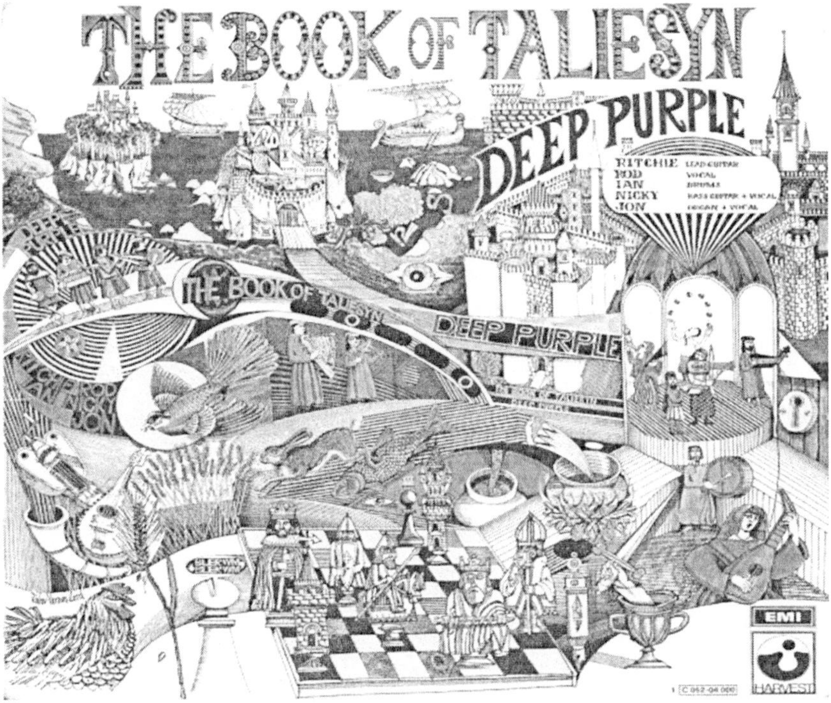

THE BOOK OF TALIESYN (1968) - Versuch einer Standortbestimmung

© Universal

Mit dem zweiten Album im Jahr ihres Debüts verfolgten Deep Purple ihr Konzept, bestehend aus Coverversionen und Eigenkompositionen im Sixties-Format, gemischt mit progressiv-psychedelischem Rock und Klassikeinschüben unverändert weiter.

Erneut ist es die Orgel Jon Lords, die die dominante Rolle einnahm und sehr häufig eine Tragfläche und Grundierung für die Songs darstellte. Und wieder verfremdeten sie die Vorlagen der gecoverten Hits auf eine bisweilen sehr eigentümliche Weise. Vorlage für den Albumtitel war ein historisches Buch des walisischen Barden Taliesyn. Die Songs selbst beziehen sich aber nicht darauf.

Songs
1. Listen, Learn, Read On (Evans/Blackmore/Lord/Paice)
2. Wring That Neck (Blackmore/Simper/Lord/Paice)
3. Kentucky Woman (Neil Diamond)
4. Exposition (Beethoven) / We Can Work It Out (Lennon/McCartney)
5. Shield (Evans/Blackmore/Lord)
6. Anthem (Evans/Lord)
7. River Deep, Mountain High (Barry/Greenwich/Spector)

Total Time: 43:57

Line-up (Mark I)
- Rod Evans / Lead vocals
- Ritchie Blackmore / Lead guitar
- Jon Lord / Hammond organ, backing vocals, string arrangements (6)
- Nick Simper / Bass, backing vocals
- Ian Paice / Drums

Anmerkungen zu den Songs

„Listen, Learn, Read On“ eröffnet in hastigem Tempo einen Song, der irgendwo zwischen ambitioniertem Prog-Rock, Beatmusik und einem Refrain im Flower-Power-Look angesiedelt ist. Abgeschmeckt wurde das Ganze mit etwas Pink Floyd (beim Refrain) und einem Hauch Avantgarde. Auffällig ist dazu der Hall in der Stimme von Rod Evans, der für eine gespenstische Spannung sorgt, jedoch in seiner

Monotonie eben auch hier seine Grenzen hat. Da Jon Lords Orgel eher im Hintergrund agierte und Ritchie Blackmore ein ziemlich unpassendes, weil atonales Gitarrensolo beitrug, war Ian Paices schneller Beat und seine gekonnten Wirbel der eigentliche Hingucker bei diesem Stück. Es blieb dabei: Deep Purple setzten sich mit ihren Eigenkompositionen auch auf ihrem zweiten Album zwischen alle Stühle.

Das folgende **„Wring That Neck“** ist ein Instrumental auf der Grundlage eines Bluesschemas und eine Notenfolge, die offenbar nicht weiter auskomponiert werden sollte. Stattdessen bietet das Stück den beiden Protagonisten an Gitarre und Orgel die Basis für reichlich ausufernden Soloausflügen. Dabei zeigten Jon Lord und Ritchie Blackmore in Reinkultur, welche Duelle sie sich künftig auf ihren Instrumenten zu liefern in der Lage sein werden. Überhaupt scheint dieses Stück ausschließlich eine Werkschau ihrer solistischen Fähigkeiten zu sein, offenbar entstanden aus einer Jam-Session. Über die Notwendigkeit einer derart „billigen“ Komposition lässt sich streiten, solistisch ist sie hier allemal vorzeigbar. Aus einer ähnlichen Arbeitsmethodik heraus entstanden später eine Reihe populärer Stücke, etwa auch „Lazy“ vom Album „MACHINE HEAD“. Wegen seines doppeldeutigen Titels wurde „Wring That Neck“ teilweise unter dem Namen „Hard Road“ veröffentlicht.

„Kentucky Woman“, im Original von Neil Diamond, läutet den Reigen der Coverversionen ein. Die Nummer wird von Deep Purple sehr flott und souverän gespielt, bleibt aber eine leichtfüßige Popdarbietung, die nicht so ganz passend erscheint. Daran ändert auch nichts, dass Sänger Rod Evans für seine Verhältnisse mal richtig aus sich heraus geht und einige zaghafte Schreie erklingen lässt. Ritchie Blackmore spielt ein deutlich besseres Gitarrensolo als in der Auftaktnummer. Überstrahlt wird es dennoch von Jon Lords famosem Orgelsolo, mit dem er sich von dem ursprünglichen Popsong deutlich löst.

Mit **„Exposition / We Can Work It Out“** nehmen sich Deep Purple erneut eine Beatles-Komposition vor, und wieder tun sie es mit einer groß angelegten Einleitung, die in diesem Fall klassische Phrasen von Beethoven und Tschaikowsky enthält. „Exposition“ klingt dramatisch und schürt demzufolge Erwartungen an eine ebensolche Fortsetzung. Nur passt das mit dem im Original wesentlich eindrucksvolleren Beatles-Song überhaupt nicht zusammen. Der Gesang gibt sich gar nicht erst die Mühe, Ähnlichkeiten zum Original herzustellen, was sicherlich auch vergebliche Liebesmüh wäre. Allein die Bridge versucht einen Harmoniegesang aufzubauen, versinkt aber in zu seicht vorgetragenem Gesäusel. Schließlich wird das gute Stück noch rhythmisch stark verkompliziert und in ein progressives Rockschema gezwängt. Zurück zur Strophe ist man gegen Ende ob der vielen Wechsel in Harmonie und Rhythmik eher wenig an einer Wiederholung interessiert. Der Song endet vermeintlich im Chaos und die Ausblende am Schluss vermittelt ein Stück weit Ratlosigkeit. Was soll man mit diesem Cover anfangen? Es gibt Vorlagen, die man besser nicht kopiert, oder wenn, dann nicht lediglich durch das Zusammenfügen verschiedener Versatzstücke, die recht wenig zueinander passen.

Während man sich gerade noch schüttelt, folgt **„Shield"** mit einem interessanten, ruhig gespielten Intro und vermittelt so etwas wie Spannung. Ein melodiöses Thema führt in den Song. Hier verlassen Deep Purple das Feld der Sixties-Pop-Nummern und der Coversongs und bewegen sich in Richtung einer eigenen Identität. Ritchie Blackmore brilliert mit einem interessanten Gitarrensolo, unterlegt mit einem klappernden Percussionteil. Experimentell und doch sehr harmonisch angelegt befindet sich hier das Highlight auf dem Album.

Mit **„Anthem"** folgt eine weitere entspannte Eigenkomposition im Sixties-Pop-Stil. Eine Ballade, die den Moody Blues gut zu Gesicht stehen würde. Die Songstruktur beginnt im gewöhnlichen Strophe-Refrain-Modus. Der endet nach zweimaliger Vorführung abrupt und es beginnt ein klassischer Einschub. Plötzlich auftauchende Streicher und eine unterlegte Orgel führen zu einem Gitarrensolo und es deutet sich an, was Deep Purple auf ihrem nächsten Album mit „April" noch intensiver praktizieren werden. Im Gegensatz zu „Exposition / We Can Work It Out" gelingt es der Band, die beiden Teile gut miteinander zu verbinden und als eine Einheit erscheinen zu lassen. Auch dies ist ein gelungenes Stück.

„River Deep, Mountain High" beschließt das Album mit einem majestätisch aufgemotzten Ike & Tina Turner-Cover. Bevor der eigentliche Song beginnt, wird das Intro auf stattliche viereinhalb Minuten ausgeweitet, einschließlich eines darin enthaltenen Zitats von "Also sprach Zarathustra". Zu viel des Guten. Rod Evans trägt den folgenden Beginn der Strophe zunächst komplett einschläfernd vor, bevor dann der Rhythmus einsetzt und das Stück an Fahrt aufnimmt. Strophen und Refrain nähern sich dabei dem Original an, ohne jedoch dessen gesangliche Qualität zu erreichen. Gleiches gilt für alle Songvorlagen der Beatles, an denen sich Deep Purple abgearbeitet hatten.

Die gut 10 Minuten Laufzeit werden zumindest ab der Hälfte der Zeit als packendes Rockstück vorgetragen. Gegen Ende mündet der Song schließlich in ein furioses Sologemetzel. Es bleibt ein gemischter Eindruck zurück, der sich vor allem an der Frage reibt, ob es für diesen Song 10 Minuten sein mussten.

Fazit:

Stilistisch unterscheidet sich „THE BOOK OF TALIESYN " nicht vom Vorgänger „SHADES OF DEEP PURPLE". Der musikalische Gemischtwarenladen wurde beibehalten und wird gewollt oder ungewollt auf dem Cover des Albums mit dem abgebildeten Durcheinander sinngemäß dargestellt. Deep Purple befanden sich auch hier noch auf der Suche nach ihrem Stil.

Die Auswahl und Umsetzung der Coversongs sind weiterhin zumindest ansatzweise kritisch zu beurteilen. War es Terminnot oder das mangelnde Vertrauen in die Eigenkompositionen, was die Gruppe wieder dazu brachte, drei Fremdkompositionen aufzunehmen? Möglicherweise ein Stück von beidem. Dagegen fallen die Eigenkompositionen bereits eine Stufe besser aus und verdeutlichen erneut das kreative Potenzial der Gruppe.

Jon Lord ist auch auf dem zweiten Album von Deep Purple mit seiner Orgel das bestimmende Instrument. Die Songs sind in der Mehrheit ruhig angelegt, gemessen an späteren Deep Purple-Alben vergleichsweise sanft, was aber angesichts der bereits erkennbaren Qualität der beiden Top-Tracks nicht zu kritisieren ist.

Bewertung:

Sixties-Pop, progressiver Rock, psychedelischer Rock, Klassik
*** gut
Top-Tracks: Shield, Anthem

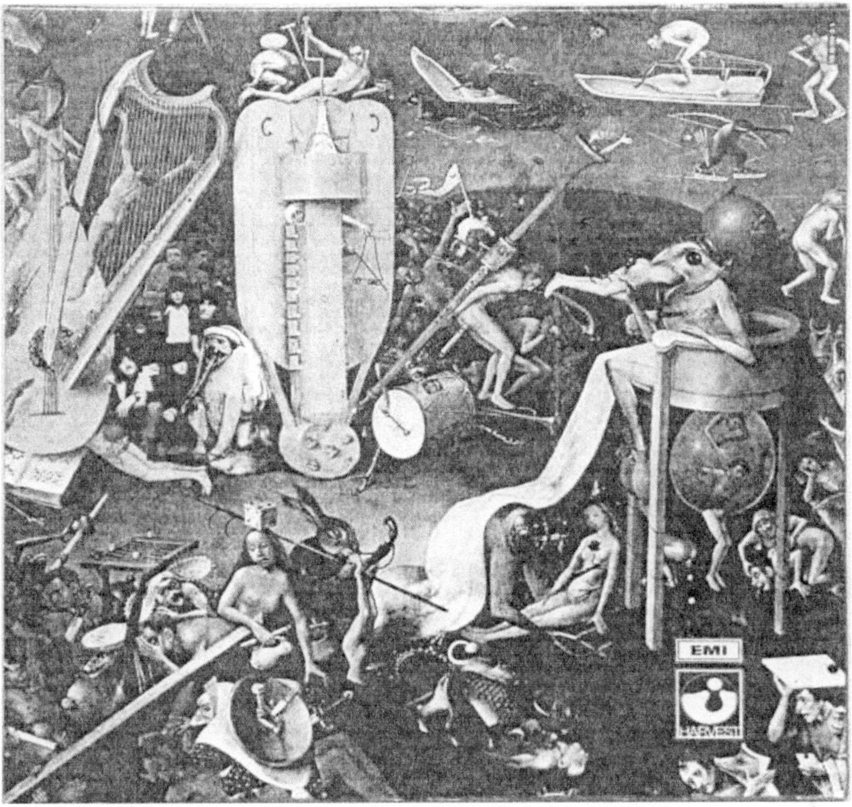

DEEP PURPLE (1969) – Am Scheideweg

© Universal

Das dritte und letzte Album in der Urbesetzung von Deep Purple verdeutlichte eine konstante Weiterentwicklung der Band. Bis auf Donovans „Lalena“ stammten alle Songs aus der Feder der Gruppe. Bombastisch aufgeblasene und episch breit gezogene Coverversionen fremder Hits wie auf den ersten beiden Alben spielten hier keine Rolle mehr.

Jon Lords Orgel bildete aber weiterhin die Basis für den Gruppensound. Auch hatte Jon Lord an allen eigenen Stücken mitgeschrieben. Sein Einfluss war auf diesem Album noch einmal bestimmend, wenngleich Ritchie Blackmores Soloarbeit immer stärker in die Songs eingebaut wurde und sich seine Gitarre deutlich mehr Raum griff.

Deep Purple sollten sich in Kürze verändern – personell und auch musikalisch. Gründe dafür lieferte auch dieses Album.

Songs

1. Chasing Shadows (Lord/Paice)
2. Blind (Lord)
3. Lalena (Donovan)
4. Fault Line (Blackmore/Lord/Paice/Simper)
5. The Painter (Lord/Blackmore/Paice/Evans/Simper)
6. Why Didn't Rosemary? (Blackmore/Lord/Evans/Simper/ Paice)
7. The Bird Has Flown (Evans/Blackmore/Lord)
8. April (Blackmore/Lord)

Total Time: 44:32

Bonustracks on 2000 remaster:

9. The Bird Has Flown (Alternate single version)
10. Emmaretta (Studio B-side)
11. Emmaretta (BBC Top Gear session)
12. Lalena (BBC radio session)
13. The Painter (BBC radio session)

*Previously unreleased

Line-up (Mark I)
- Rod Evans / Lead vocals
- Ritchie Blackmore / Electric & acoustic guitars
- Jon Lord / Hammond organ, piano, harpsichord (2), backing vocals, string & woodwind arranger (8)
- Nick Simper / Bass, backing vocals
- Ian Paice / Drums, percussion

Anmerkungen zu den Songs

„Chasing Shadows“ eröffnet das Album mit einer Lord/Paice Eigenkomposition. Und das hört man auch. Ian Paice unterlegt den Song durchgehend mit einem dichten und massigen Beat, bestehend aus einem Grundrhythmus, ergänzt um Percussions. Dieser dichte Teppich durchzieht das ganze Stück.

Darüber liegt eine eingängige Gesangsmelodie, die Rod Evans im Rahmen seiner Möglichkeiten recht ordentlich intoniert. Gitarre und Orgel solieren dazu passend und Ian Paice beendet den Song, wie er ihn begonnen hat – allein. Keine Frage: Deep Purple machten einen weiteren Schritt nach vorn und in Richtung Hard Rock, auch wenn die Grundidee hier sehr einfach gestrickt ist.

„Blind“ ist eine Komposition von Jon Lord mit einem hübschen Keyboardthema auf dem Harpsichord (Cembalo). Die Grundstimmung ist sentimental und das Stück funktioniert – auch dankenswerterweise durch ein sehr fantasievoll gespieltes Schlagzeug.

Das von Donovan stammenden **„Lalena“** ist die einzige Fremdkomposition auf dem Album und sie ist noch nicht einmal schlecht interpretiert oder gar unpassend. Rod Evans kann hier noch einmal als Sänger ansatzweise punkten, bevor er sich beim Rest der Platte mehr schlecht als recht durchhangelt und seine Schwächen als Rocksänger offenbart. Deep Purple sollten sehr bald ihre Zukunft mit einem anderen Sänger planen.

„Fault Line“ ist ein kurzes experimentelles Instrumental mit rückwärts laufenden Tonfragmenten. Warum nicht …? könnte man meinen, zumal es eine Art Vorspiel ist und überleitet zu:

„The Painter“, einem Rocksong, der auf einem Bluesschema aufgebaut ist. Nicht sonderlich spektakulär, aber das Stück lebt von der solistischen Stärke eines immer besser agierenden Ritchie Blackmore, der hier sein bestes Gitarrensolo auf dem Album spielt. Rocksongs sind allerdings nicht die Stärke von Sänger Rod Evans, der mit seinen stimmlichen Einschränkungen diesem Stück nicht die notwendige Seele geben kann. So bleibt die recht karge Komposition unter ihren Möglichkeiten, zeigt aber bereits die neue Richtung an.

„Why Didn't Rosemary?“ ist aus dem gleichen Stück Fleisch geschnitten, jedoch wurde der Song insgesamt recht billig zusammengeflickt. Dazu plätschert das Stück etwas betulich im eintönigen Boogie-Rhythmus dahin. Das lange Gitarrensolo rettet die magere Idee auch nicht wirklich. Vorhersehbar in der Abfolge und wenig spektakulär in der Harmonie, legt der Song Deep Purples Defizite im Songwriting offen. Leider gilt das auch für das nächste Stück.

„The Bird Has Flown“ leidet in ähnlicher Weise unter einer fehlenden brauchbaren Grundidee. Das Stück wirkt monoton und der Gesang erschreckend schwach. Überdies passiert nach Ritchie Blackmores Gitarrensolo nicht mehr wirklich etwas, obwohl der Song noch zwei weitere Minuten andauert. Jon Lord improvisiert seinen Anteil auf der Orgel und bleibt dabei auch weitgehend hinter seinen Möglichkeiten zurück. Einzig die Ironie zündet.- Mit „The Bird Has Flown“ verweisen Deep Purple augenzwinkernd auf „And Your Bird Can Sing“ von den Beatles. Sinngemäß erklären sie im Titel die Übernahme weiterer Beatles-Songs als Coverversion für ihre Alben für erledigt – und das ist auch gut so.

Aber das Warten lohnt schließlich doch noch.

„April“ ist dann ein später Höhepunkt und entschädigt für die letzten drei eher nur mäßigen Stücke. Das konzertante Opus bietet mit seiner unwiderstehlichen Melodie den Raum für solistische Ausflüge von Gitarre und Orgel. Nach einem flamencoähnlichen Akustikgitarrenteil wird es übergangslos elektrisch gesteigert. Ein klassischer Einschub, wunderbar passend arrangiert, nimmt dann die Rockband aus dem Spiel, ohne das Thema zu verlieren. Streicher und Bläser führen den Song ein Stück weit fort. Nach diesem Intermezzo folgt - wiederum brillant im Übergang - nach einem Break noch einmal die Rockband und Rod Evans bekommt schließlich auch noch seinen kurzen Gesangspart, bevor das finale Gitarrensolo in die Ausblende gleitet.

Lediglich eine Vier-Akkord-Folge, die sich ständig wiederholt und dann kurz erweitert wird, bildet die Basis dieses traumwandlerisch schönen Stückes, das in all seinen Facetten ebenso abwechslungsreich ist wie der Monat April. Jon Lord legte hier als Arrangeur und Mittler zwischen Rock und Klassik sein bisheriges Meisterstück vor, das, wie wir wissen, ihm Appetit auf mehr gemacht hat.

Fazit:

Deep Purples Entwicklung schritt zwar voran. Weg von den Coverversionen und vom Sixties-Pop, der ihnen nicht lag.

Gleichwohl schien sich die Band förmlich festzufahren. Den immer stärker werdenden Musikern fehlten zunächst einmal starke Songs. Das Songwriting zeigte Schwächen bzw. wuchs nicht mit den instrumentalen Qualitäten der Gruppenmitglieder.

Auch wenn der Sixties-Pop und die Coverversionen weitgehend vom Tisch waren: Die endgültige musikalische Ausrichtung schien noch nicht abschließend geklärt zu sein.

Aber eine Änderung schien nötig.

Bewertung:

Hard Rock mit letzten progressiven Elementen, psychedelischer Rock, Klassik

*** gut

Top-Tracks: April

Die weitere Entwicklung

Nach drei Alben, denen man gewisse Momente nicht absprechen konnte, die aber auch Schwächen und einen fehlenden Kurs offenbarten, nahmen Deep Purple eine Bestandsaufnahme vor.

Darin wurde deutlich, dass Rod Evans als Sänger erkennbar der Schwachpunkt innerhalb der Gruppe war. Sein Gesang wirkte über längere Strecken monoton und zunehmend ausdruckslos. Bei den Balladen gelang ihm noch am ehesten eine gute Figur. In den rockigen Songs wirkte er oft überfordert. Dass seine Tage hier gezählt waren, verdankte er sicherlich auch dem Vergleich mit der aufkommenden britischen Konkurrenz, etwa von Led Zeppelin, Black Sabbath oder Slade, die mit Robert Plant, Ozzy Osbourne und Noddy Holder beeindruckende Shouter in ihren Reihen hatten, und die damit über ganz andere musikalische Möglichkeiten verfügten. Ritchie Blackmore sah dies genau und war bereits damals die treibende Kraft, die eine Veränderung wollte. Dabei hatte er die Sänger der Konkurrenten klar vor Augen. Schaut man auf die aufstrebenden Rockgruppen dieser Zeit, wird auch die Veränderung der musikalischen Landschaft ab 1970 deutlich. Psychedelische Rockmusik, Beat und Folk waren in England passé. Härtere Rockmusik war im Anflug.

Wollte man da mithalten, bedurfte es eines neuen Sängers. Aber Blackmore wollte einen größeren Personalwechsel.

Mitte 1969 hatte er sich innerhalb der Gruppe durchgesetzt: Sänger Rod Evans und Bassist Nick Simper mussten Deep Purple verlassen. Dafür kamen als neuer Sänger Ian Gillan und als neuer Bassist Roger Glover.

Rod Evans und Nick Simper - Die tragischen Helden von Mark I

Deep Purple bestanden nach ihrer Gründung aus drei überragenden Solisten, die in der Folgezeit auf ihrem jeweiligen Instrument Maßstäbe setzen sollten – und sie hatten zwei Musiker, denen das Schicksal nur eine Übergangsrolle zugedacht hatte. Die beiden Letztgenannten waren der Sänger Rod Evans und der Bassist Nick Simper.

Roderic „Rod“ Evans wurde 1947 geboren.

In den späten 1960er-Jahren gehörte er zur Band „The Maze“, bei der auch Ian Paice trommelte. Ian Paice sollte der Schlagzeuger bei Deep Purple werden, beschlossen Ritchie Blackmore und Jon Lord. Rod Evans bekam Wind von der Gründung Deep Purples und bewarb sich spontan als Sänger.

Nach einem kurzen Casting wurde er genommen und war damit Teil der ersten Formation Deep Purples.

Rod Evans sollte nur für die ersten drei Alben bei Deep Purple bleiben:

SHADES OF DEEP PURPLE (1968)
THE BOOK OF TALIESYN (1968)
DEEP PURPLE (1969)

Er teilte das Schicksal mit dem Bassisten Nick Simper, dessen Verbleib auch nur für die ersten drei Alben reichen sollte. Aber es war ausschließlich Rod Evans, der 1969 den Anlass zur Umbesetzung bei Deep Purple gab.

Evans Ausstieg bei Deep Purple

Rod Evans sah sich während seiner Zeit bei Deep Purple immer wieder der Kritik an seinem Gesangsstil ausgesetzt.

Passte sein ruhiger, durchaus angenehm temperierter, aber teilweise monoton wirkender Gesang noch zur anfänglichen musikalischen Ausrichtung rund um den Pop der 60er-Jahre und zur psychedelischen Musik dieser Zeit, so wurde es für ihn im Laufe der Entwicklung der Gruppe hin zu einer Hard Rock Band immer schwieriger. Tatsächlich bekam er den Job bei Deep Purple vor allem wegen seines durchaus ansprechenden Gesangs in Balladen. Auch an der Idee der Beatles-Coverversionen soll er seinen Anteil gehabt haben. All dies war Teil von Deep Purple auf den ersten beiden Alben und ließ sich mit Rod Evans' Gesangsstil darstellen. Erste Kritik kam jedoch schon zu dieser Zeit auf.

Als das dritte Album 1969 phasenweise stärker zum Rock tendierte, schien Rod Evans zunehmend überfordert zu sein.

Es wurde ihm dabei zum Verhängnis, dass er eben nicht über eine vergleichbare „Rockröhre" verfügte, wie etwa Robert Plant von der britischen Konkurrenz „Led Zeppelin". Und genau in diese Richtung des Gitarrenrocks mit schweren Riffs und einer harten Begleitung aus Bass und Schlagzeug zog es vor allem Ritchie Blackmore.

So musste Rod Evans die Band nach einer Entscheidung von Ritchie Blackmore, Jon Lord und Ian Paice verlassen. Nick Simper sollte ihm folgen, da der neue Sänger Ian Gillan den Einstieg von Roger Glover als Bassist zur Bedingung seines Mitwirkens machte. Doch dazu unten mehr.

Der weitere Werdegang

Rod Evans versuchte sich nach seiner Zeit bei Deep Purple weiterhin als Sänger, ohne jedoch einen ähnlichen Erfolg erreichen zu können.

1980 füllte er noch einmal die Schlagzeilen, als er unter dem Namen Deep Purple in den USA mit anderen Musikern tourte. Die Anwälte der „richtigen" Deep Purple konnten diese Namensverwendung gerichtlich untersagen. Kurz darauf beendete Rod Evans seine musikalische Laufbahn. Auch der Kontakt zu den früheren Mitmusikern ist bis heute abgerissen.

Mit Rod Evans wird vor allem der Hit „Hush" in Verbindung gebracht, den Deep Purple auf ihrem Debütalbum „SHADES OF DEEP PURPLE" veröffentlichten, und der bis auf Platz 4 der US-Billboard-Charts gelangte.

Nicholas „Nick" Simper kam 1945 auf die Welt. Obwohl er sich zunächst als Gitarrist versuchte, sollte ihm die Rolle des Bassisten in der ersten Formation von Deep Purple zukommen.

Wie kam es dazu? Nach einigen weniger bedeutsamen Gastspielen bei unterschiedlichen Bands landete Nick Simper schließlich im Oktober 1967 bei einer Gruppe namens „The Flower Pot Men". Das brachte ihn mit Jon Lord zusammen und schließlich in die sich in Gründung befindliche Gruppe Deep Purple, da denen der Bassist fehlte.

Nick Simper spielte den Bass auf den ersten drei Alben von Deep Purple:

SHADES OF DEEP PURPLE (1968)
THE BOOK OF TALIESYN (1968)
DEEP PURPLE (1969)

Simpers Ausstieg bei Deep Purple

Nach dem dritten Album spürte die Gruppe Handlungsbedarf. Rod Evans war als Sänger schon länger nicht mehr unumstritten und die Kritik an seinem monotonen, wenig variablen Gesangsstil hatte weiter zugenommen. Parallel verbuchte die britische Konkurrenz um Led Zeppelin und Black Sabbath erste Erfolge, auch dank ihrer ausdrucksstarken und charismatischen Sänger.

Besonders Ritchie Blackmore drängte auf eine Veränderung. Für die künftige, stärker hardrockorientierte Ausrichtung der Gruppe war Rod Evans' Gesang seiner Ansicht nach nicht ausreichend. Das belegten auch die ersten drei Alben. Rod Evans – so die Ansicht von Ritchie Blackmore und schließlich auch die von Jon Lord – sollte die Band verlassen. An einen Wechsel des Bassisten Nick Simper dachten sie ursprünglich nicht.

Den aber traf es trotzdem und fast unvermittelt, als Gesangs-Nachfolgekandidat Ian Gillan nur gemeinsam mit Bassist Roger Glover von Episode Six zu Deep Purple wechseln wollte. Gillan und Glover seien Freunde und ein eingespieltes Songwriter-Team, hieß es. – Songwriting ... da war doch was …? Richtig, gutes Songwriting, daran mangelte es Deep Purple nach den letzten Eindrücken vor allem. Folglich erklärte Ritchie Blackmore dem völlig überraschten Nick Simper, sein

Bassspiel sei nicht modern genug, und darum müsse auch er die Band verlassen. Natürlich hatte sich Ritchie Blackmore die Rückversicherung bei Jon Lord geholt. Ian Paice war zumindest eingeweiht, wenn auch nicht direkt beteiligt.

Nick Simper blieb keine Wahl. Er ging und musste schließlich für den Rest seines Lebens damit klarkommen, dass er nicht wegen seiner Leistung bei Deep Purple gekündigt wurde, sondern eigentlich nur wegen des nicht passenden Sängers. Denn die Begründung mit dem unmodernen Bassspiel war hilfsweise aus der Luft gegriffen, um den Deal mit Ian Gillan hinzubekommen. Nick Simper kassierte eine einmalige Abfindung von 10.000 britischen Pfund– und seine Lesart ist bis heute, dass es keine Entscheidung der Band gegen ihn war. Zweifellos der Versuch, mit der Situation seinen Frieden zu machen. Was ihm dabei entgangen ist, weiß alle Welt und kann mit 10.000 Pfund nicht ansatzweise kompensiert werden.

Nick Simper setzte gleichwohl seine musikalische Karriere fort, allerdings ohne dabei nennenswerten Erfolg zu erlangen. Zuletzt und bis dato führt er die Formation „Nick Simper & Nasty Habits" an, die einige der alten Deep Purple-Songs live aufführen.

Schaut man heute auf die Karriere von Deep Purple, so erwies sich die damalige Personalentscheidung als richtig, brachte sie doch die fruchtbare Mark II – Besetzung zusammen, deren Fundament noch heute die Musik der Gruppe trägt und Jahr für Jahr für Erfolg in den Livekonzerten sorgt. Aus Sicht der beiden geschassten Musiker mag es tragisch sein, denn der große Erfolg der Band wurde ihnen nicht zuteil.

Rod Evans war der falsche Sänger für Deep Purple und daher seine Zeit dort nur begrenzt. Er stand der weiteren musikalischen Entwicklung im Weg und sein Abschied war daher folgerichtig. Nick Simper war der klassische Fall eines Bauernopfers. Im Schach wird der Bauer geopfert, um eine stärkere Wirkung der anderen Figuren zu erlangen bzw. die Stellung zu stärken. Nichts anderes ist geschehen.

Die Geburtsstunde des Hard Rock ... und was das mit Deep Purple zu tun hat

Wann war eigentlich die Geburtsstunde des Hard Rock? Der sogenannte Urknall. Bei genauer Betrachtung lässt sich das nur schwer an einem bestimmten Moment oder einem bestimmten Song festmachen. Schon gar nicht an einer einzelnen Gruppe. Vielmehr hat sich die Stilrichtung des Hard Rock langsam, aber stetig entwickelt. Und sie hatte ganz gewiss mehrere Taufpaten.

Zeitlich lässt sich das Aufkommen des Hard Rock zwischen 1960 und 1970 verorten. Folgt man der These, dass es nicht ein einziger Song war, den ein Interpret/eine Gruppe erschaffen hat – denn welcher sollte das sein - so gibt es definitiv mehrere Stücke, die dem Rock diese neue Unterart tröpfchenweise hinzufügten. Aber dazu gleich mehr. Zunächst zur Begrifflichkeit.

Die Elemente des Hard Rock und ihr Nährboden

Was genau versteht man unter Hard Rock? Und warum ist nicht das mögliche Gegenstück, der Soft Rock, neben einer Richtungsbeschreibung seinerseits zu einem weitverbreiteten Markenzeichen geworden? Oder gar zu einem ebenso weitreichenden Qualitätskriterium?

Tatsächlich begannen ab Ende der 60er-Jahre eine ganze Reihe der sich damals sprunghaft vermehrenden Rockbands ihre Gitarrenriffs härter und schneller zu spielen und gleichzeitig mehr Kraft, Energie und Tempo in die Rhythmik zu legen. Ein druckvolleres Schlagzeug, ein tiefer gestimmter, erdiger Bass und der vermehrte Einsatz von Effekten, besonders verzerrenden Effekten, bildeten den Rahmen. Auch der Gesang bekam mehr Druck und vor allem Lautstärke. Die Sänger waren von da an als „Shouter“ oder auch als „Rockröhren“ bezeichnet worden. Je lauter und kraftvoller, desto nützlicher für die härteren Songs. Zweifellos profitierten sie nach und nach auch von der verbesserten Technik der Gitarrenamps, die für den richtigen Sound unerlässlich waren. Ganz vorn dabei – natürlich – der Hersteller Marshall, dessen Gitarrenverstärker die ideale Kombination zur härteren Rockmusik wurde. Lautstärke und Verzerrung bekamen neue Möglichkeiten, die auch bereits in den 60er-Jahren u.a. von Jimi Hendrix genutzt worden sind.

Die Basis dieser neuen Musik blieb die immer noch vorhandene Grundausrichtung, die dem Rock`n`Roll, dem Blues und vielleicht auch dem Beat aus dieser Zeit entnommen wurde. Es handelt sich mithin um eine Fortentwicklung des Rock. Man könnte es auch einen Seitenarm nennen, wie es auch unter anderem das spätere Heavy Metal, der Progressive Rock oder der Grunge Rock wurde. In jedem Fall sind die Grenzen fließend und eine eindeutige Zuordnung jenseits von wissenschaftlich haltbaren Beweisen. Zu der harten und lauten Ausrichtung gehörte im Regelfall das klassische Line-up, bestehend aus einer, zwei oder gar drei E-Gitarren, aufgeteilt in Lead- und Rhythmusarbeit, einer Bassgitarre und einem Schlagzeug. Einige stilistisch etwas breiter aufgestellte Bands verwendeten zusätzlich oder anstelle einer zweiten Gitarre die Keyboards.

Musikalische Merkmale dieser Musikrichtung waren der häufig zum Einsatz kommende 4/4-Takt, verzerrte, bisweilen auch schnell gespielte Gitarrenakkorde und teils ausufernde Gitarrensoli. Die klassischen Songstrukturen von Strophen, Refrains, Zwischenstücken und solistischen Einschüben wurden aufgebrochen, variierten frei und veränderten sich häufig. Besondere Popularität erlangten die Gitarrensoli. Je länger, desto kultiger.

Die großen drei der britischen Hard Rock Bands

Aber zurück zur Frage, auf wessen Ursprungsidee der Hard Rock denn nun letztlich zurückzuführen ist. 1969/1970 kamen gleich drei neue britische Rockbands in die Szene, die mit ihren frühen Alben während der jahrzehntelangen Karrieren den Hard Rock maßgebend prägen sollten. Ihr großer Erfolg und die in einem Fall bis heute andauernde Karriere erkor sie schnell zu den Gründervätern des Hard Rock. Die Rede ist von Led Zeppelin, Deep Purple und Black Sabbath, die hier die Richtung vorgaben. Zu ihnen gesellten sich eine Reihe weiterer Bands, denen aber keine so intensive, dauerhafte oder nachhaltige Beeinflussung des Hard Rock gelang – oder die schlicht erst etwas später die Bühne betraten. Zu nennen sind hier etwa Uriah Heep, denen in diesem Buch ein eigenes Kapitel gemeinsam mit Deep Purple gewidmet wird, AC/DC, UFO, Van Halen oder die deutschen Scorpions. Aber auch die Amerikaner brachten hierzu einige stilprägende Bands hervor, unter anderem Bon Jovie, Kiss oder Aerosmith.

Es brauchte die richtigen Charaktere zur richtigen Zeit. Etwa um 1968 herum rührten Cream und Jimi Hendrix bereits die Ursuppe dessen zusammen, was daraus entstehen sollte: Eine progressive Rockmischung, die gitarrenbasiert und -dominiert funktionierte und sich Freiheiten erlaubte, die die bisherigen, teils biederen Songrahmen sprengen sollte. Deep Purple Mark I traten auf den Plan und paddelten anfangs etwas orientierungslos zwischen Coveraufnahmen der Beatles, Ike & Tina Turner sowie den genannten Cream und Jimi Hendrix hin und her. Daneben schrieben und intonierten sie eine progressive Rockmusik, die mal etwas härter, mal poppiger und mal folkbeeinflusst ausfiel.

1968 kamen die britischen Landsleute von Led Zeppelin als erste der großen Drei mit ihrem Debütalbum heraus. Bereits die ersten Takte des Openers „Good Times Bad Times" wiesen in die künftige Richtung. Aber Led Zeppelin verschrieben sich von vornherein allerdings nicht nur dem Hard Rock, sondern vermischten ihre Musik sehr stark mit Blues und Folk.

So blieb es Deep Purple vorbehalten, den ersten „richtigen" Aufschlag zu machen. Nach Aussagen Jon Lords war es besonders Ritchie Blackmore, der die Gruppe in die Richtung Hard Rock drängte. Diese Erkenntnis hatte sehr stark mit Ritchies Bewunderung für Jimi Hendrix zu tun, so der Organist.

„DEEP PURPLE IN ROCK" erschien 1970 als reines, unverwässertes Hard Rock – Album. Drummer Ian Paice sah in jedem Song ein „powerful statement". Noch heute sprechen ungeachtet der anderen musikalischen Vorgänger viele Musikmagazine vom Urknall für die Band und der Geburtsstunde des Hard Rock, wenn es um „DEEP PURPLE IN ROCK" geht.

Zweifellos brachte es niemand zuvor so auf den Punkt wie Deep

Purple auf diesem Album.

Ihr Nachfolgewerk „FIREBALL“, so Bassist Roger Glover, war dann wieder in jeder Hinsicht anders, weil man rund um den Hard Rock experimentieren wollte. Möglicherweise ging es auch darum zu vermeiden, sich selbst zu sehr zu wiederholen. Denn schon damals galt, Deep Purple machen, was sie wollen und nicht, was man von ihnen erwartete.

Eine Eigenschaft, die sie später immer mal wieder besonders dann betonten, wenn ihnen Kritiker vorwarfen, den geraden Hard Rock - Weg ein Stück weit verlassen zu haben. Trotz oder gerade wegen ihrer unterschiedlichen Charaktere funktionierte besonders die Mark II - Besetzung so beeindruckend gut.

Immer dann, wenn ein Kollektiv besser funktioniert als die Summe seiner Einzelteile, kann etwas Großes entstehen. Das genau war hier der Fall. Alle späteren Soloaktivitäten der Deep Purple – Mitglieder sollten bis heute niemals diese Magie erreichen, die Deep Purple in dieser Formation auszeichnete.

Deep Purple gelang mit ihrem 1970er Album „In Rock“ tatsächlich so etwas wie eine Blaupause des Hard Rock. „Paranoid“ von Black Sabbath erschien im gleichen Jahr. Ein Jahr zuvor faszinierte das erste Album von Led Zeppelin mit dem erwähnten Opener „Good Times Bad Times“. Die Qualität, Eindringlichkeit und Häufigkeit der Gitarrenriffs hatte zugenommen und beeindruckte die Musikliebhaber dieses Genres. Und doch stecken die Wurzeln dieser Musik in einigen früheren Aufnahmen, die teils bewusst, teils unbewusst die Saat legten.

Der Einfluss der Gründerväter

Bereits 1964 war es die britische Band „The Kinks“, die mit den harten Anfangsakkorden von „You Really Got Me“ einen Aufschlag machten. 1965 steigerten „The Who“ mit „My Generation“ Tempo, Härte und Intensität. Selbst die Beatles waren mit Helter Skelter 1968 schon früher dran, bevor 1969 Led Zeppelin I erschien. Alle diese Bands waren auch in anderen Stilrichtungen unterwegs. Aber sie hinterließen Spuren, die von den primär auf Hard Rock ausgerichteten

Formationen dankbar aufgenommen wurden. Deep Purple griffen 1970 mit „In Rock“ genau diesen Faden auf und perfektionierten ihn über die Jahre. Es gelang ihnen auch, ihre britischen Rivalen von Uriah Heep, die ebenfalls bis heute noch aktiv sind, immer ein Stück auf Distanz zu halten.

Da waren also nun Led Zeppelin, Deep Purple und Black Sabbath, die drei hochtalentierten neuen Bands, die das Genre des Hard Rock prägen sollten wie niemand zuvor. Schnell stellte sich heraus, dass Led Zeppelin mehrdimensional fahren wollte. Sie sahen ihre Wurzeln im Blues und im Folk Rock, was sie immer wieder dazu brachten, nicht nur Hard Rock zu spielen. Auch Black Sabbath entwickelten einen eigenen, unverwechselbaren Stil. Sie sind es, die man als Vorläufer der Heavy Metal Bands bezeichnen könnte. Einzig Deep Purple verfolgten ihre Linie seit „In Rock“ konsequent und blieben dem reinen Hard Rock treu, wenngleich der direkte Nachfolger „FIREBALL“ 1971 einige davon abweichende, mehr psychedelische Elemente aufwies. Im weitesten Sinne war dies noch der Zeit geschuldet und sollte keine neue Richtungsentscheidung bedeuten.

Die so neu entstandene Musikrichtung veränderte vieles. Die bis dahin noch vorherrschende progressiv-psychedelische Rockmusik der Hippie-Ära rund um das Musikfestival Woodstock wurde förmlich weggeblasen. Der neue Sound setzte sich durch. Deep Purple sind ein sehr gutes Beispiel für diese Veränderung, weil sie sie selbst erfahren durften. Waren sie doch mit ihren drei ersten Alben genau irgendwo auf diesem Trip zwischen Hippie-Musik, Beat, Pop, Balladen und progressiven Elementen unterwegs. Erst die vierte Veröffentlichung „In Rock“ änderte für sie alles. Folgerichtig tauschten sie Rod Evans, den Sänger mit der sanften Stimme, gegen den besessen singenden, kreischenden und kraftstrotzenden Ian Gillan aus.

Eine neue Musikepoche war angebrochen. Und die drei wegweisenden Bands hatten dafür die Songs, die richtigen Typen, das Talent, den Eifer und die Visionen, die es dazu brauchte. Ihnen allen sollte eine große Karriere gelingen.

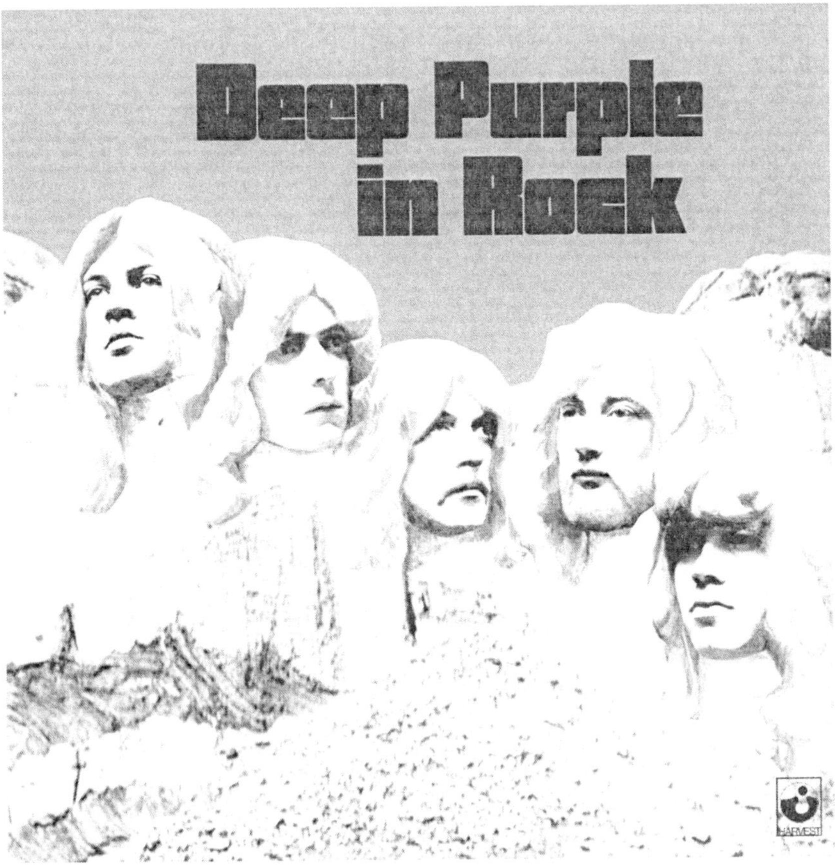

DEEP PURPLE IN ROCK (1970) - Der Meilenstein

© Universal

Songs
1. Speed King
2. Bloodsucker
3. Child in Time
4. Flight of the Rat
5. Into the Fire
6. Living Wreck
7. Hard Lovin' Man

Total Time: 41:46

Line-up (Mark II)
- Ian Gillan / Lead Vocals
- Ritchie Blackmore / Guitars
- Jon Lord / Hammond Organ, Keyboards
- Roger Glover / Bass
- Ian Paice / Drums, Percussion

Das Album und seine Bedeutung

„DEEP PURPLE IN ROCK“ war das vierte Album der Gruppe, und es war das Album, mit dem sich alles veränderte. Die Musiker hatten sich auf ihren ersten drei Alben einen Stilmix erlaubt, der sich noch nicht so recht von den Einflüssen der damaligen Zeit, besonders der progressiven Rockmusik, freimachen wollte und der eine eindeutige Richtung vermissen ließ. Nun aber machten sie es klar.

„In Rock“ war nicht weniger als der Urknall des Hard-Rock.

Alles passte zusammen. Eine kompromisslos harte Platte.

In der Konkurrenz zu den anderen beiden britischen Bands, die ebenfalls zu den stilgebenden und viele Nachfolger prägenden Gruppen gehörten, setzte „In Rock“ ein deutliches Zeichen. Es lautete: Den reinen Hard Rock erfinden wir!

Black Sabbath waren ohnehin etwas eher den Vorläufern des Metal zuzuordnen. Led Zeppelin, für viele die größte Band aller Zeiten, war stilistisch vielschichtiger unterwegs und daher nicht direkt eine Konkurrenz. Ihre Musik war neben dem Hard Rock auch stärker blues- und folkbeeinflusst. Aber beide Konkurrenten hatten bereits erfolgreiche Debüt-Alben mit harter Rockmusik veröffentlicht. Die Annahme, sich daher auf dem richtigen Weg zu befinden, erwies sich für Deep Purple als zutreffend.

Und noch eines war von nun an klar: Deep Purple beendeten mit diesem Album die Zeit der Coverversionen, sei es von den Beatles, Neil Diamond oder Ike & Tina Turner oder wem auch immer. Gleichzeitig widerstanden sie jedem weiteren Versuch, zwischen psychedelischem Rock und progressivem Rock sowie überkommenen Folk-Einflüssen und Elvis-Anleihen irgendwo eingeordnet zu werden. Das bedeutete auch das Ende für Sänger Rod Evans, der zur angestrebten musikalischen Ausrichtung nicht mehr passte.

Untermauert wurde das Ganze durch das markante Albumcover, das die Band am Mount Rushmore in Stein gemeißelt zeigt, somit förmlich „im Fels“ (In Rock).

Und die Musik? Sie ist eine enorm spannende Angelegenheit zwischen Gitarre und Orgel, die sich beide zu Höchstleistungen anspornten und erstmals die imposanten Duelle zwischen ihren Instrumenten ausfochten. Besonders Ritchie Blackmore gelang es, mit neuen harten Riffs den Songs seinen Stempel aufzudrücken. Während er sich auf den ersten drei Alben als Rhythmusgitarrist weitgehend zurückhielt, war er nun omnipräsent, und das nicht nur solistisch.

Es war gewissermaßen auch seine späte Rache an Jon Lord, dessen zuvor inszeniertes Klassik-Rock-Werk „CONCERTO FOR GROUP AND ORCHESTRA“ ihm musikalisch gar nicht behagte. Auch nicht, dass er dadurch in der öffentlichen Wahrnehmung ins zweite Glied geschoben wurde. Er verhinderte mit dem von ihm propagierten riffbetonten Hardrock nachhaltig, dass Deep Purple mit Rock-Klassik oder Klassik-Rock dauerhaft ein weiteres neues Fass aufmachten. Dabei kam ihm gelegen, dass Organist Jon Lord während der Entstehung von „In Rock“ noch mit seinem „CONCERTO FOR GROUP AND ORCHESTRA“ beschäftigt war. So hatte Ritchie Blackmore gewissermaßen das Zepter in der Hand.

Trotzdem war auch die Orgel von Jon Lord ein wesentliches Markenzeichen von „DEEP PURPLE IN ROCK“. Mit seinem harten und teilweise schrillen Hammondsound sorgte er für ein weiteres wesentliches Puzzleteil auf dem Album.

Die Songs

Speed King eröffnet das Album mit einem brachial hereinbrechenden Gitarrengewitter, in das die übrigen Instrumente einsteigen. Die kirchlich anmutende Orgelüberleitung wiegt den Hörer kurz darauf in eine trügerische Melancholie, bevor der Song mit brachialer Gewalt zu einem kompromisslosen Hard Rock eigener Prägung losbricht, auch wenn das Einstiegsriff doch etwas nach Jimi Hendrix klingt.

„Good golly, said little Miss Molly / When she was rockin' in the house of blue light / Tutti frutti was oh so rooty / Rockin' to the east and west ..." erinnert zunächst an den Rock`n`Roll von Little Richard, zeigt musikalisch aber bereits den neuen, härteren Weg.

Es folgt eins der vielen Duelle zwischen Gitarre und Orgel, wie sie Deep Purple mit diesem Album auch auf eine neue Ebene heben. Anfangs jazzig, denn sie können ja mehr als nur hart und laut, später dann rockig-explosiv. Aber es ist nicht nur die instrumentale Gewalt, die einem kaum Luft zum Atmen lässt. Da ist diese Stimme von Ian Gillan, die auf diesem Album alle Register zieht. Besonders beeindruckend sind seine kraftvollen Schreie, die er als Stilmittel fortan öfter einsetzt.

Bloodsucker ist gleich ein weiterer schwerer Rocksong mit vertracktem Rhythmus, starkem Riff und verzerrter Orgel.

Der Song bekommt zum Ende eine psychedelisch-bedrohliche Note, indem der Gesang wie rückwärts abgespult klingt und in die Ausblende führt.

Was dann aber folgt, ist die größte Überraschung auf dem Album.

Mit **Child In Time** beginnt eine gefühlvolle, fast hypnotische Einleitung auf der Orgel, die zu einem dramatisch inszenierten Stück führt, dessen Steigerung einen spätestens über die kreischenden Schreie des Sängers in den gefühlten Wahnsinn treibt. Ian Gillans Gesang beginnt leise und behutsam, wird eindringlicher und steigert sich zu angstvollen, ekstatischen Schreien.

Ihm folgt die Gitarre Ritchie Blackmores, der eines seiner besten und temporeichsten Soli folgen lässt, in dessen Verlauf das Tempo immer weiter anzieht. Ein wirkungsvoller Effekt, der live später bisweilen noch besser ausgereizt wurde. Die Töne überschlagen sich förmlich, bis bei einem verabredeten Gleichklang mit der Orgel wie auf einen Knall das Gewitter vorbei ist und der Song zum Ausgangsthema zurückfindet.

Wer das zum ersten Mal hört, atmet an dieser Stelle erst einmal durch. Die Strophe und die sich steigernden Schreie werden wiederholt bis der Song instrumental in einer Art Chaos endet. Wie auch immer man dies findet: Die unglaubliche Intensität dieses Stückes vergisst man nicht so schnell.

Was für Led Zeppelin „Stairway To Heaven" war, hatten Deep Purple mit „Child In Time" vorgelegt. Ein unvergleichliches Stück, dessen Qualität als Longtrack für die Ewigkeit im Raum steht. Und die Erfolgsformel ist recht einfach: Ein Bluesschema in den Akkorden A-Moll, G-Dur, F-Dur bildet die Grundlage. Während der langen Improvisation auf der Gitarre findet kein Akkordwechsel statt. Nicht viele können aus so wenig Input so viel machen.

Flight of the Rat eröffnet den zweiten Teil des Albums mit einem weiteren schnellen und unwiderstehlichen Riffmonster, das in einen schnellen und packenden Rocksong mündet.

Spätestens hier ist auch einmal der Rhythmusabteilung um Bassist Roger Glover und Schlagzeuger Ian Paice großer Respekt zu zollen. Sie sorgen mit ihrer Grundierung für die Power, die hinter der Musik steckt und den beiden Solisten Blackmore und Lord erst die Möglichkeit geben, das Fundament zu verlassen und mit ihren Tempoläufen abzuheben. Und das tun sie hier erneut.

Into the Fire nimmt anschließend etwas das Tempo zurück, beeindruckt aber nicht minder durch einen schweren, stampfenden Rhythmus, den alle vier Instrumente mittragen. Ian Gillan singt eindringlicher denn je. Dabei beendet er den ausgestoßenen Refrain mit einem unwiderstehlichen Schrei.

Living Wreck haut in die gleiche Kerbe bei mittlerem Tempo. Die Gruppe erachtete diesen Song interessanterweise anfangs als nicht würdig genug, um auf dem Album zu erscheinen. Doch auch dieses Stück hat seine Momente mit allen klassischen Zutaten. Eindringlicher Gesang, ein Riff der Gitarre und eine verzerrte Orgel, die überdies fantastische Effekte setzt und hier deutlich nach vorn geregelt wird. Ein psychedelisch anmutendes Gitarrensolo führt den etwas mystischen Song in die Schlussrunde.

Einen der Höhepunkte haben sich Deep Purple für den Schluss aufgehoben: Ihr **Hard Lovin' Man** mit dem galoppierenden Rhythmus reißt sofort mit. Das Tempo ist wieder angezogen und alle Musiker spielen mit kompromissloser Härte. Zunächst legt die Orgel ein wildes, leicht angezerrtes und teils schräges Solo vor, das einen erschaudern lässt. Anschließend ist – wie nicht anders zu erwarten – die Gitarre am Zug und eröffnet zweistimmig und melodiös, bevor das Tempo der Noten gesteigert wird. Nach der abschließenden Strophe ist es dann erneut Ritchie Blackmore an der Gitarre, der so aufhört, wie er mit „Speed King" begonnen hat. Wild, virtuos und mit einem höllischen Lärm seiner metallisch-scheppernden Gitarre, die längst das Songgerüst verlassen hat. Ein Ausklang, der seinesgleichen sucht und den intensiv lauschenden Hörer nach dem Durchlauf des Albums erschöpft zurücklässt.

Fazit:

Deep Purple feierten mit „In Rock" die Geburtsstunde des Hard Rock und zeigten dabei gleichzeitig, welch perfekte musikalische Harmonie zwischen ihnen förmlich die Funken fliegen lässt. In Topform an ihren Instrumenten hatten sie die Formel gefunden, in der sie harten Rock mit virtuosen Soli und einem eigenen Sound prägten.

Düstere, eindringliche und monströse Riffs bestimmten die Stücke. Die von Jon Lord und Ritchie Blackmore abwechselnd gespielten Soli sind von höchster Qualität und der drei Oktaven umfassende Gesang Ian Gillans ist bereits ein Alleinstellungsmerkmal der Band. Es war der erste Höhepunkt in ihrer noch jungen Karriere.

Im Nachgang zum fertig gestellten Album erschuf die Band in einer Studiosession „Black Night" und hatte damit die passende Single gefunden, die das Album selbst nicht hergab.

Bewertung:

Hard Rock
****** Der Meilenstein/Top-Album
Top-Tracks: Speed King, Child In Time

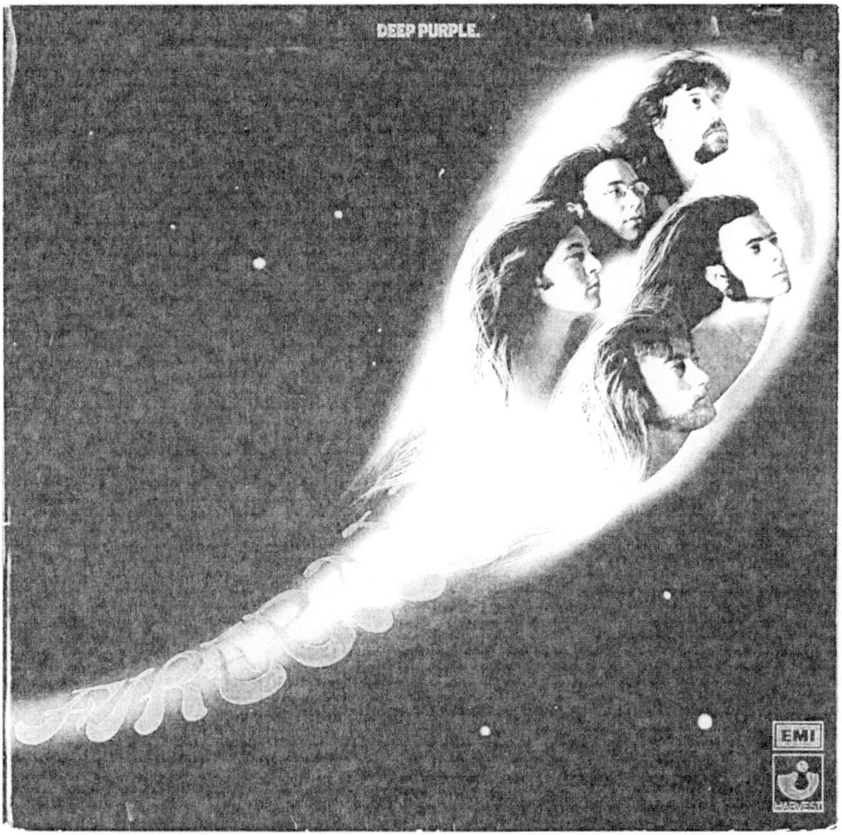

FIREBALL (1971) - Unentwegte Verspieltheit

© Universal

Songs
1. Fireball
2. No No No
3. Demon's Eye
4. Anyone's Daughter
5. The Mule
6. Fools
7. No One Came

Total Time: 40:32

Bonus tracks on 1995 expanded remaster:
8. Strange Kind of Woman (A-Side Remix)
9. I'm Alone (B-Side)
10. Freedom (Outtake)
11. Slow Train (Outtake)
12. Demon's Eye (Remix)
13. The Noise Abatement Society Tapes
14. Fireball (Take 1 - Instrumental)
15. Backwards Piano
16. No One Came (Remix)

Line-up (Mark II)
- Ian Gillan / Lead Vocals
- Ritchie Blackmore / Guitars
- Jon Lord / Keyboards
- Roger Glover / Bass
- Ian Paice / Drums, Percussion

Über die Schwierigkeit mit dem Nachfolger von „In Rock“

„FIREBALL“ ist das sechste Album von Deep Purple, jedoch erst das zweite in der neuen Besetzung. Zuvor erschien mit „DEEP PURPLE IN ROCK“ ein Meilenstein ihres Schaffens. Ritchie Blackmore hatte seine Absichten wahr gemacht und durchgesetzt. Der neue Stil schien gefunden zu sein. Und es war nicht weniger als so etwas wie die Geburtsstunde des Hardrock – oder wie andere es bezeichneten: Der Urknall. Deep Purple hatten alles richtig gemacht. Und legten nun nach. Das zweite Album in der neuen Besetzung.

In einer solchen Situation gibt es immer zwei Möglichkeiten. Entweder man schafft etwas Ebenbürtiges und versucht dabei, genau dort weiterzumachen, wo man aufgehört hatte. Das Risiko, dann an einem solchen Über-Album gemessen zu werden und möglicherweise zu scheitern, schwingt jedoch ständig mit. Oder man geht bewusst einen etwas anderen Weg, so dass die Lesart im Zweifel die einer Weiterentwicklung ist. Deep Purple wählten die zweite Alternative und durchmischten den Nachfolger von „In Rock“ mit psychedelischen Elementen, etwas Blues und Country, blieben aber trotzdem dem Hardrock treu.

Während die Stimmung in der Band bereits durch häufige Streitereien begleitet war, entstand ein Album, das bis heute einige musikalische Fragezeichen aufwirft, enorm viele Bewunderer, aber auch Kritiker besitzt.

Die Songs

Der Titeltrack **„Fireball“** startet wie die Feuerwehr und belegt die Fortsetzung der starken und unwiderstehlichen Opener auf ihren Studioalben. Was mit „Speed King“ auf „In Rock“ begonnen hat, findet hier seine angemessene Fortsetzung.

Nach einem kurzen undefinierbaren Geräusch, das angeblich von keinem Musikinstrument stammen sollte, entfacht Ian Paice ein beeindruckendes Schlagzeuggewitter mit einer Doppelbassdrum. Überhaupt ist die Schlagzeugbegleitung hier äußerst packend und druckvoll gespielt. Dabei sind die Parts und Übergänge teils hinreichend kompliziert. Das hohe Tempo des Songs und der harte Anschlag begründeten die These, dass Deep Purple mit dieser Musik auch ein Vorgänger des Speed-Metal gewesen seien. Inmitten dieses Soundgewitters platzt ein Basssolo von Roger Glover wie aus dem Nichts in den Song und wirkt dabei bewusst etwas schräg. Nach einigen wenigen Takten wird der Staffelstab an Jon Lord weitergegeben, dem der Rest des Songs gehört und der hier der Hauptsolist ist. Bis hier hin schien „FIREBALL“ direkt an „In Rock“ anzuknüpfen. So blieb es aber nicht.

Mit **„No No No“** folgt zwar ein weiterer Hardrock Song. Der aber wird psychedelisch unterspült und bekommt einige Breaks verpasst, die immer wieder das Tempo herausnehmen. Man beachte das „schwebende“ Gitarrensolo von Ritchie Blackmore und die punktuell gesetzten Orgeltöne Jon Lords. Die beiden Solisten bauen hier ein feinfühliges Wechselspiel auf, zeigen erneut, dass sie auch die leisen Töne beherrschen. Überhaupt ist es der Wechsel aus Ruhephasen und hartem Rock, der diesem Song seinen Stempel aufdrückt. Zwar ist die Komposition insgesamt nicht sonderlich überragend, die Interpretation aber durchaus unterhaltsam und kurzweilig.

„Demon's Eye“ hat einen Boogiegroove und ein Bluesschema als Grundlage. Was es aber vor allem hat, ist eine deutliche Ähnlichkeit mit „Black Night“, auch wenn das prägnante Gitarrenriff diesen Eindruck etwas aufhebt. Solostrecken von Gitarre und Orgel veredeln den Song, ohne ihn jedoch zu einem Highlight zu machen. Das ist nämlich dem nächstfolgenden Stück vorbehalten.

„Anyone's Daughter“ ist die erste große Überraschung. Ein Folk-Countrysong, mehr oder weniger live im Studio und ohne Overdubs eingespielt. Einfach im Rhythmus, aber mit einer sehr melodiösen und gefühlvollen Slide-Gitarre, die immer wieder Übergänge angenehm heraushebt. Nicht ganz ernst gemeint, sondern eher humorvoll ist die Geschichte um die verschiedenen Typen von Frauen, die Ian Gillan besingt. Überhaupt zeigt auch der Sänger bei diesem Stück, dass er nicht nur die lauten Töne kann. Nach dem Opener ist „Anyone‘s Daughter“ der zweite Höhepunkt auf dem sehr abwechslungsreichen Album.

Auch **„The Mule“** ist eher weniger Hardrock, dafür mehr psychedelischer Rock. Ian Gillans mit einem Phaser verfremdete Gesangsstimme klingt weit weg und das rückwärts abgespielte Keyboardsolo, das in fremde Sphären führt und dann von einer aggressiven Gitarre wieder zurückgeholt wird, zeigt die Experimentierfreude der Band. Überdies enthält der Song ein Fundament für ein Schlagzeugsolo, erstmals kurz darauf auf dem Livealbum „MADE IN JAPAN“ verwirklicht. Gegen Ende hebt das Stück schließlich vollständig ab und verschwindet förmlich im All. Wer sich jetzt entsprechend angekifft fühlt, bekommt mit **„Fools“** noch eine Überdosis als Zugabe. Weiterhin höchst psychedelisch liefern Deep Purple hier eins ihrer eher untypischen Stücke, jedoch gleichzeitig einen der Höhepunkte auf diesem Album. Die äußerst spannende Einleitung wird durch ein fettes und hartes Gitarrenriff brachial unterbrochen. Der Song mündet direkt in den Hardrock, während Ian Gillan seine Strophen eindringlich vorträgt. Im Mittelteil folgt die zweite Ruhephase. Hier klingt die Gitarre Ritchie Blackmores wie mit einem Geigenbogen gespielt und hübsch unterlegt mit einem Shaker. Vermutlich ist das Solo aber nur über den Lautstärkeregler abgefeilt worden. Zuvor gab es so etwas bereits bei „Dazed And Confused“ von Led Zeppelin zu hören. Behutsam wird die Spannung erneut aufgebaut, um sich dann zu entladen.

Obwohl dieses Stück mit über acht Minuten das längste auf dem Album ist, wird es nie langweilig – vorausgesetzt, man lässt sich darauf ein. Generell lautet das Motto dieses Albums „entdecke die Vielfalt“.

Die Träumerei findet schließlich ein jähes Ende, wenn **„No One Came“** beginnt. Der Song führt mit einem mitreißenden funkähnlichen Offbeat kompromisslos wieder in den Hardrock zurück. Was zunächst im Gesang etwas dissonant und ungeschliffen klingt, entwickelt sich zu seinem packenden Rocksong voller Aggressivität, dessen interessante solistische Ausarbeitung begeistert, während der pumpende Rhythmus das Stück unaufhörlich vorantreibt.

Das am Ende rückwärts ablaufende und teilweise schwer zuzuordnende Sologeschehen sorgt für einen abschließenden Aha-Effekt eines insgesamt sehr interessanten Albumtracks.

Die „25th Anniversary CD“ von „FIREBALL“ enthält noch einige Bonus-Tracks aus dem damaligen Aufnahmegeschehen. Darunter Klangfetzen, Remixe und bisher unbekannter Stoff. Vor allem sind es Stücke, die es aus unterschiedlichen Gründen nicht auf das Album geschafft haben. Etwa **„Strange Kind Of Woman“**, das es zu einer Single-Auskopplung brachte. Oder auch **„I'm Alone“**, dessen musikalische Idee von der Gruppe offenbar für zu leicht befunden wurde. Außer einem beeindruckend schnell gespielten Gitarrensolo verhakt sich das Stück in der etwas knappen Titelzeile. **„Freedom“** ist ein respektabler Rocker mit starkem Gesang und auch **„Slow Train“** lässt sich hören. Insgesamt fehlt diesen Stücken jedoch das, was die

Besonderheit auf „FIREBALL ausmacht: Abwechslungsreichtum und interessante Ideen. Sehr wahrscheinlich sind sie deshalb nicht auf das Album gekommen. Bei „Strange Kind Of Woman“ spielte aber auch dessen Geeignetheit als Single-Veröffentlichung eine Rolle. Nur, dass das Stück vor allem im Chorus doch sehr stark an „Black Night“ erinnert.

Fazit:

„FIREBALL“ als Album zu bewerten ist nicht leicht. Auch andere Kritiker tun sich damit schwer. „FIREBALL“ erschien nach dem hoch angesehenen „In Rock“ und bekam das gleichermaßen hoch angesehene „MACHINE HEAD“ als Nachfolger. Zwischen diesen Album-Meilensteinen wird „FIREBALL“ oftmals übersehen oder nur unzureichend wahrgenommen. Dies wird dem Album keinesfalls gerecht. Beeindruckend ist zunächst die Stilvielfalt und der Einfallsreichtum, der „FIREBALL“ zugrunde liegt. Gleichzeitig nimmt ihm das aber auch die Geradlinigkeit und Eingängigkeit, die viele erwartet hatten. Es wird nicht durchgängig gerockt. Dynamische Phasen bestimmen das Geschehen. Die Zahl der „Aha-Effekte“ ist vergleichsweise groß. Es ist der Band positiv anzurechnen, dass sie nicht versucht hat, „DEEP PURPLE IN ROCK“ zu kopieren. Stattdessen stieg die Experimentierfreude an veränderten Klängen und Sounds. Für die Mischung aus hartem Rock und in seiner Gesamtheit gelungenen psychedelischen Einschüben muss deshalb die Bewertung nicht schlechter ausfallen.

Tatsächlich hat „FIREBALL“ gegenüber „In Rock“ und „MACHINE HEAD“ allerdings den Nachteil, keinen Klassiker wie „Child In Time“, „Smoke on the water“ oder „Highway Star“ aufbieten zu können. Dadurch entsteht auf den ersten Blick der Eindruck eines etwas schwächeren Albums. Dabei wird übersehen, dass auch auf den beiden anderen Alben nicht nur solche „Übersongs“ existieren.

Was sagt eigentlich die Band dazu? Ian Gillan erklärt immer wieder, „FIREBALL“ sei sein Favorit unter den Deep Purple-Alben. Und tatsächlich hat das Album viele gelungene Momente, die sich teilweise nicht auf den ersten Blick erschließen. Für „FIREBALL“ braucht es nun einmal Geduld und Hinwendung. Es sind die Wechsel zwischen Hard Rock und den Ruhephasen, die atmosphärische Stimmung, die immer wieder durchkommt und durch harte Riffs durchbrochen wird. Schließlich begeistert die inzwischen eingespielte Band, die ihre großartigen Solisten immer wieder in den Vordergrund schiebt. Und es ist eine Experimentierfreude mit Klängen, rückwärts laufenden Musikpassagen und verschiedenen Stilrichtungen, die aufhorchen lässt. Nicht zuletzt brilliert Ian Gillan mit sehr abwechslungsreichen und starken Gesangsparts, auch wenn ein ähnlicher Überraschungsmoment wie bei „Child In Time“ fehlt.

Ian Paice dagegen sieht das Album eher als einen Rückschritt oder Stillstand an und favorisiert seinerseits „MADE IN JAPAN“. Einem so großartigen Schlagzeuger zu widersprechen, fällt nicht leicht. Fühlte er sich unterfordert? Der Titelsong und „The Mule“ zeigen ihn in Bestform und mit einer virtuosen Performance. Bei den übrigen Stücken dagegen reichte eine recht einfache Begleitung.

Auch Ritchie Blackmore sieht das Album in Teilen kritisch bis auf den Titelsong, „No No No“ und „Fools“. Jon Lord und Roger Glover, dessen Bassspiel selten erwähnt, aber hier auch einmal zu loben ist, bewerten „FIREBALL“ wiederum insgesamt positiv. Jon Lord sieht es noch vor „In Rock“. Wenn sich schon die Band nicht einig ist, wie sollen es dann die Kritiker sein …?!

Bewertung:

Hard Rock
***** Top-Album/Sehr gut
Top-Tracks: FIREBALL, Anyone‘s Daughter, Fools

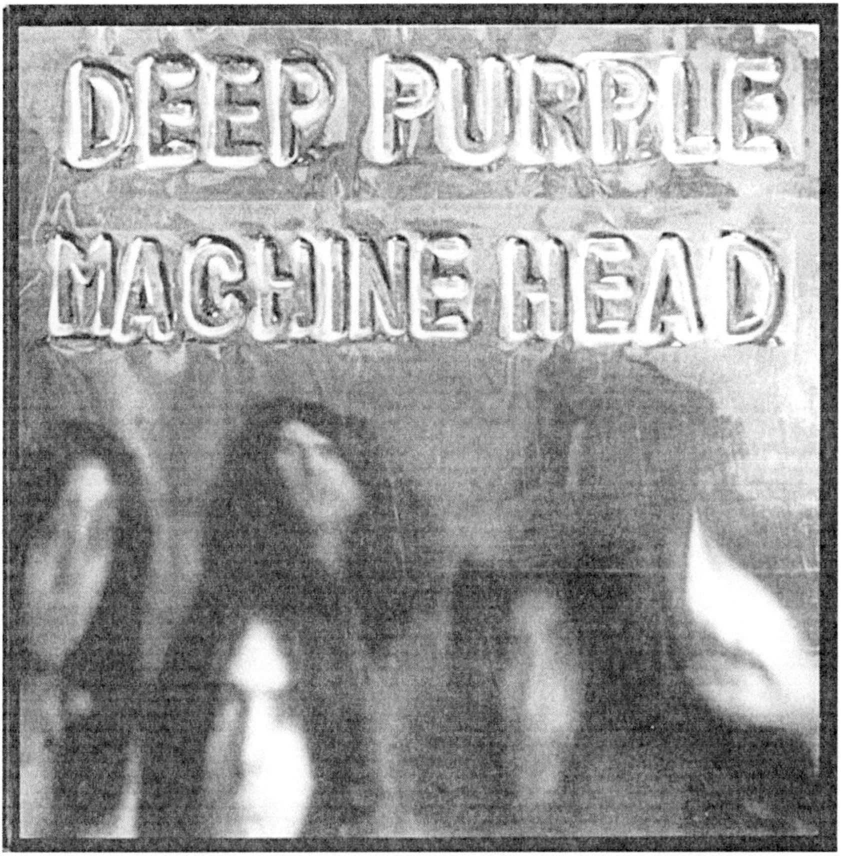

MACHINE HEAD (1972) – Das Kultalbum mit Licht und Schatten

© Universal

Songs
1. Highway Star
2. Maybe I'm A Leo
3. Pictures Of Home
4. Never Before
5. Smoke On The Water
6. Lazy
7. Space Truckin'

Total Time: 37:25

Line-up (Mark II)
- Ian Gillan / Lead vocals, Harmonica
- Ritchie Blackmore / Guitars
- Jon Lord / Keyboards
- Roger Glover / Bass
- Ian Paice / Drums, Percussion

Ein kommerziell wichtiger Schritt

Die Popularität Deep Purples sollte mit „MACHINE HEAD" einen vorläufigen Höhepunkt erreichen. Mit den beiden starken Vorgängeralben waren sie 1972 auf dem Weg zum Weltruhm. Dabei entstand das Album nicht unter den allerbesten Voraussetzungen. Die persönlichen Auseinandersetzungen zwischen Ritchie Blackmore und Ian Gillan hatten zugenommen und überschatteten bereits erneut die Aufnahmen. Künstlerisch mithin nicht die besten Ausgangsbedingungen. Dennoch hatte sich die seit 1969 bestehende Besetzung inzwischen perfekt aufeinander eingespielt, und sie waren bereit für den nächsten Höhepunkt in ihrer Karriere. Es sollte ein lupenreines Hard Rock-Album werden, mit dem sie sich ein Denkmal errichten und das sie von da an quasi unsterblich machen sollte. Und trotzdem gab es nicht nur Grund zum Jubeln. Genau genommen gibt es einerseits das Kultalbum „MACHINE HEAD", wie der überwiegende Teil der Journalisten und Fans es sehen, und die distanziert-kritische Beurteilung der Songs durch die Musikkritiker, unter dem Blickwinkel dessen, was sie unmittelbar zuvor veröffentlicht hatten.

Die Songs

Der Opener **„Highway Star“** setzte Maßstäbe, wie selten ein Stück zuvor. Der Song entstand aus einem spontanen Jamming im Tourbus der Band, indem Ritchie Blackmore ein Riff spielte und Ian Gillan spontan dazu sang. Manchmal kann es so einfach sein. Ein Schlaglicht aus jener Zeit, in der ihnen alles zu gelingen schien.

Ein Song in der Tradition der starken Opener „Speed King“ und „FIREBALL“ aus den vorherigen Alben und mindestens von dieser Qualität. Eher noch besser. Das Stück über (unter anderem) schnelles Autofahren setzt dabei aber nicht auf maximales Spieltempo, sondern findet eine moderate, aber durchgehende Rhythmik, ähnlich einem Sportwagen auf dem Highway, wobei besonders Bass und Rhythmusgitarre mit ihren hämmernden Achteln das Tempo vorgeben. Zu den beiden solistischen Darbietungen von Orgel und Gitarre ist fast jedes Wort zu viel. Sie gehören zu den besten Läufen der beiden Virtuosen. Tonartwechsel mit klassikangehauchten Farbtupfern, zumeist an den Klassiker Bach erinnernd, flankieren die erstklassigen Soli. Ritchie Blackmore spielt das Solo auf der Gitarre hochmelodiös und steigert es gegen Ende mit einem temporeichen Halbtonlauf bis hin zur Auflösung und Rückkehr zur finalen Strophe. Das ist nicht improvisiert, sondern clever auskomponiert, wie selten ein Solo von ihm. Jon Lord steht dem in nichts nach und so liefern Deep Purple eines ihrer besten und auch live meistgespielten Stücke ab. Ein Highlight des gesamten Schaffens und ein Opener, der passender nicht sein konnte. Überdies eine Vorlage für die später aufkommenden zahlreichen Metal-Bands.

Der Text ist aus heutiger Sicht zweifellos kritikwürdig und würde wohl so nicht mehr geschrieben werden.

„Nobody gonna take my car
I'm gonna race it to the ground
Nobody gonna beat my car
It's gonna break the speed of sound
Oh, it's a killing machine
It's got everything
Like a driving power
Big fat tyres and everything
I love it

And I need it
I bleed it
Yeah, it's a wild hurricane
Alright, hold tight
I'm a highway star "

Was hier der Autoindustrie und den Gegnern des Tempolimits Freudentränen in die Augen treibt, war 1972 pures Lebensgefühl, weit weg von aufkommenden Klimakatastrophen und Energiekrisen. Aber damit nicht genug. Mit der zweiten Strophe dürfte sich die heutige Frauenbewegung schwertun.

„Nobody gonna take my girl
I'm gonna keep her to the end
Nobody gonna have my girl
She stays close on every bend
Oh, she's a killing machine
She's got everything
Like a moving mouth
Body control and everything"

Die Toleranz beim Texten ist in der Rockmusik allerdings etwas größer. Und nicht immer muss jedes Wort auf die Goldwaage gelegt oder maximal frauenfeindlich interpretiert werden. Musik und Text harmonieren hier miteinander.

„Maybe I'm a Leo" groovt entspannt über einem dem Blues entlehnten Schema, beginnend mit einem Off-Beat, ohne allerdings den Hörer vergleichbar vom Hocker zu reißen. Auch der Gesangsbeitrag Ian Gillans ist eher ruhig und verhalten, teilweise wehklagend.

Eingebettet in zwei uptempo-Nummern führt der Song fast zwangsläufig ein Schattendasein, aus dem er sich mangels eigener Potenz auch nicht überzeugend befreien kann.

„Pictures Of Home" startet mit einem furiosen Schlagzeugauftakt und einem flotten Gitarrenriff bei wieder angezogenem Tempo. Was sich dem Hörer dann offenbart, ist der meliodiöseste Song des Albums, zudem mit einem für Deep Purple fast schon untypischen Harmoniegesang im Refrain. Die beiden Soloanteile von Gitarre und Orgel fügen sich perfekt ein und halten die Spannung. Als weitere Überraschung ist ein kurzes Basssolo Roger Glovers zu hören. Mit einem anschließenden Break kommt der Song zurück in seine Endlosschleife, aus der die Band offenbar nur den Weg einer Ausblende gesehen hat. Gleichwohl ein weiterer Höhepunkt.

„Never Before“ schließt die erste Albumseite ab. Dieser von manchen als vermeintlich schwächster auf einer Platte ohne wirkliche Schwachpunkte angesehene Track war sogar eine Single. Möglicherweise deshalb, weil er mit knapp vier Minuten Länge dafür ideal erschien und einige kommerzielle Zutaten enthielt. Das funkig geprägte Eingangsriff führt zunächst auf eine völlig andere Spur. Dann aber klingt es nach Deep Purple mit einem erneuten Harmoniegesang im Refrain, der aber nur mäßig zündet. In der Mitte folgt eine Bridge, die den Song wieder etwas aufwertet. Die weiteren Bestandteile sind die purplesken Solostrecken. Unter dem Strich muss man „Never Before“ nicht verteufeln. Er hat alles, was Deep Purple ausmachen. Für eine Single-Auskopplung ist diese Songidee allerdings insgesamt etwas schwachbrüstig.

„Smoke On The Water“ oder „Null-drei-fünf-null-drei-sechs-fünf“, wie jeder Hobbygitarrist es weiß und auch in der Lage ist, es nachzuspielen. Die Einfachheit dieses Riffs war Methode und der Schlüssel zum Song, wie auch Ritchie Blackmore einräumte. Dem legendären Riff folgt der nacheinander getimte Einstieg aller übrigen Instrumente, eigentlich immer eine clevere Idee. Der Text stammt von einer wahren Geschichte um ein Konzert von Frank Zappa in Montreux, das förmlich in Flammen aufging und das Equipment der Mothers Of Invention verbrannte. Zu dieser Zeit waren Deep Purple vor Ort, um ihr Album „MACHINE HEAD“ aufzunehmen. Dieses Ereignis nahmen sie zum Anlass, darüber einen Song zu schreiben, wobei die Titelzeile den Rauch über dem Genfersee beschreibt.

Noch heute rätseln Musiker und Musikjournalisten darüber, welche Faszination von diesem eigentlich etwas spröden Track ausgeht, der wohl der berühmteste aller Deep Purple Songs geworden ist. Die eher ruhige Strophe und der unspektakuläre Refrain hätten es allein wohl nicht geschafft. Auch sonst marschiert das Stück insgesamt nur ziemlich behäbig und spannungsarm durch die Takte. Auch Deep Purple waren von diesem Song anfangs nicht sonderlich angetan. Ian Gillan verriet dazu, „Smoke On The Water“ sei nur zum Auffüllen auf das Album gekommen, da man noch etwa 7 Minuten Musik benötigt hatte. Und so kramte man den Jam aus der Kiste und legte einen Gesang und das Gitarrensolo darüber. Fertig. Was also ist das Besondere daran?

Einfache Erklärung: Es kann nur das Riff sein. Der Traum jedes Luftgitarristen - und auch Fortgeschrittene schnalzen mit der Zunge, wenn im Live-Konzert von Deep Purple jene Eingangsakkorde erklingen, die – angereichert durch den groovigen Bass - selbstverständlich ihren sofortigen Wiedererkennungswert haben. Jedes Livekonzert beweist es aufs Neue: „Smoke On The Water“ wird von den Zuschauern erwartet und entsprechend gefeiert.

Erfolgsmodell Hard Rock: Die Gitarrenriffs machen es aus – wie seinerzeit u.a. auch die Kinks mit „You Really Got Me“ oder später die Dire Straits mit „Money For Nothing“. Der weiteren Beispiele gäbe es viele. „Smoke On The Water“ wurde zum legendärsten Song von Deep Purple. Sie veröffentlichten ihn auch als Single – allerdings erst nach „Never Before“, dem man die größeren Erfolgsaussichten eingeräumt hatte.

Das nachfolgende Stück **„Lazy“** verdeutlicht am eindringlichsten die Purple‘sche Arbeitsmethodik. Der Song ist aus einer Improvisation entstanden, deren Grundlage – wie so oft – das klassische Bluesschema darstellt. Jon Lord darf zunächst eine Minute lang allein auf der Orgel improvisieren, bevor eine Spannungskurve aufgebaut wird. Er wählt dazu einen markanten, stark verzerrten Orgelsound, der die Spannungskurve malt. Ritchie Blackmore erfindet dazu das verzwickte Einstiegsriff, das quasi wie ein militärischer Schlachtruf den Song wie aus dem Nichts in die Spur verhilft. Der Blues-Jam startet. Gitarre und Orgel solieren dazu nacheinander passend, bevor Ian Gillan seine recht einfache Strophe singen darf. Das Bluesschema lässt eben nicht viel Raum für größere Ausbrüche. Auch er spielt ein Solo - auf der Mundharmonika. Gegen Ende verschieben sie die Tonlage und bringen damit ein weiteres Mal Spannung hinein, während der Song in die Schlussrunde geht, noch einmal eine Pirouette dreht und passend bluesig beendet wird.

Das alles ist nicht sonderlich spektakulär, schon gar nicht von der Komposition aus betrachtet, da der Blues üblicherweise in recht eingefahrenen Bahnen abläuft. Gleichwohl ist der Song ein Dauerbrenner in den Live-Shows. Das erklärt sich einmal daraus, dass er dem Keyboarder Raum für Soloausflüge mit einem passenden Übergang ermöglicht. Zum anderen sind es die fast etwas humorvoll anmutenden, teils überraschenden Breaks innerhalb des Songs, die beim Hören gute Laune verbreiten sowie der selbstironische Text. Und natürlich kann nach Herzenslust improvisiert werden. Damit hat das Stück alles, was es für Live-Darbietungen erfordert. Es kann mitreißen. Ein Deep Purple-Klassiker ist es damit aber noch nicht.

„Space Truckin'“ beschließt das Album und erinnert dabei in der Harmonie an „Speed King“ vom Album „DEEP PURPLE IN ROCK“. Abgesehen davon zündet das Eingangsriff natürlich wieder gewaltig und bietet vor allem live gute Möglichkeiten für eine Einbeziehung des Publikums.

Die Einfachheit der Komposition erfährt eine Steigerung im Refrain mit seiner absteigenden Tonfolge. Halten sich die anderen eher zurück, so sind am überzeugendsten die Drums von Ian Paice, die zeigen, dass es niemals egal ist, wie ein Hard Rock-Song begleitet wird. Solistisch passiert in diesem Stück nicht viel, über das Riff sprachen wir und der Text ist eher als belanglos einzustufen.

Nicht auf das Album geschafft hat es „When A Blind Man Cries“, ein Blues, eine ihrer insgesamt besten Balladen, die auch im Zuge dieses Album entstanden ist. Die Entscheidung, dieses Stück wegzulassen, geht dem Vernehmen nach auf das Veto von Ritchie Blackmore zurück, der keine Balladen auf dem Album haben wollte. Angesichts der nicht durchgehend starken Songs leider eine nicht so gute Entscheidung. Das Stück tauchte dann als Bonus späterer Albumveröffentlichungen auf.

Fazit:

„MACHINE HEAD“ gilt in den Augen vieler als „das Deep Purple-Album“. Abgesehen davon, dass es relativ zu Beginn des gemeinsamen und jahrzehntelangen Schaffens entstanden ist, eine inzwischen nicht unumstrittene Bewertung. Den starken und vor allem populären Live-Songs, allen voran „Highway Star“ und „Smoke On The Water“, stehen gemessen an den beiden starken Vorgängeralben einige eher nur durchschnittliche Songs zur Seite. Dennoch macht das Album einen musikalisch geschlossenen Eindruck.

„MACHINE HEAD“ ist außerordentlich populär und kommerziell erfolgreich gewesen. Künstlerisch steht es im Gesamtkontext jedoch hinter den Vorgängeralben „FIREBALL“ und „DEEP PURPLE IN ROCK“. Dennoch gehörten und gehören fast alle Songs mehr oder weniger zum Live-Repertoire der Band. Ausnahmen stellen hier lediglich „Maybe I‘m A Leo“ und „Never Before“ dar. Ein Grund dafür ist zweifellos die Qualität des Songmaterials, mehr aber ihre Live-Tauglichkeit. „Smoke On The Water“ und „Lazy“, ebenso „Space Truckin‘“ lassen sich mit Publikumseinbeziehung wunderbar ausweiten und bieten viel Raum für Improvisationen. Und schließlich gibt es sie, diese Tradition von „MADE IN JAPAN“, der „Mutter aller Live-Alben“, kurz nach Veröffentlichung des Studioalbums. Dort wurden etliche dieser Songs in Topform präsentiert und zum Heiligtum erhoben. Was sie für viele bis heute immer noch sind.

Bewertung:

Hard Rock
**** 1/2 Sehr gut
Top-Tracks: Highway Star, Pictures Of Home, Smoke On The Water

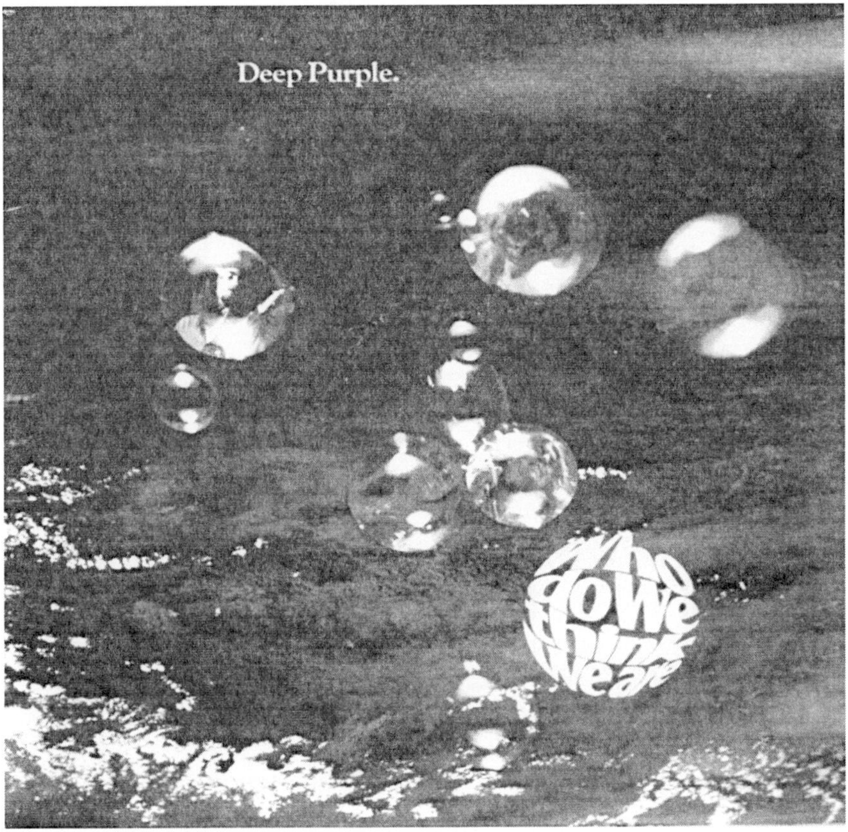

WHO DO WE THINK WE ARE (1973) - Krisenstimmung und neuer Besetzungswechsel

© Universal

Songs
1. Woman From Tokyo
2. Mary Long
3. Super Trouper
4. Smooth Dancer
5. Rat Bat Blue
6. Place In Line
7. Our Lady

Total Time: 34:17

Line-up (Mark II)
- Ian Gillan / Vocals
- Ritchie Blackmore / Guitars
- Jon Lord / Keyboards (Organ, Piano)
- Roger Glover / Bass
- Ian Paice / Drums, Percussion

Die Entstehung des Albums

Es hätte alles so schön sein können. Nachdem Deep Purple mit ihren letzten drei Alben und einem furiosen Live-Doppelalbum „MADE IN JAPAN“ neue Maßstäbe setzten und einen vorläufigen Höhepunkt ihrer Popularität erreicht hatten, müssten sich die Musiker normalerweise glückselig in den Armen liegen. Stattdessen war die Stimmung in der Gruppe das krasse Gegenteil. Wie bereits bei den Vorgängeralben belastete eine streitgeladene Stimmung auch die Aufnahmen zum neuen Album „WHO DO WE THINK WE ARE“. Alles andere als optimal. Was bereits bei „FIREBALL“ und „MACHINE HEAD“ an bandinternen Streitigkeiten vor allem zwischen Ritchie Blackmore und Ian Gillan auftrat, setzte sich fort und verschlimmerte das Arbeitsklima derart, dass sich Deep Purple in verschiedene Lager teilten und eine gemeinsame Aufnahmearbeit im Studio nicht mehr möglich war. Als Folge dessen nahmen die Musiker ihre Parts für „WHO DO WE THINK WE ARE“ getrennt auf. Aber statt sich den Titel des Albums zu eigen zu machen und mit Selbstreflexion den Weg zu einer friedvollen Fortsetzung der Zusammenarbeit zu suchen, driftete die Gruppe weiter auseinander. Hinzu kamen Ermüdungserscheinungen nach den vielen Tourneen und Plattenveröffentlichungen.

Als Ergebnis dieser Querelen wollten Ritchie Blackmore und Ian Gillan nicht mehr gemeinsam mit Deep Purple weiterarbeiten. Einige Zeit schien es, als ob Ritchie Blackmore die Band verlassen würde. Letztlich aber musste Ian Gillan gehen. Ritchie Blackmore erklärte daraufhin auch einen Wechsel des Bassisten Roger Glover für nötig. So verließen Ian Gillan und Roger Glover die Gruppe Deep Purple kurz nach der Veröffentlichung des Albums.

Die Songs

Naturgemäß ist man auf den Opener gespannt. „Speed King", „FIREBALL" und „Highway Star" rockten auf den letzten drei famosen Alben sofort los und hinterließen einen enorm starken Eindruck. Was aber passierte hier?:

Woman From Tokyo entwickelt sich subtil. Die Instrumente steigen nacheinander ein. Erst ein Schlagzeuggroove, dann das Gitarrenriff, deutlich zurückgenommen, aber äußerst effektiv, die Orgel antwortet dezent und der Bass füllt langsam, aber nachhaltig den Song auf. Das ist durchdachter Hard Rock, auskomponiert und arrangiert. Das gilt auch und vor allem für den atmosphärischen und hochmelodiösen Zwischenteil, in dem sich der Song förmlich neu erfindet. Ein Solo? Folgt noch nicht.

Elegant geht es anschließend von Wolke 7 zurück zur dritten Strophe. Schließlich ein Piano-Solo im Boogie-Stil. Die Gitarre flammt kurz auf und der Song geht in die finale Refrain-Kurve. Hier überrascht der erstmals vorhandene Backgroundgesang, der eher untypisch für Deep Purple ist. So gelangt das Stück in die Ausblende, was ausnahmsweise eine gute Entscheidung war.

„Woman From Tokyo" ist äußerst durchdacht, überrascht gleich mehrfach und hat nicht nur die rockige Handschrift von Deep Purple, sondern auch eine Melodie sowie einen genialen Zwischenteil anstelle eines Hochgeschwindigkeitssololaufs. Hier zeigen Deep Purple gleichermaßen Reife und Ideenreichtum, alles in diesem Song. So ist auch dieser Türöffner am Beginn eines neuen Deep Purple-Albums als sehr gelungen zu bezeichnen.

Mit **Mary Long** gleiten Deep Purple anschließend in den Pop ab, was für sich gesehen nichts Schlechtes ist. Vor allem dann nicht, wenn es gilt, dem Text etwas mehr Raum zu geben – hier in Form einer höchst belustigenden Anklage gegenüber Mary Whitehouse, einer britischen Lehrerin und Kämpferin gegen den moralischen Zerfall. Ein ziemlich offenes politisches Bekenntnis. Strophe und Refrain sind eingängig und trotzdem unverwechselbar Deep Purple. Dafür sorgt nicht zuletzt Ritchie Blackmore, der in diesem Song sein bestes Gitarrensolo auf diesem Album spielt und dabei von cleveren Harmoniewechseln profitiert.

Super Trouper führt schließlich zurück in den bodenständigen Hard Rock. Auffällig ist sofort: Der Refrain bekommt einen flangerverhallten Gesang und erneut dezente Background-Vocals, die das Stück aufwerten. Die Strophe ist dagegen eher schlicht. Beim Gitarrensolo wird mit der gleichen Methodik des Tonartwechsels wie in „Mary Long" vorgegangen. Diesmal wirkt das Solo allerdings etwas hölzern.

Nicht ihr bestes Stück, aber ein Song mit Tempo und reichlich Breaks. Mit den kurzen Strophen ist das Ganze auch nach noch nicht einmal drei Minuten vorbei und es folgt mit dem **Smooth Dancer** ein tempogeladener und mitreißender Rocker mit einem wilden Orgelsolo.

Das Zwischenfazit zum ersten Teil des Albums ist positiv: Mit „Woman From Tokyo" und „Mary Long" sind ein überragendes und ein sehr gutes Stück dabei. „Super Trouper" und „Smooth Dancer" punkten zumindest mit ihrer geschlossenen Bandleistung und schnörkellosem Hard Rock. Dabei bleibt es nicht, denn im zweiten Teil warten einige Überraschungen.

„Rat Bat Blue" leitet mit einem eingängigen Gitarrenriff in dieses Hard Rock-Stück.

Eingängig auch, weil sich eine gewisse Vertrautheit einstellt, wenn man zuvor „Woman From Tokyo" gehört hat. Aber sei es drum, es funktioniert und bringt die Band auf Betriebstemperatur. Das Schlagzeug begeistert sofort mit einer dazu passenden, ideenreichen und recht komplexen Begleitung.

Über eine absteigende Akkordfolge singt Ian Gillan rau und kraftvoll. Das eigentliche Highlight in diesem großartigen Song ist jedoch das Keyboardsolo, für das Jon Lord nach einem Orgelintro in die Kiste von Johann Sebastian Bach gegriffen hat und dessen Präludium Nummer 10 in atemberaubendem Tempo gleichsam wie ein Orkan über die Tasten fegen lässt. Fein nuanciert erklingt dazu ein Cembalosound. Weiter geht es mit maximal wildem Anschlag auf der Orgel, bis hin zur Nahtstelle, die in den Song zurückführt. Konzentriert bringt die Band den Song in die Ausblende. Zumindest ob des orkanartigen Tastenwunders bleibt man sprachlos zurück. Warum man „Rat Bat Blue“ fast noch nie live hat hören können, mag an dem nahezu unspielbaren Keyboardsolo liegen.

Sehr schade. Den Träumen bereitet das nun folgende Stück förmlich wie eine kalte Dusche ein jähes Ende.

„Place In Line“ ist ein recht rätselhafter Song. Er beginnt als langsamer schwerer Blues. Die Stimme des einsetzenden Gesangs klingt alles andere als vertraut. Sofort fragt man sich, wer hier eigentlich singt. Ian Gillan schon, aber er wechselt in einen nasalen Tonfall, der ihn kaum erkennen lässt, und wirkt dabei wehklagend. Das klingt nicht wirklich schön, aber Blues ist eben oftmals auch eine eher traurige Angelegenheit. So ganz mag es nicht zu Deep Purple passen. Auch der Refrain ist wenig überzeugend.

Den Bluescharakter unterstreichen zwar auch Ritchie Blackmore und Jon Lord, die mit ihren Solodarbietungen streng im Blues-Schema bleiben. Spannender wird es dadurch allerdings auch nicht.

Nein, das Stück ist nicht ein mitgeschnittener Studio-Jam, wie man anfangs denken könnte, sondern letztlich auch durcharrangiert. Die Grundidee wirkt allerdings ideenlos-bescheiden und der Gesang ist Geschmackssache.

Nach diesem halbschrägen Ausflug in die Niederungen des Blues erwartet jeder einen Hardrocker als versöhnlichen Abschluss. - Aber der kommt nicht. „**Our Lady**“ ist die Überraschung des Albums. Eine Art Pop-Ballade, sehr eingängig und mit breitem, vielstimmigem Refrain und engelsgleichem Backgroundgesang.

Ritchie Blackmores Gitarre ist hier kaum zu vernehmen. Der Sound wird stattdessen purpleuntypisch von Keyboard und Backgroundgesang mit einem fülligen Bass hinreichend verdichtet. Auch wenn eine Mehrzahl den Hard Rock von Deep Purple schätzt und immer wieder aufs Neue geboten bekommen will – sie sind vielseitig, wenn sie es wollen. Und sie wollen vor allem nicht immer das tun, was die Kritiker von ihnen erwarten. „Our Lady“ mag dafür ein Beispiel sein.

Schließlich ist auch nur schwerlich zu bestreiten, dass „Our Lady“ ein wirklich guter Song ist.

Fazit:

„WHO DO WE THINK WE ARE“ gehört zu den zu Unrecht häufig unterbewerteten Alben. Es ist eindeutig besser als sein Ruf.

Einzig „Place In Line“ fällt etwas ab, auch wenn das Bluesfeeling in diesem Stück gut wiedergegeben wird. Genau genommen konnte das Album nach dem beliebten „MACHINE HEAD“ auch nur verlieren, wenn es nicht mindestens einen neuen „Highway Star“ oder eine breitentaugliche Hymne à la „Smoke On The Water“ im Angebot hat. In die Live-Konzerte schaffte es lediglich „Woman From Tokyo“ des öfteren. - Gleichwohl: Gemessen an den widrigen Umständen, die bei der Entstehung des Albums vorherrschten, erscheint es bei einem genaueren Blick auf die Songs fast ein bisschen verwunderlich, wie gut das Ergebnis ausgefallen ist. Neben den Querelen innerhalb der Band gab es seitens des Managements viel zu knappe Zeitvorgaben, was die Fertigstellung des Albums angeht – so die übereinstimmende Einschätzung der Gruppenmitglieder.

Bedauerlicherweise führten all diese Umstände zu einem Riss, der sich nicht mehr kitten ließ. Verschiedene Fortsetzungsmodelle geisterten eine Weile durch die Band. Nachdem klar wurde, dass Ritchie Blackmore kein Soloprojekt beginnen und deshalb in der Gruppe bleiben wird, schaffte er es, Jon Lord und Ian Paice auf seine Seite zu bringen. Das bedeutete nichts weniger als die Trennung von Ian Gillan und Roger Glover.

Bewertung:

Hard Rock, Blues
*** 1/2 gut
Top-Tracks: Woman From Tokyo, Rat Bat Blue

Das (vorläufige) Ende der Mark II – Besetzung

Es hatte sich schon länger angedeutet. Bereits bei den Aufnahmen zum Album „FIREBALL“ 1970/1971 gerieten Ritchie Blackmore und Ian Gillan aneinander. Zunächst mag es noch um musikalische Belange gegangen sein. Ritchie Blackmore stand voll und ganz hinter „DEEP PURPLE IN ROCK“. Kompromissloser Hard Rock. Keine Klassikexperimente, keine kompliziert-progressiven Bausteine, kein Pop. Für Ian Gillan kristallisierte sich „FIREBALL“ als sein favorisiertes Album heraus. Abwechslungsreiche Songs, die es ihm ermöglichten, variabel zu singen. Auch natürlich Hard Rock, aber eben nicht nur Hard Rock.

Ritchie Blackmore lehnte den auf „FIREBALL“ angedeuteten Stilwechsel und die Mehrheit der Stücke im Nachhinein ab. Lediglich den Titelsong, interessanterweise „No No No“ und „Fools“ bezeichnete er in einem Interview als gelungen. Im Gegenzug hatte Ritchie Blackmore seine Ideen für Melodien vorgestellt. Die wiederum lehnte Ian Gillan ab.

Trotz des großen Erfolges mit dem 1972 nachfolgenden „MACHINE HEAD“, das wieder ein Stück weit kompromissloser und geradliniger geriet und dem sehr erfolgreichen Live-Album „MADE IN JAPAN“ kehrte nie wieder wirklich Ruhe ein. Es ist daher naheliegend anzunehmen, dass es nicht nur um musikalische Fragen ging, sondern vielmehr darum, wer die Richtung vorgibt. Hier begegneten sich zwei Egos ohne Kompromissbereitschaft, was fast zwangsläufig zur Kollision führen musste.

Die Situation spitzte sich weiter zu. Die Aufnahmen zu „MACHINE HEAD“ fanden bereits teilweise getrennt voneinander statt. Bei „WHO DO WE THINK WE ARE“ (1973) war der Punkt erreicht, wo Ian Gillan und Ritchie Blackmore nicht mehr miteinander redeten. Eine personelle Veränderung war unumgänglich.

Was in den Köpfen der Gruppenmitglieder vorging, lässt sich nur erahnen. Ritchie Blackmore suchte einen eigenen Weg, um weiterzumachen. Er zielte auf eine Veränderung ab. Sein ursprünglich dafür angedachtes Soloprojekt unter Einbeziehung des Schlagzeugers Ian

Paice kam jedoch nicht zustande. Folglich wechselte er die Strategie und entschied sich, bei Deep Purple zu bleiben. Aber nicht ohne personelle Konsequenzen zu fordern. Schon einmal wurden Sänger und Bassist gewechselt. Seinerzeit traf es Rod Evans und Nick Simper. Anschließend folgte die erfolgreichste Phase bis dato. Warum also nicht ein weiteres Mal ...?, könnte seine Überlegung gewesen sein.

Ritchie Blackmore sah zu dieser Zeit in erster Linie sich selbst mit seinen Wünschen und erst dann die Belange der Band. Er war sich natürlich seiner starken Stellung innerhalb Deep Purples bewusst. Gezielt kritisierte er Ian Gillan, den er als größten Widersacher um die Führungsposition ausgemacht hatte. Dass dessen Gesangsleistung an sich kaum zu kritisieren war, blendete er aus und eröffnete Nebenkriegsschauplätze, etwa über die musikalische Richtung, Einzelfragen zu Gesang und Musik etc. pp. Diese Dauerauseinandersetzung verlangte eine Lösung. Das erkannten auch die anderen Gruppenmitglieder.

Es gelang Ritchie Blackmore, Jon Lord und Ian Paice auf seine Seite zu bekommen, ohne dass es eine Aussprache mit allen Beteiligten gab. Im Ergebnis beschlossen die drei, die Gruppe Deep Purple fortbestehen zu lassen und entschieden den Rauswurf von Ian Gillan und Roger Glover über deren Köpfe hinweg. Während Ian Gillan mehr oder weniger seiner Demission vorauseilte, weil er sie wohl auf sich zukommen sah, traf es Roger Glover unvorbereitet. Entsprechend machte ihm die Situation längere Zeit schwer zu schaffen. Im Nachhinein ist kein wirklicher Grund öffentlich geworden, weshalb es auch Roger Glover traf. Er konkurrierte nicht mit Ritchie Blackmore um die Führung der Band. Sein Bassspiel war untadelig. Wurde ihm seine Freundschaft mit Ian Gillan zum Verhängnis? War er zu still? Ritchie Blackmore lieferte auch nie wirklich eine Begründung. Stattdessen lieferte er halbgare Rechtfertigungen und erklärte lediglich, es ginge ihm nur um die Band.

Auf die damaligen Verhältnisse angesprochen erklärte Schlagzeuger Ian Paice in einem späteren Interview, er sei der jüngste in der Gruppe gewesen und hatte schlicht weitermachen wollen. Es sei für ihn damals nicht einsichtig gewesen aufzuhören, nur weil es bei den anderen nicht mehr funktionierte. Deshalb habe er nicht interveniert.

So wurde der Personalwechsel schließlich vollzogen.

Deep Purple Mark III war geboren

Deep Purple bemühten sich zunächst um den Bad Company-Sänger Paul Rogers, der als Favorit von Ritchie Blackmore galt. Aber der wollte nicht.

Nachdem sich dies zerschlagen hatte, gab es ein Casting, in dem sich der Trapeze-Bassist Glenn Hughes durchsetzen konnte. Seine Annahme, gleichzeitig auch der neue Sänger von Deep Purple werden zu können, erwies sich jedoch als Trugschluss, als die Gründungsmitglieder auf den noch relativ unbekannten David Coverdale aufmerksam wurden. Ihm wollten sie die Vocals anvertrauen. So verpflichteten Deep Purple letztlich beide und stellten sich dadurch vor allem gesanglich breiter auf. Glenn Hughes bekam die Zusage, auch Gesangsbeiträge einbringen zu dürfen. Das war quasi ein Kompromiss dafür, dass David Coverdale der Leadsänger geworden ist. Die Bandgeschichte ging also vorerst ohne Unterbrechung weiter.

Eine ungeklärte Führungsfrage

Woran sind Deep Purple Mark II 1973 eigentlich wirklich gescheitert? Die offiziellen Verlautbarungen dazu sprechen in erster Linie von Managementfehlern, Tourneestress, fehlenden Regenerationsmöglichkeiten zwischen Alben und Tourneen sowie den Auseinandersetzungen zwischen den Bandmitgliedern. Letztlich ist das nicht in Zweifel zu ziehen. Dennoch sind Deep Purple auch an ihrem Demokratieverständnis innerhalb der Gruppe gescheitert.

Eine erfolgreiche Band besitzt im Regelfall eine klare Hierarchie und besteht aus einer guten Mischung von Häuptlingen und Indianern. Letzteres traf auf Deep Purple zweifellos zu. Jedoch schafften die Häuptlinge Ritchie Blackmore, Jon Lord und Ian Gillan es nicht, sich darüber zu verständigen, wer letztlich die Richtung vorgibt. Dabei waren sie musikalisch gar nicht so tief zerstritten. Ihre Alben hatten durchweg eine Ausrichtung zum Hard Rock. Keiner wollte prinzipiell etwas gänzlich anderes machen. Noch nicht. Jon Lord hatte längst akzeptiert, dass er seine Klassikambitionen besser als Solist unter eigenem Namen weiterverfolgen sollte. Als Gründungsmitglied hätte er der unumstrittene Bandleader sein können. Aber dafür war er nicht der

Typ. Nach allem wie er sich gab, strebte er das auch nicht an. Anders verhielt es sich zwischen Ritchie Blackmore und Ian Gillan. Zwischen ihnen schwelte ein Dauerkonflikt, der sich an kleinsten Fragen entzünden konnte.

Sie scheiterten immer wieder aneinander. Und es war unter ihnen problematisch, wer am Ende eine Entscheidung treffen durfte. In Wahrheit gärte in jeder zu treffenden Entscheidung das ungelöste Führungsproblem.

Die Rolle eines Sängers ist nun einmal die des Frontmannes. Die Rolle des Gitarristen ist oftmals die eines musikalischen Impulsgebers. Im Idealfall ergänzen sie sich genial. Led Zeppelin lebten diese Rollenverteilung perfekt, weil die jeweiligen Kompetenzen untereinander anerkannt wurden. Und sie hatten in Jimmy Page ihren unumstrittenen Leader. Deep Purple schafften das nicht. Ihre Führungsfrage blieb ungeklärt. Statt die reichlich vorhandenen musikalischen Qualitäten der einzelnen Gruppenmitglieder zu bündeln und zu nutzen, verloren sie sich immer öfter in Grabenkämpfen. Keine Frage – so konnte es nicht weitergehen.

Der Wechsel und seine Folgen

Eine Lebensweisheit lautet „Schlimmer geht immer!“ Die Erwartung der drei Gründungsmitglieder von Deep Purple, durch einen nochmaligen Wechsel von Gesang und Bass erneut einen nachhaltigen Schritt nach vorn zu machen oder zumindest auf dem musikalischen Level fortfahren zu können, erwies sich im Nachhinein als Trugschluss. Dabei war es absehbar.

David Coverdale und besonders Glenn Hughes brachten völlig andere musikalische Vorstellungen in die Gruppe. Blues und Funk waren ihre bevorzugten Richtungen. Nicht so sehr Hard Rock. Die Annahme, dass dies ein eingespieltes Grundgerüst von Deep Purple nicht vom geraden und eingelaufenen Weg würde abbringen können, war ebenso falsch. Konnte ihr Erstlingswerk in der neuen Besetzung noch eine gewisse Frische ausstrahlen und einige gelungene Songs vorweisen, so zeigte sich kurz danach, dass die musikalischen Unterschiede zu deutlich wurden und das Gruppengefüge nicht mehr zusammenpasste. Deep Purple kamen vom Kurs ab.

„Never change a winning team" …. noch so eine Weisheit, an der man sich hätte orientieren können. Aber es war zu spät. Nach einem musikalischen Offenbarungseid in Form zweier missratener Alben, der bald nachfolgen sollte, konnte dieser Besetzung keine lange Dauer beschieden sein.

Zunächst aber begann alles verheißungsvoll. „BURN" sollte vorübergehend die Gemüter beruhigen.

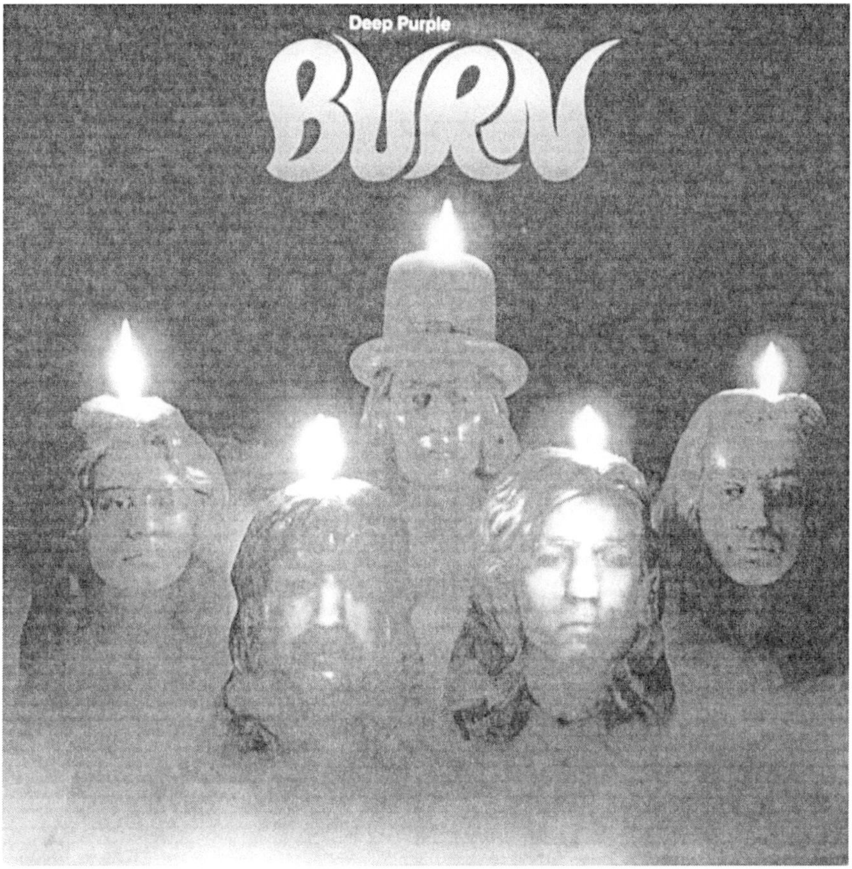

BURN (1974) - Fortsetzung mit Strategiewechsel

© Universal

Songs
1. Burn
2. Might Just Take Your Life
3. Lay Down, Stay Down
(alle Blackmore/Lord/Paice/Coverdale)
4. Sail Away (Blackmore/Coverdale)
5. You Fool No One (Blackmore/Lord/Paice/Coverdale)
6. What's Goin' On Here (Blackmore/Lord/Paice/Coverdale)
7. Mistreated (Blackmore/Coverdale)
8. "A" 200 (Blackmore/Lord/Paice)

Total Time: 41:37

Bonus tracks on 2004 remaster:
9. Coronarias Redig (2004 remix)
10. Burn (2004 remix)
11. Mistreated (2004 remix)
12. You Fool No One (2004 remix)
13. Sail Away (2004 remix)

Line-up (Mark III)
- David Coverdale / Vocals
- Ritchie Blackmore / Lead guitar
- Jon Lord / Keyboards
- Glenn Hughes / Bass, vocals
- Ian Paice / Drums

Mit dem Personalwechsel wieder in der Spur ... oder?

Deep Purple hatten den Personalwechsel bei Gesang und Bass eingetütet. Ritchie Blackmore konnte sich aber nicht nur in diesem Punkt mit seinen Vorstellungen durchsetzen. Gleichzeitig bestimmte er, dass die Credits für die Songs künftig nicht mehr pauschal allen zugeschrieben werden, sondern nur noch den Musikern, die auch wirklich an der Entstehung eines Songs gearbeitet haben. So wie früher während der Mark I – Phase. Zweifellos fühlte er sich in diesem Punkt schon länger benachteiligt, denn nach eigenen Angaben war er stets an so ziemlich jedem Stück als Autor beteiligt. Einige andere aber seien das nicht gewesen. Trotzdem wurden sie als Autoren stets mit aufgeführt. Es verwundert insofern nicht, dass bei „BURN“ unter jedem Song auch der Name Blackmore auftaucht.

Was aber nun bringt „BURN“ dem geneigten Zuhörer und Deep Purple-Fan?

Sofort drängt sich als Eindruck auf: Neue Besen kehren gut. Und tatsächlich sorgen David Coverdale und Glenn Hughes für frischen Wind in der Band durch ihren intensiven Mehrklang beim Gesang. Was auf „WHO DO WE THINK WE ARE“ aufgrund der Arbeitstrennung während der Aufnahmen fehlte, waren unter anderem auch die aus dem Zusammenspiel entwickelten solistischen Tempoduelle zwischen Jon Lord und Ritchie Blackmore. Hier sind sie wieder da. Und nicht nur das: Auch der Gesang ist um eine Stimme reicher geworden, denn mit Glenn Hughes, dem neuen Bassisten, kam ein weiterer Sänger in die Band. Hughes ging anfangs davon aus, er sei der neue Lead-Sänger von Deep Purple. Jon Lord und Ian Paice hatten dem Vernehmen nach kein Problem damit. Ritchie Blackmore war wie so oft anderer Ansicht. Also suchten sie weiter – bis sie auf David Coverdale aufmerksam geworden waren.

Die Kompromissformel lautete: Glenn Hughes bekommt hin und wieder einen Leadgesangspart. Ein Deal, da sonst die Mitwirkung von Hughes möglicherweise in Frage gestellt gewesen wäre.

Konkurrenz belebt das Geschäft. Und was bei Blackmore/Lord für die Instrumentalschlachten galt, ließ sich nun auch beim Gesang fortsetzen. Einstweilen war man sich einig. Jedoch nicht lange. Dass dieser Schwung nur für einen Wurf reichen sollte, war zu diesem Zeitpunkt noch nicht klar.

Die Songs

Das Album eröffnet mit dem Titeltrack. Ein schnelles Gitarrenriff, ein passender Schlagzeugwirbel und die Band ist sofort auf Betriebstemperatur. Und **„Burn“** brennt vom ersten Takt an ein Feuerwerk ab, wie es seit „Highway Star“ nicht mehr zu hören war. Es war wohl auch die Absicht, dieser alten Großtat vom Album „MACHINE

HEAD“ eine Entsprechung folgen zu lassen. So diente der „Highway Star“ bei der Abfolge der Solostrecken als Vorlage. Was läge da näher, als Jon Lord ein furioses „Klassik-Rock-Orgelfeuerwerk“ abbrennen zu lassen?! Er tat es – und Ritchie Blackmore übernahm selbiges zuvor auf der Gitarre. Alles in Hochgeschwindigkeit … selbstredend. Dazu kommt der abwechslungsreiche Gesang, der bereits hier beiden neuen Sängern Gelegenheit gibt, in ihrer jeweiligen Tonlage und gemeinsam den Song aus voller Kehle zu schmettern. Die vokale Zusammenarbeit ist in diesem Stück gut aufeinander abgestimmt.

Unter dem Strich also ein Befreiungsschlag, ohne Zweifel. So erscheint es bereits auf den ersten Blick. Trotz des nicht so schlechten Vorgängeralbums wirken die alten Akteure eine Spur befreiter und voll fokussiert auf ihre instrumentalen Stärken. Was lag näher, als das Album nach diesem Song zu benennen?! Es passte.

„Might Just Take Your Life“ deutete erstmals an, dass sich die Stilrichtung der Gruppe verschieben könnte. Der Song pendelt zwischen Slow-Rock und verhaltenem Soul. Damit war zunächst der Schwung des Openers dahin.

Die beiden folgenden Alben enthielten eine Reihe weiterer Stücke ohne einen klaren Kompass. Es ist per se nicht schlecht, wenn Stilrichtungen vermischt werden. Aber warum sollte die Führung in Sachen Hard Rock aufgegeben werden, für etwas anderes, das andere zudem besser können? Diese Frage sollte sich künftig öfter stellen.

Die Grundlage von „Might Just Take Your Life“ bildet ein Orgelthema. Düstere Stimmung, ernster Text und weit weg von der Aufbruchstimmung, die „Burn“ hinterließ. Das abschließende Orgelsolo bleibt ähnlich unentschlossen. Die instrumentale Ideenbasis ist insgesamt recht dünn und primär auf Begleitung ausgerichtet. Im Fokus steht einmal mehr der aufgeteilte Gesang.

Mit **„Lay Down Stay Down“** wird das Tempo dann auch wieder deutlich angezogen. Dabei entsteht ein Mix aus Hard Rock und midtempo Rock`n`Roll. So richtig will das Stück mangels ideenreichem Refrain allerdings nicht ins Ohr gehen. Erst ein packendes Gitarrensolo hebt das Niveau. Lediglich die Rückkehr zur Strophe wirkt nicht ganz glücklich. Zurück bleibt auch hier ein etwas gespaltener Eindruck.

„Sail Away“ beginnt dann endlich wieder mit einem Gitarrenriff, wenngleich auch hier etwas Soul eingestreut wurde. Das Tempo ist moderat. Keinesfalls Hard Rock. David Coverdale liefert hier als Sänger eine seiner stärksten Leistungen ab. Trotzdem bleibt der Eindruck zurück, dass der im Vorfeld umworbene Paul Rodgers von Free hier noch ein Stückchen besser gepasst hätte. Dachte man eigentlich an Rodgers bei der Komposition?

Das ewige Wechseln im Leadgesang erscheint hier erstmals ein Stück zu häufig. Auch weil Coverdale sich als Sänger deutlich besser in den Song einfühlt als Hughes. Es drängt sich der Eindruck auf, es ginge um eine Quote beim Gesang, die es in jedem Song zu erfüllen gilt. Ähnlich wie bei „Might Just Take Your Life" bleibt auch hier der Solopart eher verhalten, um nicht zu sagen ohne einen nachhaltigen Eindruck. Hatten Blackmore und Lord in einzelnen Stücken keine rechte Inspiration für solistische Aktivitäten? Bei „Sail Away" tritt dieser Eindruck erneut auf.

Der zweite Teil beginnt mit dem temperamentvollen Rocker **„You Fool No One".** Ian Paice legt einen dichten Schlagzeugteppich plus Percussion mit Hilfe von Kuhglocke und Tambourine auf. Darüber flirrt ein mehrstimmiger Harmoniegesang, der ein wenig an „I Feel Free" von „Cream" erinnert. Hier passt der Wechselgesang wieder sehr gut und auch das Gitarrensolo imponiert. Dass sich Ritchie Blackmore bei den eher soulbeeinflussten Songs der ersten Hälfte stärker zurückgehalten hat, habe ich oben schon erwähnt. Hier ist er dafür wieder omnipotent. - Aber es wird auch immer deutlicher: Deep Purple spielen hier nicht den Hard Rock der vier Alben aus Mark II, sondern haben bereits eine Veränderung hin zum breitentauglichen Stadionrock – oder nennen wir es Mainstream - vorgenommen.

Mit **„What`s Goin` On Here"** folgt der einzige klare Ausrutscher. Ein midtempo Blues-Rocker, der außer einem gelungenen Harmoniegesang nichts bietet und schnell langweilig wird. Während Ritchie Blackmore mit der Gitarre noch ein recht passables Solo hinlegt, greift Jon Lord auf den Keyboards einige Male arg daneben. Oder ist das gute Stück verstimmt gewesen? Egal … es passt überhaupt nicht. Unerklärlich, wie dieses Stück so durch die Qualitätskontrolle gehen konnte. Zum Finale können sich Deep Purple glücklicherweise noch einmal steigern.

„Mistreated" ist sicher eines der Lieblingsstücke von Ritchie

Blackmore. Fraglos auch neben dem Titelsong ein Highlight auf dem Album. Und vor allem eines, bei dem der Sänger zeigen kann, was in ihm steckt und woran er leidet, um in der Bluesdiktion zu bleiben. Das gelingt ganz gut. Hier bleibt David Coverdale alleinsingend und nimmt sich die Zeit, Gefühl in seine Stimme zu legen. Nachdem die ersten beiden Strophen abgearbeitet sind, entwickelt Ritchie Blackmore ein spannendes Gitarrensolo, bleibt dabei noch eng im Takt. Natürlich folgt die sehr bluestypische Steigerung der Gitarre am Ende einer weiteren Strophe und das Stück verlässt den schleppenden Grundrhythmus, um Fahrt aufzunehmen. Der aufkommende Chor im Hintergrund unterstreicht den Sound passend. Am Ende sinkt ein erschöpfter David Coverdale förmlich in sich zusammen.

Als Blackmore Deep Purple verließ, übernahm er „Mistreated“ in das Set bei Auftritten seiner neuen Band „Rainbow“. Deren zeitweiser Sänger Ronnie James Dio war ein begnadeter Shouter. Der Song passte für ihn noch besser.

"A 200“ überrascht am Ende des Albums mit einem spannenden Instrumentalstück. Jon Lord, der sich während der letzten drei Songs eher zurückgehalten hatte, packt hier verschiedene Synthie-Sounds aus und kombiniert sie miteinander. Ja, „A 200“ ist zweifellos sein Song. Und doch klaut ihm Ritchie Blackmore das Sahnehäubchen, denn sein Gitarrensolo ist unschlagbar gut.

Fazit:

Deep Purple erscheinen erstmals mit einer Veröffentlichung im neuen Gewand. Manches ist ungewohnt, wie der Gesang. Die Bewertung von „BURN“, besonders im Abgleich zu den Vorgängeralben, hängt natürlich wesentlich davon ab, ob man den zweistimmigen und wechselnden Gesang mag oder nicht.

Weiterhin ist die Bewertung vor dem Hintergrund zu betrachten, dass der Stilwechsel der Band vom gradlinigen Hard Rock hin zu einem Mix aus Rock, Blues, Funk und Soul bereits durchschimmert und sich hier ein veränderter Sound ergibt.

An dieser Stelle wird auch deutlich, dass mit Ian Gillan und Roger Glover nicht nur der Sänger und der Bassist die Gruppe verlassen haben, sondern auch zwei gut harmonierende Songwriter.

Die Musik ist bisweilen stark, zumindest souverän und klingt frisch, von zwei, vielleicht drei schwächeren Songs abgesehen. Insofern begeistert das neue Outfit, obwohl – und auch das gehört zur Wahrheit – hier nicht mehr der schwere Hardrockdampfer durch die Musiklandschaft stampft und rollt, der es vorher war. Und der unvergleichlich war.

Die Probleme des schleichenden Stilwechsels führen fast zwangsläufig zu einem Bedeutungsverlust, wenn man seine Kernkompetenz aufgibt und in den anderen Disziplinen nicht unbedingt zur Weltspitze gehört. Diese schmerzliche Erfahrung sollten die beiden folgenden Alben einbringen. Und als ob man es bereits ahnte: Auf der Covervorderseite leuchten die Kerzen auf den Köpfen der Bandmitglieder, auf der Coverrückseite sind sie erloschen. Hier wird die Zukunft vorhergesagt ….

Bewertung:

Hard Rock, Blues, Soul-Elemente
*** gut
Top-Tracks: Burn, Mistreated, A 200

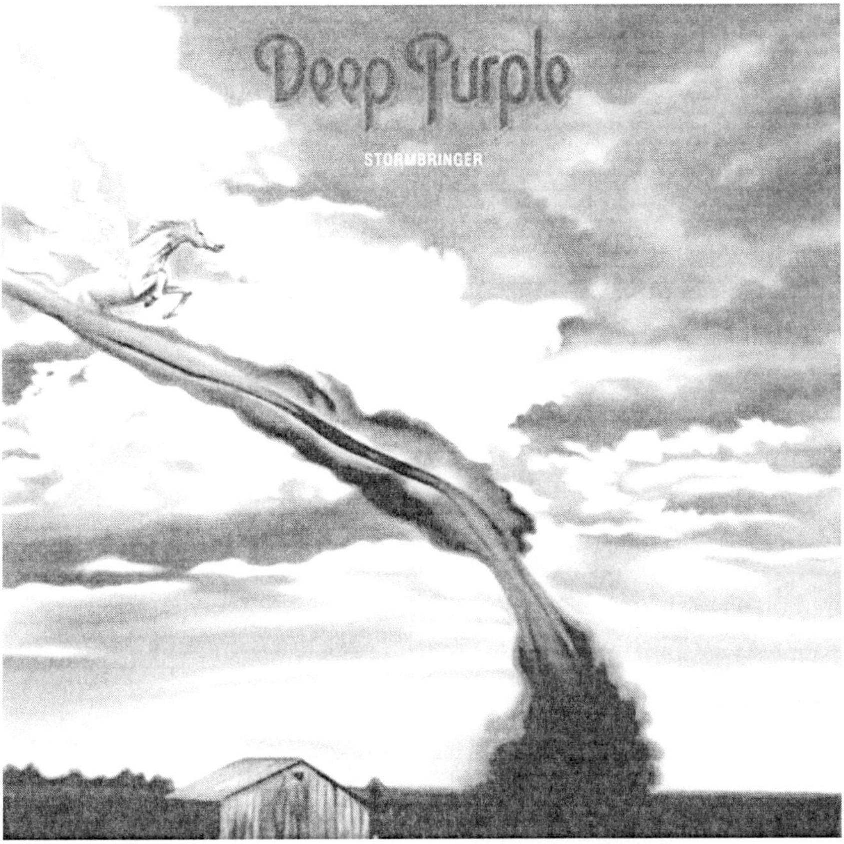

STORMBRINGER (1974) - Eine entkernte Band agiert lustlos

© Universal

Songs
1. Stormbringer (Blackmore, Coverdale)
2. Love Don't Mean a Thing*
3. Holy Man (Coverdale, Hughes, Lord)
4. Hold On (Coverdale, Hughes, Lord, Paice)
5. Lady Double Dealer (Blackmore, Coverdale)
6. You Can't Do It Right (Blackmore, Coverdale, Hughes)
7. High Ball Shooter*
8. The Gypsy*
9. Soldier Of Fortune (Blackmore, Coverdale)

*Song written by Blackmore, Coverdale, Hughes, Lord, Paice

Line-up (Mark III)
-Ritchie Blackmore – Guitar
-David Coverdale – Lead Vocals
-Glenn Hughes – Bass, Vocals
-Jon Lord – Keyboard
-Ian Paice - Drums

Die Probleme des Richtungswechsels werden deutlich

Mit „STORMBRINGER“ erschien 1974 das neunte Studioalbum von Deep Purple. Zu den Besonderheiten bei diesem Album gehört die ungewöhnlich schnelle Veröffentlichung noch im Jahr 1974, nachdem bereits in diesem Jahr „BURN“ das Licht der Welt erblickt hatte. Nur wenige Künstler haben seinerzeit mehrere Studioalben innerhalb eines Jahres veröffentlicht. Zu ihnen gehörte unter anderem Frank Zappa (*1940-1993), der aber ohnehin eine Ausnahmestellung im Rockzirkus eingenommen hatte. Er veröffentlichte stets mehrere Alben im Jahr. Bei ihm war es der Ausdruck enormer Kreativität und stilistischer Wandelbarkeit. Deep Purple hingegen glaubten scheinbar auch, den eingetretenen Schwung des gerade vorgenommenen Personalwechsels für ein schnell nachgeschobenes weiteres Album zu nutzen. Und Schwung brachte „BURN“ durchaus, auch wenn es kein Meilenstein gewesen ist. Dieser Schwung blieb aber eine

Eintagsfliege, denn das neue Album zeigte sich stattdessen eher kraft- und orientierungslos. Bereits der Name „STORMBRINGER“ ist eine Mogelpackung, verursachte er insgesamt nur ein laues Lüftchen, gemessen an den Openern früherer Alben. Was auf „BURN“ noch nicht so eindeutig erschien, wird hier umso deutlicher: Der Hard-Rock, der diese Band groß und berühmt gemacht hatte, wurde gegen eine halbgare Mixtur aus Rock, Funk, Blues und Soul eingetauscht. Dieser Richtungswechsel opferte die Paradedisziplin der Band zugunsten eines experimentierfreudigen Stil-Mixes, der unter dem Namen „Deep Purple“ schwer zu akzeptieren war.

Die fehlende Akzeptanz der neuen Musik und mangelnde Übereinstimmung innerhalb der Band übertrug sich auf die Stücke. Die Altmitglieder von Deep Purple hatten ihre Schwierigkeiten damit. Ian Paice an den Drums schien hörbar unterfordert zu sein. Seine Begleitung glitt in die Beliebigkeit ab. Jon Lord ist auf einigen Songs kaum auszumachen. Schließlich agierte der mit der sich abzeichnenden musikalischen Ausrichtung dieses Albums im Nachhinein nicht einverstandene Ritchie Blackmore relativ lustlos.

Besonders fehlte seine mitreißende Leadgitarre früherer Alben.

Fast überflüssig zu erwähnen, dass virtuose Solo-Gefechte zwischen Ritchie Blackmore und Jon Lord auf Gitarre und Keyboards genauso Fehlanzeige blieben wie klassische Einschübe und auch weitgehend rockige Riffs.

Die unklare musikalische Zielrichtung übertrug sich auf die Stimmung in der Band. Der teilweise hochgelobte zweistimmige Gesang führte zu Streitereien zwischen den Sängern. Glenn Hughes wollte immer öfter den Leadgesang übernehmen, was David Coverdale nun überhaupt nicht einsah. Schließlich wurde er doch als Lead-Sänger verpflichtet.

Bereits auf dem Vorgängeralbum „BURN“ hatte Ritchie Blackmore durchgesetzt, dass fortan die Credits für das Songwriting nicht mehr kollektiv auf alle Bandmitglieder verteilt werden. Stattdessen sollten die realen Beiträge zum Entstehen der Songs gewichtet und die Credits dafür nur noch den „eigentlichen“ Songwritern gutgeschrieben werden. Für ihn war das eine Frage der Gerechtigkeit. Es ist naheliegend, dass derjenige, der einen solchen Vorschlag unterbreitet, in erster Linie an sich denkt. Neben der Gerechtigkeit – natürlich!

Verfolgt man die daraufhin bei Deep Purple verteilten Credits, so ist Blackmore der insgesamt am häufigsten an den Kompositionen beteiligte Autor. Auch klar, dass dabei Schlagzeuger weniger Berücksichtigung finden, selbst wenn bei Musikgenres wie Hard Rock oder Progressive Rock der Drummer nicht lediglich eine simple Begleitung spielt. Im Regelfall hat er jedoch nur einen kleineren Anteil an der Musik.

Und bei den Instrumentalnummern geht eben der Sänger leer aus. Insgesamt ergibt sich daraus ein recht gemischtes Bild der Autoren einzelner Songs.

Die Songs

„STORMBRINGER“ eröffnet das Album einmal mehr mit dem Titelsong. Das erste Stück auf einem Deep Purple-Album steht für gewöhnlich unter besonderer Beobachtung. Mit „Speed King“ von „DEEP PURPLE IN ROCK“, „FIREBALL“ vom gleichnamigen Album sowie „Highway Star“ von „MACHINE HEAD“, aber auch „Woman From Tokyo“ von „WHO DO WE THINK WE ARE“, sind die ersten Songs auf den Alben stets besondere Kracher mit Tempo und kräftigen Riffs gewesen. Auch „BURN“ sorgte für diesen „Aha-Effekt“.

„Stormbringer“ beginnt dagegen wenig verheißungsvoll. Ein zu dick aufgetragener Synthesizer übertönt das gebrochene Intro, durch das sich das Gitarrenriff (immerhin gibt es eins) zunächst einen Weg durch das Dickicht bahnen muss. Die Strophe nimmt Fahrt auf, bis hier hin noch alles gut. Der anschließende Refrain ist aber mitnichten eine Steigerung und enttäuscht auf ganzer Linie.

Das Stück kann es in keiner Weise mit seinen oben genannten Vorgängern aufnehmen. Auch die Gitarre Ritchie Blackmores rettet nichts. Sein traditionelles Solo bleibt unspektakulär. Teilweise spielen zwei Sologitarren übereinander, was den Anschein von Inspiration erwecken soll, jedoch eher die Verzweiflung einer fehlenden guten Idee deutlich macht.

„Love Don`t Mean A Thing“ nimmt anschließend den ersten

unheilvollen Anlauf, um sich von Deep Purple loszuspielen. Funk-Rhythmen und souliger Gesang bestimmen den Song. Das von Ritchie Blackmore eingespielte Solo wirkt zaghaft, zu bluesig und irgendwo lustlos. Offenbar kämpfte er dabei gegen den ungewohnten Backing-Track, auf dessen Grundlage er schlicht keine gute Idee für sein Solo fand.

„Holy Man“ ist ein Rock-Song, der in der Tradition sogenannter amerikanischer Stadionbands segelt. Ein Slow-Rock, durchaus leidenschaftlich gesungen, wofür hier Glenn Hughes verantwortlich zeichnet. Jedoch klingt das alles eher nach Journey, Foreigner oder Survivor, aber nicht nach Deep Purple.

„Hold On“ erweitert den bunten Gemischtwarenladen um einen Boogie. Das Ganze wirkt etwas aufgemotzt und kommerziell, fast hitparadentauglich. Hier bietet sich erstmalig für Ritchie Blackmore und Jon Lord eine aufeinander folgende Solostrecke. Während die Gitarre Blackmores immerhin songdienlich und fantasievoll spielt, driftet Jon Lord in jazzige Gefilde ab. Unweigerlich fragt sich: Wo sollte das Ganze eigentlich hin?

Mit **„Lady Double Dealer“** ziehen sie das Tempo endlich an und präsentieren einen uptempo Rocker, angetrieben durch ein griffiges Gitarrenthema. Leider fehlen dem Song Ideen, Kanten, Wiedererkennungswert und auch der Sound, mit der nach hinten gemischten Riffgitarre vermag nicht zu überzeugen. Da reißt auch das flotte Gitarrensolo nichts raus.

„You Can`t Do It Right“ geht erneut in die Funk-/Soulrichtung. Noch einmal packt der insgesamt wenig beschäftigte Jon Lord mit an und den Synthie aus. Es rettet den schwachen Song mit noch schwächerem Refrain nicht aus der Misere. Immer dann, wenn ein hörenswerter Ansatz durchscheint, bleibt es nur ein kurzes Aufflackern, das zeigt, was möglich wäre, hätte man nur bessere Songs zu bespielen.

„High Ball Shooter“ erinnert rhythmisch und durch den geteilten Gesang ein Stück weit an „Lay Down Stay Down“ vom BURN- Album, und damit auch mal an Deep Purple. Ein guter Song ist es dadurch noch nicht. Jon Lord gibt mit einem Orgelsolo hier seinen Ausstand aus dem Album, denn auf den letzten beiden Songs ist er nicht mehr wahrzunehmen. Und auch sonst wird dort das Tempo wieder ordentlich zurückgefahren.

„The Gypsy“ beginnt mit zweistimmigem Gesang der beiden Sänger. An dieser Stelle ließen sie sich zumindest mal etwas einfallen. Gut gemeint, aber angesichts des langweiligen Themas bei gleichzeitig gebremster Energie kommt nur ein weiterer schwacher Song ohne Höhepunkte heraus.

Dazu ein Gitarrensolo, das eher nach Verweigerung in Kombination mit Ratlosigkeit klingt.

Der Song endet mit einer zu langen Themawiederholung, wodurch sich der Eindruck verstärkt, dass die Grundidee recht dünn ist.

Mit **„Soldier Of Fortune“** beendet die Band das Album balladesk. Ungewöhnlich für Deep Purple, aber kann man machen.

Wir erleben hier Ritchie Blackmore auf den Spuren seiner späteren Berufung. Der Song passt einfach gut zu Blackmore`s Night, seiner späteren Band. Die spielen ihn auch immer noch ab und an in ihren Konzerten.

Zweifellos eine gelungene Melodie- und Harmonieführung. Die Ballade wäre auf einem Hardrock-Album sehr passend als Kontrast zu den übrigen Songs gewesen. Auf einem insgesamt kraftlosen Album wie diesem wünschte man sich etwas mehr Steigerung innerhalb des Songs. Der Gesang von David Coverdale ist zu sehr zurückgenommen und es fehlen Spannungsmomente. Daraus hätte sich mehr machen lassen.

Es ist bezeichnend, dass leider auch hier eine letzte gute Grundidee unter ihren Möglichkeiten bleibt, um nicht zu sagen verschenkt wird.

Fazit:

Unter der Mitwirkung ihrer neuen Besetzung haben sich Deep Purple auf dieser Platte phasenweise selbst entkernt. Die Gründungsmitglieder Jon Lord und Ian Paice, beides brillante Solisten, sind bis auf wenige Parts, in denen man kurz ihre Fähigkeiten erahnt, zu dienenden Begleitmusikern abgewertet worden. Ritchie Blackmore kommt solistisch zwar noch ausreichend vor, tut sich aber angesichts der schwachen Songs und der musikalischen Richtungsänderung erkennbar schwer. Außerhalb der Soli ist seine Gitarre überdies deutlich in den Hintergrund verlagert worden, wodurch ein weiteres typisches Merkmal des klassischen Deep Purple-Sounds fehlt.

Ausbrüche, Überraschungen, Tempowechsel oder virtuose Solo-Gefechte … alles Standards bei Deep Purple – sind hier Fehlanzeige. Von den neun Songs ist kein einziger wirklich überzeugend. Mit Abstrichen können am ehesten das Titelstück und die Schlussnummer „Soldier Of Fortune“ halbwegs gefallen.

Als Konsequenz aus der ihn auch nicht überzeugenden neuen Richtung der Band erklärte Ritchie Blackmore in der Folge seinen (ersten) Ausstieg bei Deep Purple. Die Musik enthielt ihm zu viele Funk- und Soulelemente. Nicht zuletzt ein „Verdienst“ der beiden neuen Mitstreiter Coverdale und Hughes, an deren Gruppenzugehörigkeit Blackmore nicht unschuldig war, die jedoch einen für ihn zu starken abweichenden Einfluss auf die Musik bekommen hatten.

Aber auch Fans und Kritiker der Band konnten mit dem Album vergleichsweise wenig anfangen. Es verwundert letztlich doch etwas, wie stark die beiden neuen und jüngeren Bandmitglieder die Gruppe prägten und vom bisher eingeschlagenen Weg abbringen konnten. Die Schwächen der Kompositionen offenbaren zudem, dass Ian Gillan und Roger Glover einen maßgeblichen Anteil zu der Qualität der früheren Songs beitrugen. Diese Qualität fehlt schmerzlich.

Bewertung:

Rock, Bluesrock, Funk, Soul
* schwach
Top-Tracks: Soldier Of Fortune (mit gewissen Abstrichen)

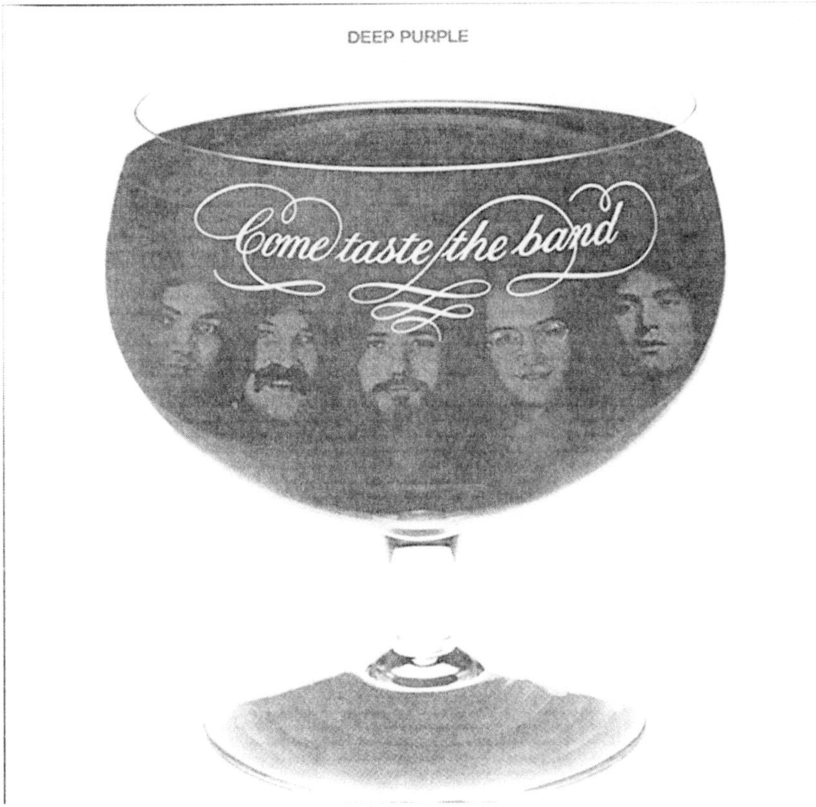

COME TASTE THE BAND (1975) - Ohne Blackmore endgültig in den Abgrund

© Universal

Songs

1. Comin' Home (Coverdale, Bolin, Paice)
2. Lady Luck (Coverdale, Jeff Cook)
3. Gettin' Tighter (Bolin, Hughes)
4. Dealer (Coverdale, Bolin)
5. I Need Love (Coverdale, Bolin)
6. Drifter (Coverdale, Bolin)
7. Love Child (Coverdale, Bolin)
8. This Time Around
 (Lord/Hughes) / Owed to 'G' (instrumental) (Bolin)
9. You Keep on Moving (Coverdale, Hughes)

Line-up (Mark IV)

-David Coverdale – Lead Vocals
-Tommy Bolin - Guitar, Vocals, Bass on „Comin' Home"
-Jon Lord - Keyboards, Piano, Synthesizer
-Glenn Hughes – Bass, Vocals on „Gettin' Tighter" und „This Time Around"
-Ian Paice - Drums

Allgemeines zur Entstehung des Albums

Mit „COME TASTE THE BAND" legten Deep Purple ihr insgesamt 10. Studioalbum vor.

Ritchie Blackmore hatte die Band zwischenzeitlich verlassen, was insbesondere für Schlagzeuger Ian Paice nach dessen Aussage ein großer Verlust gewesen war. Die Band stand erneut an einem Scheidepunkt. Nachdem einige Namen von Gitarristen vor und zurück gewälzt worden waren, kam aus dem Team der Band jemand mit dem Namen Tommy Bolin um die Ecke. Dieser sei auch gerade frei von Bandverpflichtungen. Schnell verabredete man sich zu einer Session, an deren Ende alle Beteiligten von der flüssigen und bluesorientierten Spielweise des amerikanischen Gitarristen begeistert waren.

Für die Aufnahmen am gerade entstehenden Album „COME TASTE THE BAND" bekam Tommy Bolin ein Maximum an

Freiheiten. So brachte er sich nicht nur als Gitarrist, sondern auch bereits als Songautor in die Band ein und beeinflusste von Beginn an die Musik von Deep Purple maßgeblich. Sie entwickelte sich ein Stück weit(er) weg vom Hard Rock und hin zum Bluesrock sowie Funk und Soul. An dieser Stelle macht der Albumtitel Sinn, indem er einlädt, die (neue) Band zu probieren.

Musikalisch harmonierte Tommy Bolin besonders mit Bassist Glenn Hughes. Ihre Schnittmenge war groß, was ihr Verhältnis zueinander positiv beeinflusste. Und so kam was kommen musste: „COME TASTE THE BAND“ entfernte sich noch ein Stückchen weiter von der Mark II-Besetzung, auch wenn das Bemühen um den rockigen Anstrich der Songs nicht zu verkennen war.

Die Songs

„Comin` Home“ eröffnet das Album mit einem uptempo-Rocksong. Tommy Bolin bekommt ein langes Gitarrensolo, um sich der lauschenden Hörerschaft erst einmal angemessen vorzustellen. Er spielt schnelle Noten, bleibt aber bluesbasiert und risikoscheu im Schema und eigentlich ein Stück zu lang für die schmale Idee. Nicht schlecht, aber ohne den Aha-Effekt, den so viele Eröffnungssongs auf Deep Purple-Alben ausgelöst haben. Als bemerkenswerter Soundeffekt blubbert und gluckert der Synthesizer Jon Lords im Vorfeld. Ansonsten hält sich der Organist hier deutlich zurück.

Der Refrain ist ebenso wie der ganze Song wenig spektakulär und verhilft dem Stück auch keinesfalls in die ruhmreiche Galerie der starken Opener früherer Alben.

Mit **„Lady Luck“** bleibt die Band im bluesigen Rockformat, nimmt aber etwas das Tempo raus. Der Song ist mit 2:48 Minuten für Deep Purple-Verhältnisse sehr kurz geraten, was angesichts der dünnen Idee nicht überrascht. Gesang und Melodie verfangen überhaupt nicht. Tommy Bolin verändert zwar seinen Gitarrensound, soliert aber auch entsprechend kurz. Offenbar gab es niemanden, der diesem Stück bemerkenswertes hinzuzufügen hatte; auch Jon Lord nicht.

Von diesem Song bleibt im Ergebnis überhaupt nichts hängen und leider, leider … spätestens hier stellt sich schon wieder die Frage, ob das einer Band wie Deep Purple überhaupt würdig ist.

Es folgt die Bolin-Hughes-Komposition **„Gettin' Tighter“**, die erwartungsgemäß von Glenn Hughes gesungen wird. Der Gesang überzeugt durchaus, und es stellt sich die Frage, warum die Lead-Vocals bei Deep Purple so vergeben wurden, wie sie es aktuell sind.

Ein unerwartetes Break führt den Song in der Mitte plötzlich völlig überraschend in die Funk-Ecke. Auch das stand zu befürchten. Kurz darauf kehrt der Song für das erneut eher langweilige Gitarrensolo zum Ausgangsrhythmus zurück und verklingt kurz darauf. Eine gute Idee ist das nicht, denn erneut mangelt es an einem Refrain, der diese Bezeichnung verdient.

„Dealer“ ist ein vertracktes Rockstück, das etwas nach Steppenwolf klingt. Erneut kann aber weder die Sondidee, noch der Refrain oder der Leadgesang begeistern. Immerhin kommt mit der Slide-Gitarre so etwas wie ein Feeling auf. Jedoch spielt Tommy Bolin in etwa das, was er auch bereits bei „Comin` Home“ gespielt hat. Keine gute Idee.

„I Need Love“ singt David Coverdale im nun folgenden Song und verdeutlicht uns damit einmal mehr sein Lieblingsthema, gleichzeitig Hauptthemenfeld seiner Texte. Fast unnötig zu erwähnen, dass die Lyrics nicht weiter der Rede wert sind. Musikalisch flicht die Band in der Mitte des Songs erneut einen Wechsel von Rock- zum Funkrhythmus ein, der komplett nach Wiederholung im Stück „Gettin` Tighter“ klingt. Auch wenn Tommy Bolin hier deutlich mehr auf der Gitarre zeigt – es bleibt nach gut der Hälfte des Albumdurchlaufs der sich verfestigende Eindruck zu dünner Songideen, deren wenige Momente sich auch noch in verschiedenen Stücken wiederholen.

Rockig bleibt es zwar mit **„Drifter“**, ausgehend von einem Gitarrenriff und dem Versuch, den bisherigen Deep Purple etwas näher zu kommen. Im Mittelteil wird dann aber das Tempo rausgenommen und es zeichnet sich eine atmosphärische Phase ab, die nach einer Mischung aus „Fools“ und der ruhigen Passage aus „Woman From Tokyo“ klingt. Die an sich gute Idee wird jedoch verschenkt, und so wie das Stück dann zu Ende geführt wird, bleibt angesichts der Ideenlosigkeit nur ein Schulterzucken übrig. Erneut stellen sich der Gesang und die Gesangsmelodie als Handicap des Songs heraus.

„Love Child“ basiert auf einem eingängigen Gitarrenriff, bei dem eindeutig Led Zeppelins Heartbreaker Pate gestanden hat. Im

Gegensatz zu den Zeppelinen zieht David Coverdale als Sänger leider jedoch auch hier keinerlei Inspiration daraus.

Plötzlich vernimmt man nun doch noch Jon Lord, wie er mit dem Synthesizer aus der Versenkung auftaucht und ein Solo andeutet, während der Rest der Band den bereits mehrfach bespielten Funk-Teppich ein weiteres Mal darunterlegt.

Wer bis hierhin durchgehalten hat, reibt sich verwundert die Augen, wenn er/sie die Klänge von **„This Time Around/Owed To `G`"** vernimmt. Nein, das sind nicht Paul McCartney and Wings, obwohl man es kaum glaubt. Eine poppige Jazzballade, gesungen von Glenn Hughes entfernt die Musik so weit von Deep Purple wie selten zuvor. Dennoch entfaltet das Stück durchaus einen gewissen Charme.

Der zweite Teil des Songs führt die Grundidee mit rockigem Fundament weiter aus, wodurch die Zusammenfügung Sinn macht. „Owed To `G" übernimmt anfangs die Melodie und entwickelt sie zu einem stimmigen Instrumental. Beides ist interessanter als alle Songs dieses Albums zuvor, hat jedoch mit Deep Purple auch weiterhin nur begrenzt etwas zu tun.

„You Keep On Moving" beschließt das Album mit einem atmosphärischen Beginn, in dessen Verlauf der zweistimmige Gesang von David Coverdale und Glenn Hughes für einen späten Höhepunkt sorgen, bevor sich das Stück zu einer passablen Rocknummer entwickelt. Im Gegensatz zum reichlich vorhandenen Füllmaterial an eher belanglosen Rocksongs steht hier eine sich einprägende Melodie dahinter und hebt schon deshalb diesen Song etwas heraus. Mit einem zweistimmigen Gitarrensolo nimmt Tommy Bolin den Faden passend auf und sogar Jon Lord spendiert zum Finale noch ein kurzes Orgelsolo.

Fazit:

Auch wenn sich Deep Purple zum Ende des Albums noch steigern, fällt das Gesamtwerk durch. Die bereits auf „STORMBRINGER" erkennbaren Schwächen des Songmaterials setzen sich hier über weite Strecken fort. Erst gegen Ende gibt es mal einen „Aha-Effekt". Bis dahin plätschert ein Stück nach dem anderen dahin, ohne dass wirklich etwas hängen bleibt. Hier zeigte sich schmerzlich, welche Qualitäten im Songwriting offenbar durch die personellen Umbesetzungen verloren gegangen sind. Das alles ließe sich möglicherweise durch virtuoses und inspiriertes Zusammenspiel kompensieren.

Daran mangelt es aber auch.

Tommy Bolin mag ein guter Gitarrist gewesen sein. Den Spirit, den es braucht, um in einer Band wie Deep Purple mitzuwirken, hatte er nicht. Ritchie Blackmores Gitarre, vor allem seine Riffs, werden hier schmerzlich vermisst. „COME TASTE THE BAND“ blieb das einzige Deep Purple-Album, auf dem Tommy Bolin mitgewirkt hat.

Auch Jon Lord`s erneut kaum sichtbare Mitwirkung spricht Bände. Er vermochte diesem Album offensichtlich auch nicht aus der Misere zu helfen. Über allem aber schwebt ein Gesang, in der Hauptsache von David Coverdale, der in keinster Weise den Songs eine Prägung geben kann, dem jegliches Melodiegefühl abgeht, und der um Klassen hinter dem Ian Gillans liegt. Von den belanglosen Texten ganz abgesehen.

Deep Purple hatten ihren Tiefpunkt erreicht.

Bewertung:

Stil: Rock, Bluesrock, Funk
* Schwach
Top Track: You Keep On Moving

Die Auflösung von Deep Purple 1975

Nach dem 1975er Album „COME TASTE THE BAND“ lösten sich Deep Purple auf. Was auf den ersten Blick zur damaligen Zeit als Überraschung galt, erweist sich bei näherer Betrachtung als unvermeidlich.

Wie so oft bei Trennungen spielten verschiedene Gründe eine Rolle. Das neue Album, von dem viele glaubten, es würde nach dem Personalwechsel an der Gitarre eine weitere goldene Ära einleiten, erwies sich als Rohrkrepierer – und das leider zu Recht. Deep Purple hatten einmal zu viel gewechselt – mindestens. Die Enttäuschung über das magere musikalische Ergebnis wurde auch von der Band geteilt.

Die nach der Albumveröffentlichung absolvierten Tourneen waren ebenfalls nicht annähernd so erfolgreich wie gewünscht. Vereinzelte Rufe nach den geschassten Mitgliedern der ruhmreichen Mark II – Besetzung und natürlich auch nach Ritchie Blackmore wurden immer häufiger und zehrten an den Nerven. Kein Wunder, denn die Songs der Alben „IN ROCK“, „FIREBALL“ und „MACHINE HEAD“ waren im Live-Set inzwischen zusammengeschrumpft und den neueren Stücken aus der aktuellen Phase geopfert. Der dabei entstandene Qualitätsunterschied zu Lasten der neuen Songs ließ sich nicht leugnen oder musikalisch überspielen. Zu den älteren Songs entwickelte besonders der hochgelobte Gitarrist Tommy Bolin kein wirkliches Verhältnis. Die aber wollten die Fans auch oder vor allem hören.

Stattdessen machten sich andere Schlagzeilen breit. Tommy Bolin ging inzwischen mit Glenn Hughes eine unheilvolle Drogenverbindung ein. Beide waren schwer heroinabhängig. Dieser Umstand belastete jedwede weitere Zusammenarbeit. Bei Tommy Bolin führte dies zuletzt dazu, dass er nicht mehr in der Lage war, auf der Bühne seine Parts in erforderlicher Qualität zu spielen. Abgesehen davon weigerte er sich ohnehin beharrlich, die erfolgreichen Stücke aus der Mark II – Besetzung notengetreu nachzuspielen. Zweifel entstanden, ob er es überhaupt gekonnt hätte, wenn er denn gewollt hätte. Seine stattdessen eingebrachten Gitarrensoli passten weder zum Stück, noch waren sie annähernd so interessant wie die älteren Originale.

Mehr denn je manövrierte sich die Gruppe in eine musikalische

Sackgasse. Wer wollten sie sein, was wollten sie spielen? Rock, Funk, Soul, Jazz, Blues …? Der musikalische Gemischtwarenladen und seine ungeklärten Richtungsfragen bedeuteten täglich neue Herausforderungen. Jon Lord und Ian Paice waren als Gründungsväter von Deep Purple inzwischen in der numerischen Minderheit. Die Richtung bestimmten mehrheitlich längst die drei „Neuen". Im Ergebnis bedeutete dies eine Abkehr vom Hard Rock hin zu den anderen oben genannten Stilrichtungen. Das wiederum wollte die Mehrheit der Anhänger von Deep Purple nicht hören. Abgesehen davon erreichte die Gruppe mit ihren ideenlosen Songs auch bei Anhängern der anderen Stilrichtungen eher Schulterzucken als Zustimmung.

Jon Lord und Ian Paice stimmten sich kurz ab und zogen daraus die notwendige Konsequenz. Sie lösten die Band auf. Ein Schock zwar, sicherlich, aber eine zu diesem Zeitpunkt unausweichliche Entscheidung. Es fehlte nicht nur der Glaube, durch eine erneute Besetzungsänderung das Schiff noch einmal auf Kurs bringen zu können. Es war auch ein Eingeständnis, dass ein Ende eine weitere Beschädigung des Namens vermeiden hilft.

Ob sich diese Formation angesichts der eher weniger guten Resonanz von Fans und Kritikern eine weitere Chance hätte geben sollen, blieb angesichts des frühen Todes von Tommy Bolin eine für alle Zeiten ungelöste Frage.

Dass dies nicht das endgültige Ende von Deep Purple sein würde, konnten sie damals nicht wissen. Eine rund achtjährige Pause sollte folgen. David Coverdale und Glenn Hughes stürzten sich in eigene Projekte, in denen sie besser aufgehoben waren. Tommy Bolins Leben endete kurz darauf tragisch. Und die Band sollte wieder auferstehen.

David Coverdale - Deep Purple als Sprungbrett

David Coverdale wurde 1951 in der Grafschaft North Yorkshire, England, geboren.

1973 arbeitete er als Verkäufer in einer Boutique, als ihm die Annonce von Deep Purple im Melody Maker auffiel, wonach die Band einen neuen Sänger suchte. Bis zu diesem Zeitpunkt hatte David Coverdale wenig musikalische Erfahrung sammeln können. Er war bereits als Sänger in lokalen Bands tätig gewesen, jedoch ohne größere Aufmerksamkeit erlangt zu haben. In der Musikszene war er ein weitgehend unbeschriebenes Blatt.

Auf die besagte Annonce schickte David Coverdale ein Demoband mit einigen Trinkliedern. Darauf befand sich aber auch eine kurze Sequenz, in der Coverdale rockig gesungen hatte. Offensichtlich gab das den Ausschlag für ihn. Die Gruppe nahm seine Bewerbung an.

Mit David Coverdale kam auch Glenn Hughes als Bassist und weiterer Sänger in die Band, was zu einer Neuausrichtung des Gesangs in der Gruppe führte. Fortan hatte die Band zwei Leadstimmen. Zwar war David Coverdale der Leadsänger und das Verhältnis zu Glenn Hughes im Allgemeinen gut. Und doch konkurrierten sie des Öfteren um den Leadgesang, denn auch Hughes kämpfte um seine Anteile und haderte offensichtlich etwas mit der Situation, nicht auch der Leadsänger geworden zu sein. Schließlich bekam er seine Zusage eher. Eine Zeit lang planten die verbliebenen Mitglieder von Deep Purple auch, Glenn Hughes den Leadgesang zu übertragen, was aber letztlich am Veto von Ritchie Blackmore gescheitert war. Blackmore wollte David Coverdale. So kam es schließlich auch.

David Coverdale als Sänger von Deep Purple

Das Gesangspaar Coverdale/Hughes brachte erkennbar frischen Wind in die Band, was vor allem durch den Titelsong des ersten gemeinsamen Albums „BURN“ deutlich wurde.

Gesanglich war David Coverdale bei weitem nicht so breit aufgestellt wie Ian Gillan, doch er hatte seine Momente. Neben dem erwähnten „BURN“ war es „Soldier Of Fortune“ vom Album „STORMBRINGER“. Hier zeigte Coverdale, dass Balladen zu seinen Stärken gehörten. Auch „Sail Away“ und „Mistreated“ vom Album „BURN“ passten gut zu seiner Stimme. Mit "Ain't No Love In The Heart Of The City" bewies er später überdies, dass er einen Blues ausdrucksstark intonieren konnte.

Versuchte er dagegen, seinen musikalischen Vorbildern nachzueifern, wurde es bisweilen peinlich, wie auf dem Album Coverdale/Page 1993. Das Bemühen, die hohen Gesangsfrequenzen von Robert Plant zu erreichen und wie Led Zeppelin zu klingen, war deutlich erkennbar. Leider wirkt die Stimme Coverdales dabei wenig souverän, nicht durchweg sicher in der Intonation und eher wie ein übersteuertes Teenie-Girl.

Für Deep Purple sang David Coverdale auf den Alben „BURN“ und „STORMBRINGER“ (beide 1974) sowie auf dem ein Jahr später erschienenen „COME TASTE THE BAND“. Besonders die letzten beiden Alben wurden stark kritisiert und führten Deep Purple in eine Sackgasse, aus der es zum damaligen Zeitpunkt kein Weiterkommen gab.

Die im März 1976 erfolgte Auflösung der Gruppe beendete David Coverdales Karriere als Sänger jedoch nicht. Stattdessen sollte es für David Coverdale heißen: „The best is yet to come“ (Das Beste kommt noch).

Fortsetzung mit „Whitesnake“

Die zwar nur kurze, aber lohnende Zugehörigkeit zu Deep Purple verschaffte David Coverdale die Möglichkeit, mit seinem nunmehr weltweit bekannten Namen unter eigener Flagge zu segeln. Er nutzte das Sprungbrett, das ihm Deep Purple lieferte, effektiv und nachhaltig. Zwar war seinen ersten Soloalben noch nicht der große Erfolg beschieden, doch er bliebt dran.

Im Jahr 1978 gründete David Coverdale seine erfolgreiche Formation „Whitesnake“, die bis heute Bestand hat. Eine Zeit lang gehörten auch Schlagzeuger Ian Paice und Keyboarder Jon Lord der Gruppe Whitesnake an. Damit gelang ihm quasi eine Umkehrung der Verhältnisse: Früher gaben sie ihm den Job, später gab er ihnen den Job. Vor allem aber zeigte David Coverdale seinen Kritikern, dass er keine Eintagsfliege war.

David Coverdale verdankt seine recht erfolgreiche Karriere sicherlich ganz wesentlich dem Umstand, dass sich Ritchie Blackmore, Jon Lord und Ian Paice auf der Suche nach einem neuen Sänger von Deep Purple für ihn entschieden hatten. Und doch emanzipierte er sich von Deep Purple, indem er mit „Whitesnake“ auch in einigen schwierigen Phasen nicht aufgab und seinen Weg kontinuierlich fortsetzte. Ihm gelangen dabei eine Reihe von Hits. So schaffte er es, nicht mehr nur als der Ex-Sänger von Deep Purple wahrgenommen zu werden, dessen Verpflichtung nicht unumstritten war, sondern erwarb sich eine eigene musikalische Identität.

Wie wichtig ihm dennoch das Kapitel Deep Purple war, verdeutlichte das 2015 von ihm veröffentlichte „Purple Album“, das 15 Songs aus Coverdales Zeit bei Deep Purple in neuen Aufnahmen enthält.

Diskografie (Auszug)

David Coverdale's Whitesnake

1977: White Snake
1978: Northwinds

Whitesnake

1978: Snakebite
1978: Trouble
1979: Love Hunter
1980: Live at Hammersmith LIVE 1978
1980: Ready an' Willing
1980: Live… in the Heart of the City LIVE 1978 & 1980
1981: Come An' Get It
1982: Saints An' Sinners
1984: Slide It In
1989: Slip of the Tongue
1997: Restless Heart
1997: Starkers in Tokyo Unplugged 1997,
2006: Live – In the Shadow of the Blues
2008: Good To Be Bad
2011: Forevermore
2015: The Purple Album
2019: Flesh & Blood

Coverdale / Page

1993: Coverdale/Page

Deep Purple

1974: BURN
1974: STORMBRINGER
1975: COME TASTE THE BAND
1976: MADE IN EUROPE LIVE 1975
1977: LAST CONCERT IN JAPAN LIVE 1975

Glenn Hughes – Der unterforderte Bassist

Glenn Hughes wurde 1951 im englischen Cannock geboren. Wie viele seines Jahrgangs erlebte Hughes die Faszination der Beatles als Teenager, begeisterte sich aber auch für Soul und Rhythm` and Blues. Unter diesem Einfluss und ausgestattet mit einer ausdrucksstarken Stimme fand er schnell den Weg zur Musik. Als Bassist und Sänger trat er bereits 1969 der Rockgruppe „Trapeze“ bei und prägte sie maßgebend.

Einstieg bei Deep Purple

Glenn Hughes stand 1973 in der Nachfolge von Ian Gillan und Roger Glover auf der Wunschliste der Rest-Purple-Mitglieder Ritchie Blackmore, Jon Lord und Ian Paice. Als Sänger und Bassist hätten sie zwei Fliegen mit einer Klappe erschlagen und künftig als Quartett weitergemacht. So die Kalkulation. Glenn Hughes sollte also beide vakanten Funktionen ausfüllen. Jedoch prüften die Purple-Mitglieder auch andere Alternativen. Zu ihnen gehörte unter anderem der Free-Sänger Paul Rodgers.

Glenn Hughes erinnerte sich in einem Interview, dass Jon Lord und Ian Paice anlässlich eines Trapeze-Konzerts bei ihm vorstellig geworden waren und ihm die Rolle als Bassist angeboten hatten. Er selbst sei aber Sänger, wie er betonte. Darauf erwiderten sie, er könne bei Deep Purple auch singen. Als Hauptsänger sei aber Paul Rodgers vorgesehen. Der aber erteilte Deep Purple kurz darauf eine Absage.

Unterdessen gewann David Coverdale die Gunst der Band, nachdem er als Sänger angehört worden war. Ab da an galt er als erste Wahl. Um Glenn Hughes bei Laune zu halten, waren ihm als Bassist von Deep Purple auch Gesangsanteile versprochen worden. Glenn Hughes willigte ein und lehnte aus diesem Grund ein anderes Angebot, nämlich bei „Yes“ einzusteigen, ab.

Möglicherweise geriet bei den Verhandlungen mit den alteingesessenen Mitgliedern Deep Purples die musikalische Vorliebe von

Hughes etwas außer Sichtweite. Ihm waren Funk und Soul, bisweilen auch Jazz näher als purer Hard Rock, was sich auf die Produktionen mit seiner Beteiligung auswirken sollte. In der Betrachtung der Studioalben von BURN (1974) über STORMBRINGER (ebenfalls 1974) und COME TASTE THE BAND (1975) wird die musikalische Veränderung deutlich. Das alles war in Gänze anfangs nicht absehbar. Und doch muss man Deep Purple anno 1974 einen etwas leichtfertigen Umgang mit ihrer Reputation und Vergangenheit vorwerfen. Glenn Hughes bekam den Job.

Deep Purple mit Glenn Hughes

Drei Studioalben entstanden unter der Mitwirkung Glenn Hughes von 1973 bis 1976. Während „BURN“ (1974) stilistisch noch an die bisherigen Alben von Deep Purple anknüpfte, veränderte sich die musikalische Ausrichtung mit „STORMBRINGER“ (1974) und „COME TASTE THE BAND“ (1975) erkennbar.

Nach dem Eintritt von Gitarrist Tommy Bolin war ein Übergewicht der neuen Akteure über die traditionellen Deep Purple-Mitglieder entstanden. Ritchie Blackmores Gitarrenriffs, sein grundharter Gitarrensound und sein erfolgreiches Songwriting gehörten der Vergangenheit an.

Stattdessen begann ein Richtungsstreit. Die Alkohol- und Drogenprobleme von Bolin und Hughes taten das übrige zum baldigen Niedergang. Deep Purple fuhren auf eine Sackgasse zu, ohne es rechtzeitig zu merken.

Als der Drogen- und Alkoholmissbrauch von Glenn Hughes und Gitarrist Tommy Bolin eine Zusammenarbeit immer schwieriger machten, zogen Jon Lord und Ian Paice die Notbremse. So lösten sich Deep Purple 1976 auf.

Die Zeit nach Deep Purple

Für Glenn Hughes war die Mitwirkung bei Deep Purple ein bedeutender Karrieresprung, der ihm als Musiker nach Überwindung seiner Drogenabhängigkeit viele neue Möglichkeiten bescherte, ihn vor allem bekannt machte. Er spielte in mehreren Bands und veröffentlicht bis heute Solo-Alben. 1985 stieg er kurze Zeit bei „Black Sabbath" ein.

Aufmerksamkeit errang er auch 2010 mit der Gründung von „Black Country Communion", die außer ihm noch aus dem Gitarristen Joe Bonamassa, dem Schlagzeuger Jason Bonham (Led Zeppelin u.a.) und dem Keyboarder Derek Sherinian (Dream Theater) bestand.

Glenn Hughes Bassspiel gilt als rockbetont, erdig und mit einem Funk-Einschlag versehen. Seine variable Stimme passt sowohl auf Rock als auch auf Soul. Diese Fähigkeiten konnte er bei Deep Purple nicht in ausreichendem Maße einbringen, auch wenn sie hier und da erkennbar geworden sind.

Im Nachhinein wirkte Glenn Hughes bei Deep Purple unterfordert. Obwohl er die Richtungsänderung der Gruppe mitprägte, hätte er mehr gewollt, blieb aber aufgrund der Kompromisse, die er eingehen musste, unter seinen Möglichkeiten.

Andererseits war er noch verhältnismäßig jung und die Zeit dort recht kurz. Aus seinen stimmlichen Fähigkeiten hätte mehr entstehen können. Jedoch musste er David Coverdale den Vortritt lassen. Auch als Bassist konnte er mehr als nur einfache Akkordwechsel auf der Eins abrufen. Die in dieser Zeit entstandenen Songs verdeutlichen das Potenzial, auch wenn sie als Deep Purple-Songs mit den früheren Aufnahmen nicht mithalten konnten.

Nach seiner Zeit bei Deep Purple war und ist Glenn Hughes vielfältig musikalisch aktiv. Ein neues Album von Black Country Communion ist aktuell in Planung.

Diskografie Glenn Hughes

Mitwirkung bei Trapeze

1970: Medusa
1972: You Are The Music… We're Just The Band
1972: Live: Way Back To The Bone (VÖ 1998)
1976: Trapeze
1992: Welcome To The Real World (VÖ 1998)

Mitwirkung bei Deep Purple

1974: BURN

1974: STORMBRINGER
1975: COME TASTE THE BAND
1975: MADE IN EUROPE (VÖ 1976)
1975: LAST CONCERT IN JAPAN (VÖ 1977)

Soloveröffentlichungen
1977: Play me out
1992: Blues (L.A. Blues Authority Volume II: Glenn Hughes)
1994: From Now On…
1994: BURNing Japan Live
1995: Feel
1996: Addiction
1999: The Way It Is
2000: Return of Crystal Karma
2001: Building The Machine
2003: Songs in the key of rock
2004: Soulfully live in the city of angels (Live)
2005: Soul Mover
2006: Music for the divine
2008: First Underground Nuclear Kitchen
2016: Resonate

Mitwirkung bei Phenomena
1984: Phenomena 1
1987: Phenomena 2: Dream Runner
2006: PsychoFantasy

Mitwirkung bei Black Sabbath
1986: Seventh Star

Mitwirkung bei Voodoo Hill
2000: Voodoo Hill
2004: Wild Seed Of Mother Earth
2015: Waterfall

Mitwirkung bei Hughes Turner Project (HTP)

- 2002: Hughes Turner Project
  - 2002: Live In Tokyo
  - 2003: Hughes Turner Project 2

Mitwirkung bei Black Country Communion

2010: Black Country
2011: 2
2012: Live over Europe
2012: Afterglow
2017: IV

Tommy Bolin – Tragische Figur und verschwendetes Talent

Thomas Richard Bolin kam 1951 im Bundesstaat Iowa/USA zur Welt.

Bevor er 1975 zu Deep Purple stieß, spielte er sich durch diverse Bands, u.a. auch in der Formation „James Gang“. Dort wurde man auf ihn aufmerksam.

Wie so viele in dieser Zeit geborene Amerikaner kam er Mitte der 60er-Jahre zu einer musikalisch fruchtbaren Zeit mit Musik in Berührung.

Die Musikszene entwickelte sich in Amerika und vor allem auch in England prächtig und brachte eine große Zahl neuer innovativer Künstler hervor.

Auf kleinem Umweg über Schlagzeug und Klavier führte ihn der Weg zur Gitarre. Dabei brachte er sich das Spielen weitgehend selbst bei. Noten und Techniken interessierten ihn weniger. Mit entsprechendem Talent gesegnet konnte er drauf los spielen. Jazz faszinierte ihn besonders, weil es ein freies Spiel erlaubte.

Nach diversen Bands, in denen er mitwirkte, war er genau zu dem Zeitpunkt beschäftigungslos, als Ritchie Blackmore bei Deep Purple ausstieg. David Coverdale war es, der sich für eine Einladung von Bolin zum Vorspielen bei Deep Purple stark gemacht hatte. Er sprach Jon Lord darauf an und pries Bolin als denjenigen, der in die großen Schuhe von Ritchie Blackmore passen würde.

Die anderen waren überzeugt. Tommy Bolin bekam den Job als neuer Gitarrist bei Deep Purple. Dabei mag ihm geholfen haben, dass er in seinen Gitarrensolo-Ansätzen locker zwischen Rock, Blues und Jazz wechselte und dadurch seine Zuhörer mit seinem Talent und einer Vielseitigkeit beeindruckte. Dass Coverdale und Hughes dabei bereits einen musikalischen Richtungswechsel bei Deep Purple im Hinterkopf hatten, mag eine zusätzliche Rolle gespielt haben. Ein straighter Hardrocker war Bolin bezeichnenderweise nicht. In jedem Fall, so glaubte man, schien der junge, flexible amerikanische Gitarrist eine gute Wahl zu sein.

Tommy Bolin und Deep Purple

Neben dem Studioalbum „COME TASTE THE BAND“ aus dem Jahr 1975 (vgl. die Albumbesprechung) ist Tommy Bolin bei Deep Purple auch auf dem Live-Album „LAST CONCERT IN JAPAN“, erschienen 1977, aufgenommen 1975, sowie auf „PHOENIX RISING“, live 1976 zu hören.

Die Live-Konzerte zeigten Deep Purple wieder stärker als mitreißende Hard-Rock-Band. Jedoch offenbarten sich deutliche Qualitätsunterschiede zwischen den alten und den neueren Songs. Der Vergleich war gut möglich, denn Deep Purple spielten live sowohl alte als auch neue Stücke.

Das Scheitern von Deep Purple 1975

Tommy Bolin schaffte es letztlich nicht, Deep Purple nach dem schwachen Album „STORMBRINGER“ zurück in die Erfolgsspur zu führen. Das ist sicherlich nicht ihm allein anzukreiden, war er schließlich nur ein Fünftel der Band. Und doch erwartet man vom Leadgitarristen, der in die Schuhe seines Vorgängers Ritchie Blackmore steigt, ein bisschen mehr Einarbeitungswillen und die Bereitschaft, nicht nur den erfolgreichen Stil der Band musikalisch fortzuführen, sondern auch den Backkatalog der großen Deep Purple – Songs zu pflegen und ein Stück weit zu beleben. Darin besteht sicher eine Kunst, die nicht jedermann gegeben ist. Eine Kunst, die auch der eine oder andere ablehnt. Etwa Clem Clempson, langjähriger Gitarrist der britischen Jazz-Rock-Band Colosseum. Er wurde noch vor Tommy Bolin eingeladen, die Nachfolge Ritchie Blackmores anzutreten. Dem Vernehmen nach soll er sich aber geweigert haben, die alten Deep Purple-Songs streng nach Vorgabe bzw. originalgetreu zu spielen. Nicht zuletzt dadurch kam er nicht in Betracht. Im Ergebnis scheiterte auch Bolin u.a. an diesem Punkt. Aber das war nicht der ausschlaggebende Grund.

Musikalisch konnte Tommy Bolin auf dem Album „COME TASTE THE BAND“ nicht restlos überzeugen. Seine Gitarrenarbeit ist dabei differenziert zu betrachten. Klar – es fehlten die prägnanten Riffs. Solistisch zeigte er sich dagegen gewohnt variabel in der Stilart. Seine

Läufe waren nicht immer songdienlich, hatten aber ihre Momente und offenbarten sein talentiertes Spiel. Entsprechend seiner Vorliebe für den Jazz entwickelte er seine Soli ein Stück zu weit in diese Richtung und verlor dabei immer mal den eigentlichen Song aus den Augen. Scheinbar gab es niemanden, der ihn bremste.

Die Tatsache, ihn auf dem Album allein loslaufen zu lassen und die Richtung der Band weiter von den alten Songs zu separieren, ist ein weiterer Grund der entstandenen Misere - diesen Vorwurf müssen auch andere Verantwortliche gegen sich gelten lassen. Hier hätte eine ordnende Hand bei der Komposition und Produktion des Albums Weichenstellungen vornehmen können, die letztlich zu einem anderen musikalischen Ergebnis geführt hätten. Zum Zeitpunkt der Entstehung des Albums „COME TASTE THE BAND“ war aber gerade diese ordnende Hand nicht vorhanden. Treffen dann unterschiedliche musikalische Richtungen aufeinander, ohne dass ein Leader die Führung vorgibt, leidet das Ergebnis.

Ein Grund für das sich abzeichnende Desaster.

Tommy Bolin war darüber hinaus auch kein passender Ersatz für Ritchie Blackmore, was leider zu spät erkannt wurde.

Erkennbar fehlte ihm der Hang dazu, die Soloparts der erfolgreichen Songs von Deep Purple für die Live-Shows so aufzubereiten und einzustudieren, wie der eine oder andere Song es gebraucht hätte. „Highway Star“ und „Smoke On The Water“ leben nun einmal von den passend gesetzten Riffs der Gitarre und vor allem von der überragenden Soloarbeit, die Ritchie Blackmore hier geleistet hat. An dieser Stelle verbietet sich jegliche Improvisation.

Es ist bezeichnend, dass Tommy Bolins letzte Solo-Alben, etwa das Album „Teaser“, musikalisch besser ausfallen als seine Arbeit für Deep Purple. Dies untermalt die These, dass Bolin ohne Frage ein guter Gitarrist gewesen ist, aber bei Deep Purple in der falschen Band gelandet war. Seine Talente korrespondierten nicht mit der Musik der Gruppe.

Umso tragischer, dass es auch persönlich für ihn nicht mehr weiterging.

Tommy Bolin starb am 04. Dezember 1976 in Miami/Florida mit nur 25 Jahren.

Er war heroinabhängig. Seine Todesursache offenbarte eine Überdosis, verbunden mit Alkoholkonsum.

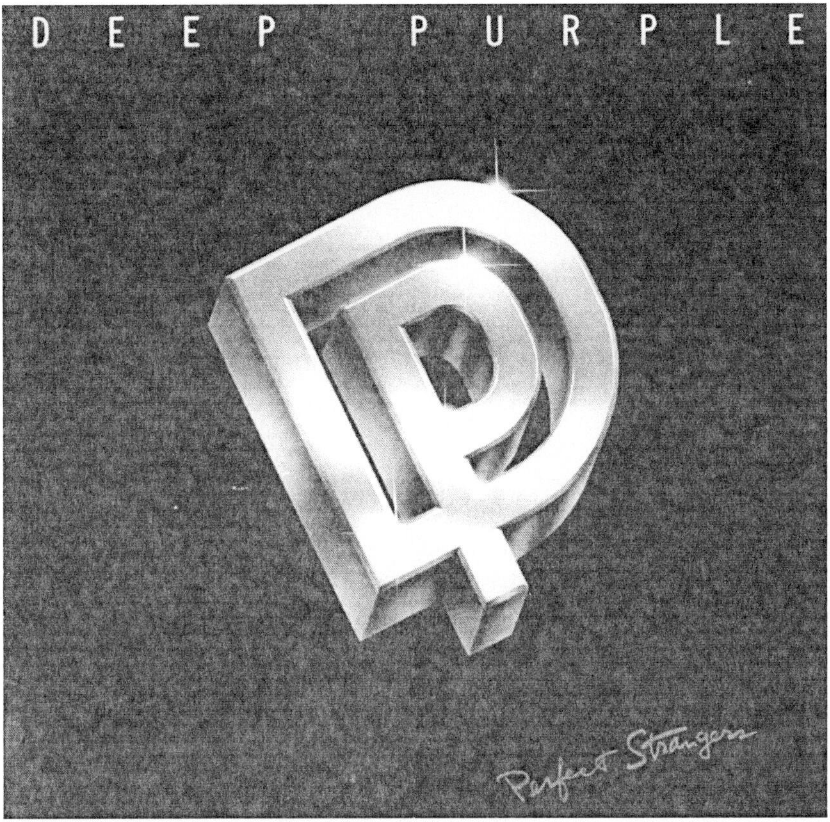

PERFECT STRANGERS (1984) - Die Auferstehung

© Universal

Songs
1. Knocking At Your Back Door (Blackmore/Gillan/Glover)
2. Under The Gun (Blackmore/Gillan/Glover)
3. Nobody's Home (Blackmore/Gillan/Glover/Lord/Paice)
4. Mean Streak (Blackmore/Gillan/Glover)
5. Perfect Strangers (Blackmore/Gillan/Glover)
6. A Gypsy's Kiss (Blackmore/Gillan/Glover)
7. Wasted Sunsets (Blackmore/Gillan/Glover)
8. Hungry Daze (Blackmore/Gillan/Glover)

Total Time: 38:32

Bonus track on 1984 CD reissue & 1999 remaster:
9. Not Responsible (Blackmore/Gillan/Glover)
Bonus track on 1999 remaster:
10. Son Of Alerik (Blackmore)

Line-up (Mark II – 1. Reunion)
- Ian Gillan / Lead Vocals
- Ritchie Blackmore / Guitar
- Jon Lord / Keyboards, Organ
- Roger Glover / Bass, Synthesizer
- Ian Paice / Drums

Die überraschende Reunion der Mark II-Besetzung

Es war das musikalische Thema 1984 und eine bemerkenswerte Überraschung. Die Streithähne von einst finden wieder zusammen. Die Meinungen, wer denn letztlich Deep Purple wieder zusammengebracht hat, gehen auseinander. Auch weil daran nicht nur eine Person beteiligt war. Am wahrscheinlichsten ist daher die These, dass einige begünstigende Umstände zusammengekommen waren. Am längsten von den üblichen Verdächtigen saß Sänger Ian Gillan buchstäblich auf dem Trockenen. Vieles hatte er nach seinem Rauswurf 1974 ausprobiert. Unternehmerische Tätigkeiten fernab der Musik. Danach wieder die Musik. Er versuchte es solo, mit Band und sogar einmal bei Black

Sabbath („Born Again“, 1983). Nicht ohne Erfolg, jedoch auch nicht mit dem Erfolg, der es vorher war.

Um Deep Purple wieder zu beleben, sprach er mit seinem größten Widersacher der damaligen Zeit, Ritchie Blackmore. Und rannte offene Türen ein.

Blackmore wiederum führte längere Zeit mit seiner Gruppe „Rainbow“ den Hard Rock von Deep Purple fort. Aber es schien für Blackmore zuletzt nicht mehr so gut zu laufen. So war er unzufrieden. Außerdem zeigten die zahlreichen Besetzungswechsel bei „Rainbow“, dass eine dauerhafte musikalische Basis offenbar nicht zu finden war. Ritchie Blackmore, von Natur aus öfter mal unzufrieden mit dem Istzustand, sandte daher auch Signale einer Wiedervereinigung der Mark II – Besetzung aus.

Auch Jon Lord war schon einige Zeit lang unzufrieden. Nach mehr oder weniger erfolgreichen Soloprojekten verschlug es ihn zu Whitesnake, der Band von David Coverdale. Dort konnte er allerdings niemals die Bedeutung erlangen, die er sich bei Deep Purple aufgebaut hatte. Seine Möglichkeiten waren auf die Begleitung der Songs von David Coverdale und seine Gitarristen reduziert. Sein wirkliches Können auf der Orgel und seine Improvisationskunst waren nicht so sehr gefragt.

Schlagzeuger Ian Paice konnte dagegen über Beschäftigung nicht klagen. Er trommelte zeitweise auch bei Whitesnake. Eine herausragende Initiative zur Reunion ging von ihm nicht aus, aber selbstverständlich war auch er dabei, als sich die Dinge konkretisierten. Bassist Roger Glover, zwischenzeitlich gefragter Produzent und damals auch bei Deep Purple gefeuert, traute zunächst dem Frieden nicht, sagte schließlich aber ebenfalls zu. Ein Großteil der Produktionsarbeit sollte damit künftig auch bei ihm liegen, so es von Deep Purple neue Veröffentlichungen geben sollte.

Damit gelang, was viele nicht für möglich hielten: Eine Reunion der führenden Hard Rock – Gruppe Deep Purple Mark II. Und natürlich sollte es ein neues Album geben.

PERFECT STRANGERS wird zum Blackmore-Album

Mit „PERFECT STRANGERS" legten Deep Purple 1984 ihr 11. Studioalbum vor. Wie zuletzt auch, blieben die Credits nach (angeblich) tatsächlichen Kompositionsanteilen verteilt. Demnach wurde fast das gesamte Material von Ritchie Blackmore, Ian Gillan und Roger Glover allein geschrieben. Jon Lord und Ian Paice waren mit Ausnahme von „Nobody`s Home" an den Kompositionen nicht beteiligt. Ein Streit in der streitbaren Gruppe schien darüber nicht wieder entstanden zu sein. Jon Lords schleichende Rücksetzung vollzog sich ein Stück weiter. Seine Orgel, die früher das Fundament der Musik von Deep Purple gewesen war, rückte in den Hintergrund. So sind von ihm auch entsprechend weniger Soli als auf früheren Werken zu hören. Aber er hatte die Freiräume, die ihm anderswo nicht gegeben waren. Dass das Album „PERFECT STRANGERS" sehr wesentlich die musikalische Handschrift von Ritchie Blackmore trug, war offensichtlich. Der Druck in ihm muss ähnlich groß gewesen sein wie vor „IN ROCK" und entlud sich in schweren Gitarrenriffs und feurigen solistischen Ausbrüchen. Eine zunächst einmal gute Voraussetzung für ein Deep Purple Album. Auch sein langjähriger Kontrahent und Sänger Ian Gillan vermochte auf diesem Album ähnlich stark zu überzeugen wie lange nicht mehr. Rückblickend erklärte er, die Songs hätten sich praktisch von allein geschrieben, weil man sich aneinander berauschte und es diesen Spirit gab, der so lange vermisst wurde.

Die Songs

„Knocking At Your Back Door" bringt sofort den schmerzlich vermissten Hard Rock zurück und die alte gut gemischte Verbindung aus Gitarre und Orgel, die mit einem eingängigen Thema den Song begleiten. Es ist nicht das „Überstück", aber ein gut abgehangener Rocker, bei dem Ritchie Blackmore gleich zwei Soli zum Gelingen beiträgt. Ihn bei Laune zu halten war sicherlich einer der wichtigen Punkte der neuen Zusammenarbeit.

„Under The Gun" setzt mit einem heftigen Riff die Reise fort. Bereits bei dem Opener fiel der Backgroundgesang positiv auf. Deep

Purple haben also auch hier ihre Performance verbessert. Ein erster heftiger riffunterlegter Schrei Ian Gillans nach gut zwei Minuten zeigt, wie gut drauf die Band war. Was sie hier spielen, setzt genau da an, wo sie vor Jahren aufgehört hatten. Erneut ist Ritchie Blackmore der Solist.

Auch **„Nobody's Home“** ist aus einem Guss und bretthart. Jon Lord lässt erstmalig mit einem Orgelsolo aufhorchen. Gleichwohl wird überdeutlich, dass „PERFECT STRANGERS“ sehr stark von Ritchie Blackmores damaligem Drang nach druckvollem, gitarrendominierten Hard Rock gekennzeichnet ist. Jon Lord fügte sich mit der Orgel dafür häufiger in den Gesamtsound, der wie gewohnt aus der druckvollen Bass-Schlagzeug-Verbindung geprägt ist, ein. Das Album lässt dem Hörer keine Zeit zum Durchatmen. Denn:

„Mean Streak“ ist ein weiteres herausragendes Hard Rock – Stück, darüber hinaus mit einem eingängigen Refrain. Was hier an Qualität, Vitalität und Dynamik aus jedem einzelnen Song hörbar wird, überragt alles der beiden Vorgängerbesetzungen Mark III und Mark IV.

Das alles war schon wirklich gut, wird aber im 2. Teil des Albums noch übertroffen. Der Titelsong **„Perfect Strangers“** beginnt mit der inzwischen tausendfach gespielten Keyboardeinleitung. Das Stück ist live stets gesetzt. Hier ist es als Titelstück nicht an den Anfang des Albums gestellt worden. Im Vergleich mit den früheren Eröffnungsstücken fehlt „Perfect Strangers“ zweifellos der Überraschungseffekt und das Tempo, um sofort mitzureißen. Und trotzdem: Der Song marschiert unaufhörlich, aber in moderatem Tempo. Ein mächtiges Gitarrenriff rollt wie eine Dampfwalze durch den Song. Aber auch die Harmonie begeistert. Wie ein betörendes Gift schleicht sie sich nach und nach unaufhörlich in die Gehörgänge und ist mit ihrem spannenden Songaufbau und dem abschließenden orientalisch beeinflussten Keyboardsolo eine überragende Songidee.

„A Gypsy's Kiss“ stellt Jon Lord und die Orgel stärker in den Vordergrund. Ansonsten legen die alten/neuen Deep Purple hier wieder einen sehr guten uptempo Hard Rocker vor. Auch das für Deep Purple so typische Solo-Wechselspiel ist hier drin, wobei Jon Lord auf das Gitarrensolo mit einem klassischen Einschub antwortet.

Für die beiden letzten Stücke des Albums haben sich Deep Purple nach der kompromisslos harten Folge der Stücke etwas anderes überlegt, was noch einmal einen Höhepunkt darstellt.

„Wasted Sunsets" ist die Ballade, die Ritchie Blackmore früher nicht auf einem Deep Purple Album haben wollte. Warum diesmal ein solcher Song dabei ist, bedarf kaum einer tieferen Analyse. Das Stück ist schlicht Leidenschaft und Gefühl pur. Ergreifender Gesang und ein äußerst gefühlsbetontes Gitarrensolo als Sahnehäubchen krönen das Stück und geben ihm seine volle Berechtigung inmitten der harten Rocksongs. Auch Ian Gillan legt ungewöhnlich viel Gefühl in seine Stimme, wie überhaupt sein Gesang auf „PERFECT STRANGERS" äußerst variabel und einfach nur großartig ist.

„Hungry Daze" ist schließlich der krönende Abschluss. Ein stampfender, marschierender Beat rankt sich um eine orientalisch angehauchte Tonfolge. Ian Gillan lässt noch einmal seine typischen Schreie erklingen. Überhaupt prägt er durch seinen eindrucksvollen Gesang das Stück maßgeblich. Seine vokalen Einwürfe am Ende belegen, mit wie viel Lust er bei der Sache war. Textlich nehmen sie hier kurz Bezug auf Montreux und Smoke On The water: „We all came out to Montreux, but that's another song you've heard it all before …" zeigt ihren speziellen Humor, der inmitten des Songs auch noch eine rückwärts eingeschobene Passage vorsieht.

Die beiden folgenden Werke erschienen als Bonus auf der 1999 remasterten CD. **„Not Responsible"** ist erneut ein harter Rocksong, der offenbar bei der Auswahl der Albumstücke unter den Tisch gefallen, jedoch nicht wirklich schlechter ist.

„Son Of Alerik" zeigt die Band bei einer längeren Improvisation über eine vier Akkorde umfassende Endlosschleife. Hier fehlte es wohl daran, die Idee zu strukturieren und zu komprimieren. Dennoch zeigt es, wie gut Deep Purple zusammen harmonierten und einfach Dinge im Zusammenspiel entwickeln konnten.

Fazit:

Deep Purple Mark II meldeten sich mit „PERFECT STRANGERS" eindrucksvoll zurück. Ein Album ohne Schnörkel, ohne psychedelische Experimente, ohne Popanklänge, ohne Blues, Funk oder Soul. Purer, reiner Hard Rock mit der zwischen ihnen immer noch funktionierenden besonderen Magie des Zusammenwirkens.

Natürlich drängte sich bei vielen der obligatorische Vergleich zu „MACHINE HEAD“ auf. Mit dem Titelsong „Perfect Strangers“ ist tatsächlich ein ähnlich monumentaler Track entstanden, wie seinerzeit „Highway Star“ oder „Smoke On The Water“, auch wenn deutliche musikalische Unterschiede zwischen den Stücken bestehen. Aber ähnlich wie „Highway Star“ offenbart auch „Perfect Strangers“ immer wieder neue Momente und Tiefen.

Insgesamt ist das Album dicht und geschlossen, enthält treffsichere Riffs, eine top-funktionierende Rhythmik und das gewohnt brillante Zusammenspiel zwischen Gitarre und Orgel einschließlich einiger „Duelle“. Entscheidend auch: Anders als auf den letzten Werken der Mark III- oder Mark IV-Besetzung gibt es keinen Ausfall oder Schwachpunkt.

Bewertung:

Hard Rock
**** Sehr gut
Top-Tracks: Perfect Strangers, Wasted Sunsets, Hungry Daze

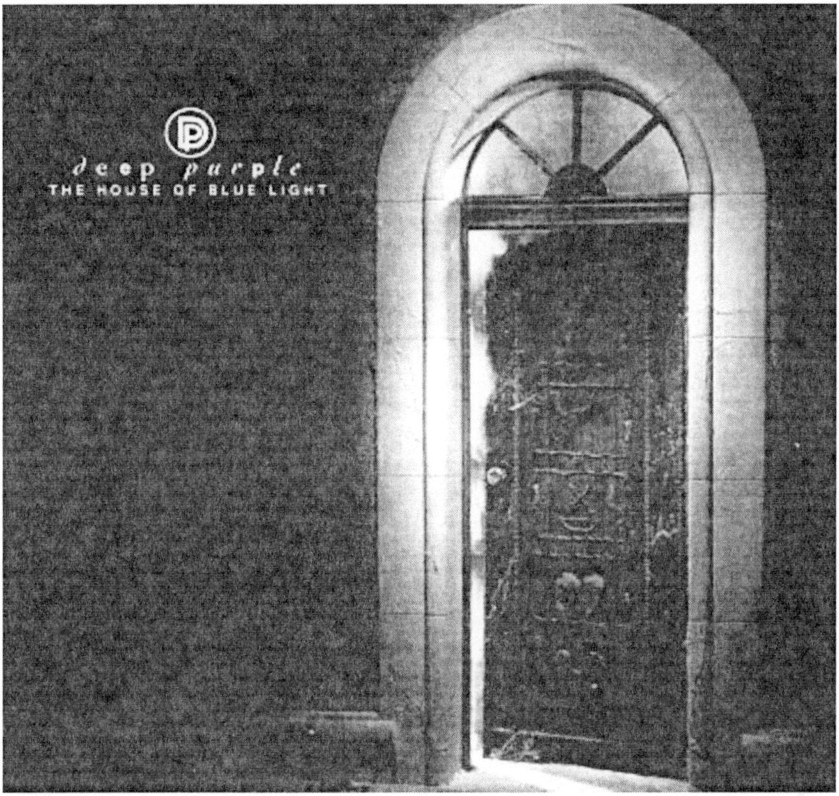

THE HOUSE OF BLUE LIGHT (1987) - Alte Probleme brechen auf

© Universal

Songs
1. Bad Attitude (Blackmore, Gillan, Glover, Lord)
2. The Unwritten Law (Blackmore, Gillan, Glover, Paice)
3. Call Of The Wild (Gillan, Blackmore, Glover, Lord)
4. Mad Dog (Blackmore, Gillan, Glover)
5. Black And White (Blackmore, Gillan, Glover, Lord)
6. Hard Lovin' Woman (Blackmore, Gillan, Glover)
7. The Spanish Archer (Blackmore, Gillan, Glover)
8. Strangeways (Blackmore, Gillan, Glover)
9. Mitzi Dupree (Blackmore, Gillan, Glover)
10. Dead Or Alive (Blackmore, Gillan, Glover)

Total Time: 50:38

Line-up (Mark II – 1. Reunion)
- Ian Gillan / Lead vocals, Harmonica, Congas
- Ritchie Blackmore / Guitar, Roland guitar synth
- Jon Lord / Hammond B3, Synths (Minimoog, Yamaha)
- Roger Glover / Bass, Synths
- Ian Paice / Drums

Die Vorgeschichte zum Album

Nach dem überraschenden Erfolg des Albums „PERFECT STRANGERS“ und den nicht minder erfolgreichen Tourneen im Anschluss daran beschloss die Gruppe, ein neues Album zu produzieren. Das Songwriting lag erneut in der Hauptsache bei Ritchie Blackmore, Ian Gillan und Roger Glover, die an allen Songs beteiligt waren. In den Credits wird daneben Jon Lord dreimal, Ian Paice einmal genannt.

Der Titel des Albums geht zurück auf eine Textpassage in „Speed King“, was wiederum ein Zitat von Little Richard beeinhaltet: „Good Golly, said little Miss Molly. When she was rockin' in THE HOUSE OF BLUE LIGHT“ ... So weit, so gut, und die Erinnerung an glorreiche Zeiten, aber - Die Stimmung in der Band wurde mit der Zeit wieder schwieriger und erneut durch Streitigkeiten belastet. Wie bereits früher waren Ritchie Blackmore und Ian Gillan selten einer Meinung und gerieten zunehmend aneinander.

Waren es musikalische Richtungsentscheidungen, einzelne kleine Aufnahmedetails oder auch Ansichten zu Gott und der Welt. Immer wieder knirschte es. Die Chemie stimmte einfach nicht und die alten Wunden rissen auf.

Auch diesmal waren Beschwichtigungen der anderen Gruppenmitglieder Fehlanzeige. Jon Lord und Ian Paice blieben wie so oft neutral – man könnte auch sagen … ohne eine Meinung. Unglücklicherweise wirkten sich die Auseinandersetzungen leider auch auf das in der Entstehung befindliche Album aus.

Ritchie Blackmore zeigte sich immer öfter lustlos und vernachlässigte die Qualität seiner Soloeinspielungen. In der Gruppe konnte er sich (noch) auf das Management von Deep Purple verlassen. Seine Position innerhalb Deep Purples war durch sein herausragendes Gitarrenspiel und seine Anteile am Songwriting eine starke. Das war ihm natürlich bewusst und mag auch eine Triebfeder seiner ständigen Eskapaden gewesen sein. Bereits bei der Wiedervereinigung reizte er mit seiner Teilnahme und stellte Bedingungen.

Letztlich bekam man „THE HOUSE OF BLUE LIGHT“ noch zusammen, zahlte allerdings kurz darauf erneut einen hohen Preis.

Die Songs

„Bad Attitude“ startet majestätisch mit einer Kirchenorgel. Ein hereinbrechendes Gitarrenriff, unterstützt von Bass und Schlagzeug zeigt sofort die Richtung des Albums an: Hard Rock ohne Schnörkel. Der bereits auf dem Vorgänger „PERFECT STRANGERS“ sparsam und effektvoll gesetzte Backgroundgesang ist auch hier im Refrain präsent. Ritchie Blackmore spielt ein leicht disharmonisches Solo, offenbar unter Zuhilfenahme eines Synthesizers, bevor sich der Song wieder in der Harmonie des Refrains wiederfindet. Aber auch Jon Lord fügt diesem Song neben den Harmoniechords einiges bei. Gegen Ende des Songs wird es orchestral dank seiner breiten, fülligen String-Keyboards. Ein sehr guter Opener, der die Bandmitglieder von ihrer Schokoladenseite zeigt.

Mit **„The Unwritten Law“** geht es entsprechend hart weiter. Über einem sehr vertrackten Rhythmus entsteht ein eingängiges Thema und ein schmissiger Refrain. Auch dieses Stück bekommt ein eher tonlagenschiefes blackmoresches Solo. Hier kann man unterschiedlicher Ansicht sein, es passend oder eher unpassend finden. Die breit angelegten und abwechslungsreichen Vocals und der melodiösen Refrain bleiben stattdessen sofort hängen. Ian Paice ist es vorbehalten, mit einem kurzen Drum-Solo das Stück zu Ende zu führen.

„Call Of The Wild“ wird ebenfalls von einem schweren und mit Bläser-Keyboardsound verdichtetem Riff begleitet. Erneut gelingt der Band ein melodiöser Refrain mit Wiedererkennungswert und breitem Harmoniegesang. Im Grunde genommen haben Deep Purple hier unter Vernachlässigung obligatorischer Soloeinlagen ein gesangsdominiertes Stück geschaffen. - Warum nicht!? Dass es gleichermaßen tanzbar ist, lässt es für eine Single geeignet erscheinen.

„Mad Dog“ zieht das Tempo wieder an. Dieser Song bietet auf den ersten Blick nur wenig eingängiges. Dafür spielt Ritchie Blackmore eins seiner förmlich aus dem Handgelenk gefeuerten Riffs. Bemerkenswert ist das farbenfrohe Keyboardsolo. Ein echter Hingucker, während die Gitarre mit einem eher unspektakulären Slidesolo aufwartet. Die Mundharmonika Ian Gillans läutet **„Black & White“** ein. Das treibende Riff und der eingängige Refrain überzeugen erneut. Nicht so sehr das wiederum wenig aufregende Gitarrensolo Blackmores. Die Halbzeitbilanz fällt für den Gitarristen gemessen daran, was erwartet werden durfte, eher unterdurchschnittlich aus. Wenn er solistisch in Erscheinung tritt, spielt er scheinbar die B- oder C-Soli - „Bad Attitude“ mal ausgenommen. Gegen Ende von „Black & White“ greift ihm immerhin die Mundharmonika unter die Arme und sie duellieren sich, wobei die Mundharmonika einen klaren Punktsieg davon trägt. Über die Lustlosigkeit Blackmores während der Aufnahmen ist bereits oben berichtet worden. Man weiß von seiner Aufnahmetechnik, dass er üblicherweise mehrere Solospuren einspielt und sich am Ende für das stärkste Solo entscheidet. Diesen Aufwand hatte er hier offenbar nicht betrieben, sondern spielte eher aus dem Bauch heraus und beließ es beim first take.

„Hard Lovin' Woman“ beginnt schnell und direkt. Viel Zeit bleibt dem mit dreieinhalb Minuten kürzesten Song des Albums auch nicht, um seine Geschichte zu erzählen. Eine Parallele oder Fortsetzung des „Hard Lovin` Man“ von „IN ROCK“ ist es nicht. Zu unterschiedlich sind die beiden Stücke.

Während der „Hard Lovin` Man“ ein Feuerwerk abbrennt, ist hier ein eher weniger bedeutendes Stück am Start. Und ... man ahnt es bereits: Das Gitarrensolo passt sich der Durchschnittlichkeit an. Alles eher etwas hingerotzt. **„The Spanish Archer“** macht vom Titel her neugierig. Hard Rock mit spanischem Einschlag über einem treibenden Rhythmus. Ritchie Blackmore bekommt hier besonders reichlich Möglichkeiten zur solistischen Entfaltung, spielt gefühlt die meisten Soli innerhalb eines Stückes, und er nähert sich dabei wieder der Normalform. Eindringlich gespielt und auch gesungen ist das Stück einer der Höhepunkte des Albums.

„Strangeways“ beginnt sodann mit einer a-capella-Satzgesang-Einleitung. Nach der spanischen Exkursion folgt mit diesem Stück eine orientalische. Jon Lord knüpft äußerst raffiniert einen punktuell gesetzten Keyboardteppich dicht und akzentuiert, nur hin und wieder durch einen Tupfer Gitarre ergänzt. Die Gitarre selbst kommt zu einem Soloansatz, allerdings ohne den richtigen Zugang zum Song zu finden, was insgesamt schade ist. Das spannende musikalische Thema hätte ein gute Basis geboten. Stattdessen wird ein Lauf eingeworfen, der gänzlich unpassend ist. Leider gilt das auch für das Schlusssolo. Das ist erkennbar nicht Ritchie Blackmores Stück gewesen. Im Hinblick auf die Gesamtheit der Gitarrensoli gilt dies auch für das vollständige Album. Zu wenige sind wirklich gelungen.

„Mitzi Dupree“ ist eine bluesige Ballade und damit der Ruhepol auf diesem Album, ähnlich „Wasted Sunsets“ auf dem Vorgänger „PERFECT STRANGERS“ - ohne allerdings dessen Brillanz und Gefühlstiefe zu erreichen. Was hier an Idee und Harmonie fehlt, ersetzt das schwere Bluesthema. Ein Honky Tonk Piano inklusive. Ritchie Blackmore soll besonders mit dem Gitarrensolo in diesem Stück nicht einverstanden gewesen sein. Tatsächlich zählt das aber noch zu den gelungeneren auf diesem Album. Später hieß es, er habe das Stück generell nicht auf dem Album haben wollen. Das alte Problem: Der Gitarrist und seine Abneigung gegen Balladen.

„Dead Or Alive“ zieht abschließend noch einmal das Tempo an und liefert ein positives Beispiel für das Alleinstellungsmerkmal einer Hard Rock Band: Hart, kompromisslos, schnell und packend rollt der Song. Nach einer Keyboardimprovisation Jon Lords folgt anschließend die Gitarre Ritchie Blackmores, beides in hoher Geschwindigkeit.

Eine weitere Solostrecke arbeitet mit Frage und Antwort zwischen Orgel und Gitarre. In dieser Disziplin sind Deep Purple mutmaßlich Weltmeister, was sie hier noch einmal unter Beweis stellen. Ein Berg von einem Song, dabei durchaus anspruchsvoll.

Fazit:

Angesichts des nicht durchweg guten Songmaterials ist „THE HOUSE OF BLUE LIGHT" ein polarisierendes Deep Purple – Album, das Kritiker und Befürworter hat. Beispielsweise betrachtete das Magazin „Rolling Stone" die Platte eher positiv und sieht sie verbessert gegenüber dem Comeback „PERFECT STRANGERS". Diese Ansicht teile ich nun überhaupt nicht, auch wenn wir hier mitunter um Nuancen streiten. Auch innerhalb der Band, die ohnehin stritt, wurde das Album kritisch gesehen. In diesem Punkt waren sich Blackmore und Gillan zwar ausnahmsweise einig, wohl aber nicht über die Gründe.

Deep Purple hatten erkennbar versucht, es genauso anzulegen wie bei „PERFECT STRANGERS" zuvor. Die Songabfolge, diverse übliche purplesche Zutaten sowie die grundsätzlich hardrockorientierte Ausrichtung wurden übernommen. Die neuerdings vielfältig eingesetzten Synthesizer ergänzten den Grundsound auch durchaus ideal. Im Unterschied zu „PERFECT STRANGERS" sind hier allerdings nicht alle Songs überzeugend, so dass sich schon deshalb eine kleine Abstufung ergibt. Ausgerechnet Ritchie Blackmore erreichte in rund der Hälfte aller Songs nicht die Qualität früherer Gitarrensolos. Aber er spielte sie trotzdem, statt vielleicht Jon Lord das Feld zu überlassen. Auch das Songwriting ist nicht ganz so stringent und hat einige schwächere Momente, etwa bei „Hard Lovin` Woman" oder „Mitzi Dupree". Und einen Song für die Ewigkeit, sei es nur im purpleschen Kosmos, sucht man vergeblich.

War es die aufkommende schlechte Stimmung, die hier ein besseres Ergebnis verhinderte? Fehlte es an einer Weiterentwicklung, weil die Linie von „PERFECT STRANGERS" beibehalten wurde? Oder war die Lustlosigkeit Blackmores der entscheidende Faktor?

Was auch immer – unter dem Strich lieferten Deep Purple immer noch ein gutes Album ab, wenn auch mit kleinen Schwächen.

Bewertung:

Hard Rock
*** gut
Top-Tracks: Bad Attitude, The Spanish Archer, Dead Or Alive

SLAVES AND MASTERS (1990) - Der Mainstream als Irrweg

Songs
1. King Of Dreams (Blackmore, Turner, Glover)
2. The Cut Runs Deep (Blackmore, Turner, Glover, Lord, Paice)
3. Fire In The Basement (Blackmore, Turner, Glover, Lord, Paice)
4. Truth Hurts (Blackmore, Turner, Glover)
5. Breakfast In Bed (Blackmore, Turner, Glover)
6. Love Conquers All (Blackmore, Turner, Glover)
7. Fortuneteller (Blackmore, Turner, Glover, Lord, Paice)
8. Too Much Is Not Enough (Turner, Held, Greenwood)
9. Wicked Ways (Blackmore, Turner, Glover)

Total Time: 46:51

Line-up (Mark V)
- Joe Lynn Turner / Vocals
- Ritchie Blackmore / Guitar
- Jon Lord / Hammond B3, Keyboards, String arrangements
- Roger Glover / Bass, Keyboards, Producing & mixing
- Ian Paice / Drums

Die Vorgeschichte zum Album

Was war eigentlich wieder los bei Deep Purple? Nach dem starken Comeback-Album „PERFECT STRANGERS“ geriet sofort wieder Sand ins Getriebe. So standen die Aufnahmen zum letzten Album „THE HOUSE OF BLUE LIGHT“ unter keinem guten Stern. Das Album fiel als Folge dessen nicht so aus, wie es angesichts der Kompositionen hätte werden können. Die anschließende Tournee, die das unterirdische Live-Album „Nobody`s Perfect“ hervorbrachte, legten ein beredtes Zeugnis ab, wie es um die Band stand.

Ian Gillan war dann plötzlich nicht mehr dabei. Die Aussagen über seinen erneuten Rauswurf sind allerdings widersprüchlich. Klar gab es wieder Streit zwischen ihm und Ritchie Blackmore. Fakt aber ist auch, dass er daneben von den anderen Gruppenmitgliedern als problematisch empfunden wurde. Selbst sein bester Freund und Co-Songwriter in der Band, Roger Glover, wandte sich zeitweise von ihm ab. Die Band hatte in diesem Fall gemeinschaftlich einen Wechsel beschlossen, dem sich Ian Gillan beugen musste. Blackmore nutzte diesen Umstand und setzte sich mit der Idee durch, den Sound von Deep Purple stärker mainstreamorientiert aufzustellen.

Ein dazu geeigneter Nachfolger wurde nach einigen vergeblichen Bemühungen gefunden. Joe Lynn Turner sollte Ian Gillan ersetzen und die neue Mark V – Phase begründen. Zuvor war er u.a. Sänger bei Ritchie Blackmores Ableger Rainbow gewesen. Bezeichnend ist auch hier wieder die Tatsache, dass er keinesfalls erste Wahl gewesen war.

Seine Stimme ist durchaus variabel und klingt angenehm. Um auf einem gestandenen Hardrock-Schiff mitzusegeln, bedarf es jedoch auch einer gewissen Passgenauigkeit zwischen dieser speziellen Musik und dem Gesang. Wurde sein Beitritt anfangs euphorisch gefeiert, wie alle früheren Wechsel auch, hieß es kurze Zeit später, er habe eigentlich nie so richtig gepasst (Jon Lord). Außerdem sei er die letzte der zuvor gescheiterten Ersatzlösungen gewesen. Versuch und Irrtum gewissermaßen. Aber noch schlimmer war: Deep Purple waren trotz entsprechend schlechter Erfahrungen aus der Vergangenheit ein weiteres Mal dabei, anlässlich eines Personalwechsels ihre eigentlichen Stärken beiseitezuschieben und mit einem Stil- und Soundwechsel zu kokettieren. Ausweislich der Credits war Joe Lynn Turner an allen Songs des Albums kompositorisch beteiligt. Für einen Sänger ist das stets gut. Text, Gesangsmelodie und Instrumentierung ordnen sich seiner Stimme unter.

Das Album „SLAVES AND MASTERS“ sollte die einzige Zusammenarbeit Deep Purples mit Joe Lynn Turner bleiben.

Die Songs

„King Of Dreams“ eröffnet das Album mit einem Slow-Rocksong. Gemessen an den reißerischen und temporeichen Vorgänger-Openern von „IN ROCK“ bis „PERFECT STRANGERS“, die stets großartige Albumeröffnungen darstellten, ist der erste Eindruck zwangsläufig enttäuschend. Der Song ist deutlich auf Joe Lynn Turner als Sänger zugeschnitten. Der Rest der Band begleitet eher belanglos und ordnet sich unter. Die Gitarre wagt ein zögerliches Riff, alle anderen Instrumente marschieren im Verborgenen. In dieser Gleichförmigkeit läuft das Stück ohne weitere Überraschungsmomente und Soloeinwürfe durch.

Mit **„The Cut Runs Deep"** folgt dann der eigentliche Türöffner. Barocke Keyboardklänge, über die die Gitarre abschließend ein Riff legt, kommen dem typischen Deep Purple-Stil deutlich näher. Ein Befreiungsschlag wie seinerzeit „BURN" ist es aber auch nicht. Nach einem verheißungsvollen Auftakt operiert das Gitarrensolo recht ideenlos auf dem Grundakkord und findet auch beim Wechsel in die Refrainharmonie keine mitreißende Tonfolge. Jon Lord gelingt auf der Orgel der etwas interessantere Soloteil. Abschließend bleibt die Erkenntnis, dass auch dieser Song trotz einiger Momente nicht an die großen Stücke der Band herankommt.

„Fire In The Basement" ist ein schnell gespielter Blues-Shuffle, in dem Ritchie Blackmore seine Fingerfertigkeit ausspielen kann. Nicht mehr, aber auch nicht weniger, denn das Stück zündet nicht.

Mit **„Truth Hurts"** folgt ein weiterer melodischer Slow-Rocksong. Man kann Joe Lynn Turner keinesfalls die Leidenschaft absprechen. Sein eindringlicher Gesang steht im Vordergrund. Kompositorisch wirkt das Ganze aber leider auch hier nicht sonderlich aufregend.

Bei **„Breakfast In Bed"** verschmelzen zum ersten Mal Gitarre und Keyboard auf geniale Weise und der leicht stampfende Rocksong kommt den Deep Purple–Qualitäten früherer Veröffentlichungen sehr nahe. Spannung baut sich auf. Für einen weiteren Wohlfühleffekt sorgt die plötzlich hereinbrechende Zwischenstrophe. Nachdem schließlich Ritchie Blackmore auch wieder mit einer Idee an das Gitarrensolo herangeht, bleibt die Erkenntnis, das bisher beste Stück auf diesem Album gehört zu haben. - Zeit für eine Ballade. So zumindest die Regie auf diesem Album. **„Love Conquers All"** trägt anfangs dick auf und legt ordentlich Wert aufs Gefühl. Das alles klingt nicht schlecht, aber eben auch stark nach einem Foreigner-Abklatsch.

Mit **„Fortuneteller"** folgt gleich die nächste Ballade, ebenfalls durchaus hörenswert. Dank eines hübschen Themas rund um den Refrain und einer kurzen rockigen Steigerung der von beiden Balladen stärkere Song. Aber zwei Balladen aufeinanderfolgend?! Absolut neue Wege, die hier von Deep Purple beschritten werden.

„Too Much Is Not Enough“ erinnert anschließend nicht nur in der Strophe leicht an AC/DC, obwohl das Leitthema sehr stark von fetten Strings untermalt wird. Gelingt es dem Hörer, das aus dem Kopf zu bekommen oder zu tolerieren, so steht hier ein passabler Rocksong mit schmissigem Refrain.

„Wicked Ways“ entwickelt sich zum härtesten Stück des Albums, bis nach knapp dreieinhalb Minuten etwas überraschend das Tempo herausgenommen wird. Was dann folgt, ist eine recht langatmige Phase, in der ein wenig spannendes Gitarrensolo förmlich durchgezogen wird. Auch wenn dann das Tempo final noch einmal anzieht, bleibt vom längsten Stück des Albums nicht viel hängen.

Fazit:

Neuer Sänger und neuer Grundsound, neue Songs, die in der Gesamtheit ganz nett klingen, aber auch die Aufgabe der bisherigen Identität als führende Hard Rock Band zugunsten einer mehr am Mainstream orientierten, fast pop-rockigen Struktur. Trotzdem ist „SLAVES AND MASTERS“ unter allgemein-musikalischen Bewertungskriterien keine schlechte Platte. Die Songs mit ihren teils harmonisch angelegten Refrains stehen im Vordergrund. Die Stimme Joe Lynn Turners prägt die Songs maßgeblich, was für sich gesehen ein Sänger auch tun soll. Sie gibt den Songs aber auch einen melancholischen Grundton, der zum Hard Rock purplescher Prägung weniger passend ist.

Um den Stücken und dem Gesang offenbar auch mehr Raum zu geben, fanden die traditionellen Instrumentalschlachten auf den Solostrecken nicht statt. Jon Lords Anteile an den Songs waren vergleichsweise gering. Auch Schlagzeuger Ian Paice wurde wohl auf keinem anderen Album Deep Purples weniger gefordert. Gleichwohl sollen das keine pauschalen Abwertungen sein.

Mit der Hälfte der Songs kann man sich ohne weiteres arrangieren. Mit der anderen Hälfte allerdings nicht. Das hat überwiegend Gründe, die in der wenig spannenden Komposition und Instrumentierung liegen. Zu wissen, dass es sich dabei um Deep Purple handelt, sorgt für ein gewisses Unverständnis, zumindest für eine Irritation.

Eigentlich klangen sie wie die letzte Formation von Rainbow, was kein Wunder ist, waren doch die Mitglieder weitgehend identisch.

Bewertung:

(Pop-)Rock, Blues-Rock

*** gut

Top-Tracks: „The Cut Runs Deep“, „Breakfast In Bed“, „Fortuneteller“

In der Folge wieder ohne Joe Lynn Turner

Joe Lynn Turners Verpflichtung erwies sich final als ein Irrtum. Davon war die Band und davon waren auch die Fans und Kritiker mehrheitlich überzeugt. Weder zündete das Album ausreichend, schon gar nicht im Vergleich zu früheren Großtaten – was natürlich nicht nur am Sänger liegt; noch schien Turner für den beträchtlichen Backkatalog der Gruppe und ihren Live-Sets der geeignete Vokalist zu sein, wie sich sehr bald herausstellte. Besonders die für das Live-Programm gesetzten Stücke der Mark II – Phase gerieten mit Turner als Sänger zu teilweise stark veränderten Versionen. Diese Veränderung waren die anderen Mitglieder der Gruppe nicht bereit, mitzutragen. Aber auch die Fans in den Konzerten zeigten sich enttäuscht.

Deep Purple zogen also abermals die Reißleine und trennten sich von ihrem Sänger. Vielleicht mag man es als eine Niederlage Blackmores ansehen, hatte er sich doch anfangs vehement für Turner ausgesprochen. Blackmore selbst sah den Irrtum schließlich aber auch ein. Deep Purple sind nicht Rainbow, und der Versuch, sie ein Stück weit so klingen zu lassen, oder eben wie Foreigner oder Free, stieß auf Widerstände im Grundverständnis, was Deep Purple sein wollten. Joe Lynn Turners Fähigkeiten sind trotz alledem unbestritten und kommen ausgerechnet bei Balladen besonders gut zum Vorschein. Balladen kamen aber bei Deep Purple bis zur Reunion praktisch nicht vor. Wie man es auch drehen mag … es passte nicht. Das bedeutete die Fortsetzung der unendlichen Geschichte um den Posten des Sängers bei Deep Purple.

THE BATTLE RAGES ON (1993) - Ein letztes Aufflammen von Mark II

Songs

1. The Battle Rages On (Blackmore, Gillan, Lord, Paice)
2. Lick It Up (Blackmore, Gillan, Glover)
3. Anya (Blackmore, Gillan, Glover, Lord)
4. Talk About Love (Blackmore, Gillan, Glover)
5. Time To Kill (Blackmore, Gillan, Glover)
6. Ramshackle Man (Blackmore, Gillan, Glover)
7. A Twist In The Tale (Blackmore, Gillan, Glover)
8. Nasty Piece Of Work(Blackmore, Gillan, Glover, Lord)
9. Solitaire (Blackmore, Gillan, Glover)
10. One Man's Meat (Blackmore, Gillan, Glover)

Total Time: 49:26

Line-up (Mark II – 2. Reunion)
- Ian Gillan / Vocals
- Ritchie Blackmore / Guitar
- Jon Lord / Hammond B3, Keyboards
- Roger Glover / Bass, Co-producer
- Ian Paice / Drums

Die Vorgeschichte zum Album

Es sollte recht arg kommen für Vokalist Joe Lynn Turner. Das Album „THE BATTLE RAGES ON“ war als Nachfolger von „SLAVES AND MASTERS“ in der Entstehung und er wirkte daran mit – bis ihm die anderen Gruppenmitglieder seine Kündigung offenbarten. Später wird er in einem Interview behaupten, zu Unrecht dafür nicht bezahlt worden zu sein. Tatsächlich gab es bereits Gesangsaufnahmen und eine Reihe der Songs war zumindest im Grundgerüst als Backing Track vorhanden.

Aber die anderen Gruppenmitglieder waren sich einig. Der Zug Richtung „Pop-Rock“ musste aufgehalten werden und überhaupt sei „SLAVES AND MASTERS“ eine ziemliche Enttäuschung gewesen.

Zuerst galt es, den abgeschliffenen, weichgespülten Grundsound wieder hin zu einem lauten und brettharten Hardrockgerüst umzubauen. Mindestens die Gitarre von Ritchie Blackmore musste im Sound verändert werden. Es machte sich eine ähnliche Stimmung breit wie seinerzeit vor „IN ROCK“. Ein Aufbruch sollte es werden. Mal wieder.

Ian Gillan – so war man sich bis auf Blackmore einig – sei derjenige, der die neuen Ideen am besten singen könne. Schließlich ginge es um die Musik und da müssten persönliche Befindlichkeiten ausgeblendet werden. Ritchie Blackmore war auf einmal überstimmt und willigte schließlich ein. Dieses Zugeständnis ließ er sich einiges kosten. Wie erst später bekannt wurde, besaß Ritchie Blackmore einen Vertrag, der ihm dafür einen hohen Betrag von der Plattenfirma einbrachte. Umgekehrt stand Deep Purple als Band auf der Kippe, nachdem die Plattenfirma drohte die Gruppe ohne Ian Gillan fallen zu lassen.

Roger Glover, dessen Verhältnis zu Ian Gillan schon seit früher Zeit als innige Freundschaft galt, übernahm den Job, ihn zur Rückkehr zu bewegen. Nicht einfach, bedenkt man, dass Gillan bereits zwei Mal gefeuert worden war. Und doch kam er ein drittes Mal in die Band – voraussichtlich von nun an für immer.

Die Credits zum Album verdeutlichen, dass Ian Gillan an jedem Song als Autor beteiligt gewesen ist. In der Mehrzahl gemeinsam mit Ritchie Blackmore und Roger Glover. Bedenkt man, dass die Grundideen unter Beteiligung Joe Lynn Turners bereits fertig gewesen sein sollen, muss doch einiges umgeschrieben worden sein. Der Albumtitel „THE BATTLE RAGES ON“ könnte auch nicht treffender das umschreiben, was in der Band an Zwistigkeiten und Zankerei abgelaufen ist. Doch darum ging es der Gruppe nicht. Vielmehr beschreibt er allgemein Kriegszustände. Wohl aber dürfte es der Band durchaus gelegen gekommen sein, dass man ihre Zusammenarbeit mit dieser Aussage gleichsetzte. Krawall als verkaufsförderndes Argument.

Immerhin eine spannende Grundstimmung, denn letztlich konnte keiner wissen, wie lange diesmal der Frieden hält und wer als nächster geht. Auch darin lag ein Stück Wahrheit, wie die weitere Entwicklung zeigen sollte.

Die Songs

„The Battle Rages On" eröffnet das Album in alter Mark II – Tradition. Ein schweres, treibendes und vertracktes Gitarrenriff setzt sich in Gang. Der Einstieg und auch die Strickart erinnert an „STORMBRINGER". Aber genau hier wird bereits der Unterschied deutlich. Keine Synthieverwässerung und keine weichgespülten Sounds. Stattdessen ein beinharter Rhythmus und ein aggressiver Gitarrenklamg. Ian Gillan singt gleich zu Beginn wieder mehrstimmig. Und wie. Sofort wird klar, dass es genau dieser Gesang ist, den diese Hard Rock – Mischung benötigt. Als im Vorfeld Zweifel über die Passgenauigkeit von Joe Lynn Turner auftauchten, muss es sich unter anderem um den Entwurf dieses Stückes gehandelt haben. Es ist auf Ian Gillan zugeschnitten. Ritchie Blackmore spielt ein schnelles Solo und Jon Lord untermalt mit Orgel und Keyboards das Ganze akkordreich und vielschichtig und sorgt überdies für die passende Bridge. Alles wie früher, ist man geneigt zu sagen. Kein „Übersong", aber durchaus ein Aufbruch. Und ja, ... der Titel passt zu Deep Purple Mark II, obwohl das nicht das eigentliche Anliegen der Lyrics war.

„Lick It Up" legt mit einem nicht minder schweren und sperrigen Hard Rock Monster nach, dem allerdings etwas der Köder zum Anbeißen fehlt.

Mit dem hymnenhaften **„Anya"** erreicht das Album ein erstes Highlight. Ein spanisches Gitarrenintro, teils akustisch vorgetragen, wird mit breitem Keyboardsound verdichtet und zu einem harmonischen Thema erhoben. Strophe und Refrain sind melodiös angelegt und bleiben sofort hängen.

Mit **„Talk About Love"** folgt erneut ein kompromisslos harter Rocker. Der Refrain mit dem etwas banal klingenden „Oh no" ist kompositorisch keine Sternstunde. Dafür scheint Ritchie Blackmore auf diesem Album sehr deutlich die Zügel in der Hand gehabt zu haben. Er dominiert die Songs mit dem typischen Sound seiner Gitarre – hart und gleichermaßen virtuos auf den solistischen Teilstrecken.

Als Zwischenfazit ist festzustellen, dass Deep Purple das Bemühen erkennen lassen, deutlich an die Alben „PERFECT STRANGERS“ und „THE HOUSE OF BLUE LIGHT“ anzuknüpfen. Die fehlende Härte, Schnelligkeit und Virtuosität, die bei „SLAVES AND MASTERS“ zu beklagen war, ist wie weggeblasen.

„Time To Kill“ kommt mit ohrwurmtauglichem Gitarrenriff und entsprechendem Refrain um die Ecke, bevor der **„Ramshackle Man“** einen Blues anstimmt, dessen Pate „Green Onions“ gewesen sein muss. Solistisch lassen sie es hier allerdings krachen, wie sonst nirgends auf der Platte, was diesen Song auch zu den Höhepunkten erhebt.

„A Twist In The Tale“ markiert den Temporocker auf dem Album. Die mit atemberaubender Geschwindigkeit von Ritchie Blackmore gespielte Gitarre lässt keine Zeit zum Atmen. Das dann folgende **„Nasty Piece Of Work“** erinnert etwas an „Aerosmith“ im positivsten Sinne. Das Stück ist äußerst spannend aufgebaut und vielstimmig mit verfremdetem Gesang arrangiert. Darunter rotiert ein schwerer Teppich aus Gitarre, Orgel, Bass und Schlagzeug, dessen Interaktion allerdings dem „Peter Gunn – Thema“ deutlich nahekommt.

Dennoch ein weiteres Highlight. Und mit verfremdetem Gesangssound geht es schließlich beim melodiösen und gleichermaßen spannend klingenden **„Solitaire“** zu, dessen harmonischem Charme man sich auch nur schwer entziehen kann. Hier ist es Jon Lord, der mit einem Orgelsolo glänzt, wie er überhaupt auf diesem Album quasi ein Stück weit wieder auferstanden zu sein scheint. Bei „SLAVES AND MASTERS“ wirkte er überwiegend unbeteiligt. Hier ist er präsenter, bleibt aber stets hinter Ritchie Blackmores dominanter Gitarre.

Erdig und bodenständig geht es in die Schlusskurve mit dem etwas spröden **„One Man's Meat“**. Hier braucht es etwas Geduld, um sich mit diesem Hardrocker anzufreunden. Das Stück gehört ohne Zweifel wieder Ritchie Blackmore, der mit seinem kräftigen Gitarrensound für die Grundstimmung sorgt.

Bei der Ausblende ist die Mundharmonika von Ian Gillan zu vernehmen, der damit den Schlusspunkt unter das letzte Album der Mark II – Besetzung setzt, was aber bei Fertigstellung der Aufnahmen noch niemand wusste.

Fazit:

Deep Purple anno 1993 knüpfen an die 80er-Jahre an. Die Veränderung gegenüber dem letzten Album „SLAVES AND MASTERS“ war eine Verschiebung der Parameter Melodie, Tempo, Virtuosität und Härte, wobei sich besonders die Elemente Melodie und Härte nicht ausschließen müssen. Was „THE BATTLE RAGES ON“ in jedem Fall geschafft hat, ist, die Härte und den erdigen Rocksound zurückzubringen, ohne dabei die Melodien zu vergessen. Einige Anleihen, nicht nur aus dem eigenen Archiv, möge man der Band verzeihen. Rockmusik wird nicht jeden Tag neu erfunden, auch nicht von Deep Purple.

„THE BATTLE RAGES ON“ sollte das letzte Album von Ritchie Blackmore bei Deep Purple werden, was bei der Veröffentlichung noch keiner ahnte. In jedem Fall trägt es deutlich seine Handschrift. Er dominierte die Songs, wohingegen Jon Lord im Hintergrund agierte, aber auch durchaus präsent war. Fast schien es so, als versuchte man, Deep Purple „IN ROCK“ noch einmal zu wiederholen. Der Grundtenor dafür war zweifellos da. Aber die Kompositionen hatten nicht die Klasse des einstigen Meisterwerks.

Und auch Ian Gillan war alles andere als zufrieden, musste er doch auf der Basis der bereits vorhandenen Musik ohne viel Gestaltungsspielraum singen. Dies zum Teil in nicht immer für ihn optimalen Tonlagen, wie er später einräumte.

Bewertung:

Hard Rock
*** 1/2 gut
Top-Tracks: Anya, Ramshackle Man, Nasty Peace Of Work

Die Euphorie rund um das Album und die alte Mark II - Besetzung

Nach der Albumveröffentlichung waren zunächst alle selig – wie immer eigentlich. „THE BATTLE RAGES ON“ wurde von der Band außerordentlich geschätzt. Für Jon Lord war es „dark and straight“. Ian Gillan sah es gar als seinen Favoriten seit „MACHINE HEAD“ 1972 an, wobei sein liebstes Album insgesamt „FIREBALL“ sei.

Ian Paice hob hervor, wie gut es war, Ian Gillan zurück gewonnen zu haben. Und weiter sagte er: Joe Lynn Turner, mit dem die Band 1990 „SLAVES AND MASTERS“ als Sänger aufgenommen hatten, hätte nicht gepasst, weil dieser einen „American Pop Background“ habe und Deep Purple im „European Rock“ verhaftet seien. Okay – damit wäre das geklärt.

In meinen Augen waren besonders die beiden anderen Gruppenmitglieder entscheidend. Ritchie Blackmore erkannte beim Songwriting für das Album, wie gut es wäre, wenn Ian Gillan die im Entstehen befindlichen Stücke singen würde. Damit machte er die Tür auf, die es aufzumachen galt, um eine Rückkehr Ian Gillans überhaupt möglich zu machen. Roger Glover, der den besten Draht zu Ian Gillan besaß, stellte die Verbindung her, erläuterte die Bandentscheidung und schaffte es letztlich auch, den „verlorenen Sohn“ ein weiteres Mal zurückzuholen. Es ist wohl die einzigartige Magie, die entsteht, wenn diese fünf zusammenspielen. Sie spürten den Verlust dieser Magie, nachdem die Besetzung verändert wurde. Zumindest erklärt diese These die Begeisterung rund um das Album.

... und doch anschließend wieder ein Personalwechsel mit Paukenschlag

Es erscheint etwas ungewöhnlich, für einige aber absehbar: Auch diesmal hielt der Zauber nicht lang. Erneut gerieten Ritchie Blackmore und Ian Gillan vermehrt aneinander.

Der Kredit an Duldsamkeit und Gemeinsamkeit war offensichtlich wieder zu schnell aufgezehrt, was kurz darauf deutlich wurde.

Bereits bei der Albumtour wurden die alten Probleme wieder gegenwärtig. In den abendlichen Konzerten verschärfte sich die Stimmung zwischen einem aus vielen/unterschiedlichen/nicht immer nachvollziehbaren Gründen schlecht gelaunten Ritchie Blackmore und Ian Gillan. Beide provozierten sich teilweise auf offener Bühne und das eine oder andere Konzert ging ziemlich den Bach hinunter.

Eins der Tondokumente aus dieser Zeit ist das Konzert „COME HELL OR HIGH WATER“, welches ich auch in diesem Buch kommentiere. Es markiert das letzte Kapitel der Mark II – Besetzung, denn Ritchie Blackmore verließ die Gruppe während der laufenden Tournee.

Warum es letztlich nicht dauerhaft gepasst hat, zeigen die unterschiedlichen Gründe, die in den handelnden Personen zu suchen sind.

Musikalische Differenzen allein können es nicht gewesen sein. Die gab es auch zwischen Jon Lord und Ritchie Blackmore. Im Gegensatz zu Ian Gillan war Jon Lord jedoch niemals im Verdacht, der Frontmann oder alleinige Taktgeber der Gruppe werden zu wollen. Vielleicht wollte dies auch Ian Gillan nicht. Wohl aber Ritchie Blackmore. Und der sah in Ian Gillan offenbar jemanden, der ihm die Kontrolle über die Band streitig machen konnte.

Dazu kam Blackmores ständiges Gefühl, er werde ungerecht behandelt. Er sah sich selbst vor allen anderen. Mehr als nur ein Fünftel von Deep Purple. Diese tief in seiner Vergangenheit wurzelnde empfundene Ungerechtigkeit legte er nie vollständig ab.

Zum Thema Songwriting/Credits äußerte er einmal, die anderen hätten nicht so viel drauf, was das Songwriting anginge. Auch deshalb habe er bei „BURN“ (1974) die alte Regelung wieder eingeführt, wonach nur die wirklichen Autoren eines Songs als solche aufgeführt würden und nicht die ganze Gruppe.

Vor allem Blackmores nachfolgende Projekte von „Rainbow“ bis „Blackmore`s Night“ zeigten und zeigen deutlich, wie sich Ritchie Blackmore eine Band unter seiner Führung vorstellt, auch wenn dabei einiges an Versuch und Irrtum zusammenkam. Deep Purple wollten aber nun einmal erklärtermaßen keinen Bandleader haben. Sie sahen sich immer als eine demokratische Band mit all ihren Schwächen.

Es erscheint daher naheliegend, dass Ritchie Blackmore damit nicht einverstanden war und deshalb die Konsequenzen zog. Dabei verhielt er sich rücksichtslos im Hinblick auf bestehende Verpflichtungen. Sein Abgang hat bis heute Bestand und eine Rückkehr scheint ausgeschlossen.

Ritchie Blackmore, der Exzentrische – Gitarrenheld, Hexenmeister und schwieriger Charakter

Richard Hugh „Ritchie“ Blackmore erblickte 1945 das Licht der Welt. Mit 11 Jahren erlernte er das Gitarrespielen, was sein musikalisches Interesse weckte und ihn frühzeitig mit verschiedenen britischen Bands in Kontakt brachte.

Als er 1967 Jon Lord begegnete, war der Grundstein für eine Zusammenarbeit gelegt. Sie gründeten Deep Purple.

Ein schwieriger Charakter

Ritchie Blackmores Charaktereigenschaften bereiteten Deep Purple im Laufe seiner Zugehörigkeit zur Gruppe immer wieder Probleme. Bereits im Teenageralter entwickelte er Eigenschaften, die es schwer machten, mit ihm auszukommen. Zu seiner ihn kennzeichnenden Verschlossenheit kam eine eigene Sicht auf die Dinge, die häufig diametral zum gesellschaftlichen Mainstream stand. In gewisser Weise lebte er in einer eigenen Welt.

Dabei mag es eine Rolle spielen, dass er bereits früh von der Erkenntnis geprägt war, ihm werde zu wenig Anerkennung geschenkt, er sei mithin besser, als andere dachten. Aus dieser Sicht heraus fühlte er sich regelmäßig unterbewertet.

Das Leben war für ihn schwarz oder weiß. Entweder bist Du gut, in dem was Du machst, oder schlecht. Wenn Du schlecht bist, verarschen Dich alle – so seine Philosophie. Auf dieser Basis entwickelte er den Ehrgeiz, gut zu werden und – ein offensichtlicher Mangel aus Kindertagen – Gründe zu finden, um gelobt zu werden. Dazu diente ihm die Gitarre, auf der er übte, um es allen zu zeigen.

Seine äußerlich ruhige, in sich gekehrte Art verwandelte sich auf der Bühne in einen explosiven Mix aus Egozentrik, brutaler Zerstörungswut seinem Instrument gegenüber und wild- virtuoser Spielweise. Gepaart mit seiner oft düsteren Erscheinung, der dunklen

Kleidung, einem Schlapphut und der zumeist recht in sich gekehrt wirkenden Mimik bekam er das Attribut des Hexenmeisters verliehen. Ihn umgab stets etwas geheimnisvolles, mysteriöses.

Musikalische Einflüsse

Auch in der Frage nach seinen musikalischen Vorbildern als Gitarrist pflegte Ritchie Blackmore eine ziemlich eigentümliche und von der überwiegenden Bewertung abweichende Sicht auf die Dinge. Es ist bezeichnend für ihn, dass er die verdienten britischen Gitarristen fast vollständig nicht als wesentlichen Einfluss auf sich ansieht. Über Eric Clapton soll er sogar einmal geäußert haben, dieser könne nicht Gitarre spielen. Relativierend erklärte er später, dieser sei kein guter Rhythmusgitarrist gewesen, was im Umkehrschluss immerhin dessen solistische Fähigkeiten als „gut" in der blackmor`schen Bewertung erscheinen ließ. Auch mit Led Zeppelins Jimmy Page, immerhin dem Autor des vielleicht größten Rocksongs aller Zeiten, „Stairway To Heaven", tat er sich schwer. Dieser sei kein „schneller Finger", spielte Ritchie Blackmore auf dessen angeblich fehlende Schnelligkeit im Gitarrenspiel an. Jedoch relativierte er auch hier wieder, indem er die Qualität der erfundenen Riffs in der Musik Led Zeppelins würdigte, die auf Jimmy Page zurück gingen. In beiden Fällen dürfte Ritchie Blackmore mit solchen Einschätzungen ziemlich allein dastehen. Die Qualitäten von Eric Clapton, den viele Fans ja ob seines Gitarrenspiels sogar als „Gott" bezeichnet haben, sind wohl kaum zu bestreiten. Über die Fingerfertigkeiten von Jimmy Page besteht auch wenig Zweifel, schaut man sich beispielsweise die diversen Live-Konzerte an, die Led Zeppelin auf dem Höhepunkt ihrer Karriere absolvierten. Gerade Jimmy Page verstand es wie wenig andere, mit der Gitarre als alleinigem Melodieinstrument auf der Bühne eine Präsenz zu erzeugen, die nichts vermissen ließ.

Selbst an Jimi Hendrix, von dem alle anderen ausnahmslos in Ehrfurcht sprachen, hatte Ritchie Blackmore etwas auszusetzen. Hier sei der Hauptaspekt dessen Show gewesen, und nicht so sehr das Gitarrenspiel von Hendrix, fand Blackmore. Da könne man nicht so viel lernen … sprachs und relativierte erneut: „Hey Joe" sei ein großartiger Song – Kunststück: Deep Purple coverten ihn schließlich 1968 auf ihrem Debütalbum „SHADES OF DEEP PURPLE". Auch gestand er noch zu, dass Jimi Hendrix einige geniale Rocksongs und Bluesballaden geschrieben habe und er insgesamt ein großartiger Gitarrist gewesen sei.

Man kann es drehen, wie man möchte. Es zieht sich wie ein roter Faden durch die Bewertungen, die Ritchie Blackmore anderen Musiker zugedachte. Einerseits lobte er ihre Leistungen, die sich natürlich anhand vorhandener Hits auch nicht wegdiskutieren lassen. Andererseits fand er bei den meisten von ihnen ein Haar in der Suppe und suggerierte damit gleichzeitig, ohne es dezidiert auszusprechen, er selbst habe diese Handicaps nicht. Mit seinen mitunter fragwürdigen Thesen stellt er sich dann bewusst gegen die Mehrheit aller Kritiker, Fachleute und Fans.

Und doch gibt es Gitarristen, die er eine Stufe darüber ansiedelt und die ohne ein kritisches Wort von Ritchie Blackmore gewürdigt werden. Auf dieser Ebene sieht er Jeff Beck und – interessanterweise – Django Reinhardt. Auch Eddie Van Halens Spieltechnik hatte es ihm so sehr angetan, dass er sie sich von ihm zeigen ließ.

Bei allen Differenzen in Bedeutung und Bewertung der Einflüsse räumte Ritchie Blackmore in Interviews aber auch ein, Deep Purple seien von Led Zeppelins erstem Album und dem was die Yardbirds taten, sehr angetan. Ausdrücklich erwähnte er, von Jimi Hendrix habe man sich „einiges geborgt". Das wiederum lässt sich sofort unterschreiben, denkt man etwa an den „Speed King" von „IN ROCK".

Zusammenarbeit in der Band

Mit Deep Purple wuchs Ritchie Blackmore zu einem der herausragenden Gitarristen in der Rockmusik. Er entwickelte seinen Spielstil, in dem er klassische Melodien mit Rock und Blues vermischte und somit einer derjenigen Gitarristen wurde, die für den Hard-Rock und späteren Metal eine Grundlage schufen. Legendär sind viele seiner Gitarrenriffs, aus denen Songs für Deep Purple, aber auch für sein Soloprojekt Rainbow entstanden. Das populärste Beispiel ist sicherlich das Intro zu „Smoke On The Water", mit dem er zu Weltruhm kam.

Daneben waren seine mitunter in Hochgeschwindigkeit gespielten Soli wie etwa auf „Highway Star", „Child In Time" oder

„Burn“ typisch für ihn. Sein Solospiel konnte aber auch äußerst gefühlvoll sein. Belege dafür stellen „April“ und „Wasted Sunsets“ eindrucksvoll dar. All diese Eigenschaften machten ihn zu einem der besten Gitarristen seiner Zeit und zu einem Helden für die Fans dieser Musik.

Das war ihm auch bewusst und es bestimmte seine Position innerhalb Deep Purples. Da er auch beim Songwriting ein relativ bestimmender Faktor gewesen war, ging nicht viel ohne seine Zustimmung. Das in der Band vorhandene Demokratieprinzip und Gleichgewicht zwischen den Musikern verschob sich immer stärker hin zu einem Sonderstatus von Ritchie Blackmore. Seine Soloanteile in den Songs nahmen zu, die von Jon Lord und seiner Orgel nahmen ab. Die Credits für die Songs innerhalb der Band wurden nach seinem Veto für künftige Alben neu geregelt und nicht mehr pauschal allen Bandmitgliedern zugedacht. Entscheidend wurde, wer welchen Input brachte. Während Blackmore neben Sänger und Texter Ian Gillan und Bassist Roger Glover überwiegend in den Credits erwähnt wurde, gab es häufig keine Anteile mehr für Jon Lord und Ian Paice.

Auch auf der Bühne und bei der Abmischung der Alben sah er sich in der Pole-Position. Die Lautstärke der Orgel Jon Lords war stets ein Stück weit hinter der Gitarre positioniert. Das empfand er als richtig. Bei Rainbow war dieses Verhältnis noch deutlicher zugunsten der Gitarre ausbalanciert. Gleichwohl entbrannte auf der Bühne regelmäßig ein produktiver Streit zwischen den beiden Soloinstrumenten. Sie stachelten sich in ihren Solobeiträgen gegenseitig an.

Es spricht für die Sturheit und Verbissenheit Blackmores, dass er sich in dem ständig schwelenden Richtungsstreit der Band gegen Jon Lord aber auch alle anderen stets durchsetzen konnte. Seinem Faible zum krachenden Hard Rock verdankten Deep Purple ganz wesentlich ihre Erfolgsplatte „IN ROCK“. Deep Purple galten fortan als die Giganten des Hard Rock, auch nach dem Ausstieg Blackmores.

Mit der wachsenden Popularität von Deep Purple entwickelte Ritchie Blackmore das Selbstbewusstsein, Dinge anzusprechen, die auf andere unangenehm bis beleidigend wirken konnten. Dabei ging es ihm immer um die Sache, wie er betonte. Seine Sicht auf die Dinge war allerdings in der Regel nicht diskutabel und unterschied sich häufig von der Mehrheitsmeinung innerhalb der Gruppe. Kompromisse waren mit ihm nur schwer zu bekommen. Er beharrte oft darauf, im Recht zu sein. Dazu entwickelte er eine Übellaunigkeit, die die Zusammenarbeit mit seinen Mitstreitern im Laufe der Jahre immer weiter erschwerte. „Wenn er einen schlechten Tag hatte, hast Du anschließend auch einen schlechten Tag!" beklagte sich Ian Paice einmal darüber. Diese Eigenschaften begleiteten die Zusammenarbeit innerhalb der Band immens und sorgten für Streitigkeiten. Der Erfolg hatte sie lange Zeit zusammengeschweißt, aber die Streitigkeiten waren nicht dauerhaft unter dem Deckel zu halten.

Ritchie Blackmore war an den folgenden 13 Studioalben beteiligt:

- SHADES OF DEEP PURPLE
- THE BOOK OF TALIESYN
- DEEP PURPLE
- IN ROCK
- FIREBALL
- MACHINE HEAD
- WHO DO WE THINK WE ARE
- BURN
- STORMBRINGER
- PERFECT STRANGERS
- THE HOUSE OF THE BLUE LIGHT
- SLAVES AND MASTERS
- THE BATTLE RAGES ON

Ausstieg

Ritchie Blackmore verließ die Band zwei Mal im Unfrieden. 1974 missfiel ihm die musikalische Entwicklung, nachdem durch den Personalwechsel von Gillan/Glover zu Coverdale/Hughes der erste Schwung schnell dahin war und Deep Purple erkennbar an Drive und Richtung verloren hatten. Immer häufiger bekamen die neuen Songs einen Funk- und Souleinschlag, der sich mit seinen Grundwerten und musikalischen Vorstellungen nicht vereinbaren ließ. Sicherlich spielte dabei auch die von ihm schon lange beabsichtigte Gründung einer eigenen Gruppe unter seiner Führung eine Rolle. Nun hielt er die Zeit für gekommen. Er schuf die Formation „Ritchie Blackmore`s Rainbow“, später „Rainbow“, als eine Band mit identischem Line up, aber einer stärkeren Position für sich selbst als Bandleader, Songwriter, Gitarrist und Aushängeschild.

1984 kamen Deep Purple mit Ritchie Blackmore erneut zusammen, unter anderem um das Album „PERFECT STRANGERS“ aufzunehmen. Die Zusammenarbeit dauerte ein weiteres Album an und die Band bestand mehr oder weniger fort, wechselte zwischendurch noch zweimal den Sänger, existierte aber weiterhin mit Ritchie Blackmore bis 1993.

Nachdem Deep Purple 1993 für das neue Album „THE BATTLE RAGES ON“ ein weiteres Mal in der Mark II-Besetzung zusammenspielten, warf Ritchie Blackmore auf der daran anschließenden Tour endgültig die Brocken hin. Wieder einmal war er mit Ian Gillans Gesangsleistungen nicht einverstanden. Überdies zeigte er Ermüdungserscheinungen, was das Touren und – man höre und staune – den Hard Rock anging. Kurzerhand sagte er 1993 mitten auf einer Tour „Goodbye“, ohne sich um noch bestehende Auftrittsverpflichtungen zu kümmern. Der Rest der Gruppe stand kurzzeitig buchstäblich im Regen und musste sich nach einem Aushilfsgitarristen umsehen, den sie mit Joe Satriani fanden.

Möglicherweise verfolgte Blackmore kurzzeitig die Absicht, abzuwarten, ob die Band ohne ihn überhaupt weitermachen könnte. Sollte sie nicht, hätte er Genugtuung oder aber eine gute Verhandlungsposition, falls sie ihn ein weiteres Mal um Mitarbeit bitten würden. Aber so kam es nicht, was sehr bald klar war. Sollte Ritchie Blackmore gezockt haben, hatte er sich verzockt.

Dies war schließlich der Zeitpunkt für ihn, um eine grundlegende musikalische Wandlung vorzunehmen. Er gründete bald darauf mit seiner Ehefrau Candice Night die Folk-Rock-Band „Blackmore`s Night“, um künftig eine Mixtur aus Folk, Rock und mittelalterlicher Musik zu intonieren. Damit gleichbedeutend war für ihn eine Abkehr vom Hard Rock. Mit dieser überraschenden Wandlung hatte sich Ritchie Blackmore erneut in die Schlagzeilen gebracht und für reichlich Verwunderung gesorgt.

Für Ian Paice ist das alles nicht nachvollziehbar. So äußerte er dazu einmal, es sei schade, dass ein Gitarrist mit diesem Talent selbiges an mittelalterlicher Musik verschwende.

Glaubte man anfangs noch an eine erneute Rückkehr Blackmores zu Deep Purple, ist das heute, Jahrzehnte später, so unwahrscheinlich wie nur was. Intimfeind Ian Gillan fegte solche Gerüchte regelmäßig schnell vom Tisch. Deep Purple hätten einen Gitarristen, weshalb also dieses Thema ...? hieß es regelmäßig noch zu Zeiten von Steve Morse.

Auch Blackmore war laut seiner Äußerungen in Interviews lediglich an einem Konzert mit den alten Kameraden interessiert, weniger an einer nachhaltigen Zusammenarbeit – vielleicht auch deshalb, weil er wohl wusste, wie unwahrscheinlich diese inzwischen geworden ist.

Blackmore`s Night bestehen bis heute.

PURPENDICULAR (1996) - Steve Morse sorgt für frischen Wind

Songs
1. Vavoom: Ted The Mechanic
2. Loosen My Strings
3. Soon Forgotten
4. Sometimes I Feel Like Screaming
5. Cascades: I'm Not Your Lover
6. The Aviator
7. Rosa's Cantina
8. A Castle Full Of Rascals
9. A Touch Away
10. Hey Cisco
11. Somebody Stole My Guitar
12. The Purpendicular Waltz

Total Time: 62:16

Bonus track on 1996 & 2014 CD releases:
13. Don't Hold Your Breath

Bonustrack on 2014 CD release:
14. Sometimes I Feel Like Screaming (single edit)

Line-up (Mark VI)
- Ian Gillan / Lead vocals, harmonica
- Steve Morse / Guitar
- Jon Lord / Organ, Keyboards
- Roger Glover / Bass
- Ian Paice / Drums

Gitarrist gesucht und gefunden

Ritchie Blackmore hatte ernst gemacht und die Brocken hingeworfen. Mitten in der laufenden Tournee und ohne Rücksicht auf seine Mitstreiter. Die glaubten erst an eine der üblichen Machtproben Blackmores. Man müsse ihm etwas zugestehen und er beruhigt sich wieder – so die Annahme. Nachdem aber mehrere Versuche, ihn zu einer Rückkehr zu bewegen, scheiterten, war der Ernstfall eingetreten. Die laufende Tour war gefährdet. Das Fortbestehen der Band infrage gestellt.

Um die Tour fortführen zu können, musste so schnell wie möglich ein Ersatzmann gefunden werden. Keinesfalls sollte Ritchie Blackmore den Triumph davontragen, wenn es heißen würde, ohne ihn liefe es nicht und sie müssten die Tour abbrechen.

Als ein potentieller Kandidat war unter anderem Ex-Scorpions-Gitarrist Michael Schenker im Gespräch. Letztlich wurde es aber Joe Satriani (geboren 1956). Satriani kannte und verehrte die Band. Er hatte die Zeit und Lust. Seine Bedingung aber war, nicht fest einsteigen zu müssen. Schließlich habe er eine Solokarriere, und die sei vorrangig. Deep Purple akzeptierten. Joe Satriani wurde der Tourgitarrist auf Zeit. Es gelang ihm, sich sehr schnell in die Songs einzuarbeiten. Mehr als eine Woche blieb ihm dabei auch nicht. Und er schaffte es, wurde akzeptiert und rettete der Band die laufende Tournee. So ging man danach wieder auseinander und die Suche nach einem festen neuen Gitarristen musste neu aufgenommen werden.

Wieder kreisten einige Namen durch die Presse. - Nein, Eddie Van Halen wollte nicht wirklich, und so kam man auf Steve Morse, einen 1954 geborenen Amerikaner, der u.a. klassische Gitarre studiert hatte. Was sie auf seine Spur brachte, war die von ihm mitgegründete Band „Dixie Dreggs“, die einen interessanten Stilmix aus Jazz, Funk und Rock`n`Roll spielten.

Steve Morse nahm das Angebot an. Erste Sessions zeigten sehr bald, welchen Diamanten die Purple-Mitglieder da gehoben hatten. Menschlich und musikalisch ein Gewinn, natürlich in der Lage, die Standards von Deep Purple perfekt zu spielen, offen für andere Meinungen und ein Ausnahmekönner an der Gitarre. Ein Teamplayer, kein Leader. Aber den brauchten sie auch nicht. Einen Egozentriker schon gar nicht.

Steve Morses Einstieg rettete das Überleben von Deep Purple. Und so begann wieder ein neues Kapitel mit den Arbeiten an einem neuen Album, das sehr bald konkrete Formen annahm.

Die Songs

„Vavoom: Ted The Mechanic" genießt als Opener natürlich besondere Aufmerksamkeit. Immerhin stellt sich Steve Morse mit diesem Stück der Weltöffentlichkeit vor. Und es hat natürlich ein Riff zu bieten. Der Songs beginnt mit rhythmisch-abgehackten Gitarrenschlägen, dessen Obertöne quietschend aufjaulen und die von einem nach vorn treibenden harten Background aufgefangen werden. Selbstredend bekommt Steve Morse in diesem Stück sein erstes Solo. Sofort fällt der veränderte Gitarrensound auf. Natürlich musste das Gegenstand zahlreicher Diskussionen werden, denn Ritchie Blackmores Gitarre war ein Aushängeschild Deep Purples. Viele Fans wünschten sich anfangs diesen Sound sofort zurück. Deep Purple aber versuchten gar nicht erst, zu viel Erinnerung aufkommen zu lassen. Hier ist eine neue Zeit angebrochen und die hat andere Möglichkeiten, wie auf diesem Album sehr deutlich werden sollte. „Vavoom: Ted The Mechanic" sorgte für den obligatorisch harten Einstieg, versucht aber nicht, sich in die Reihe der großen Opener der Vergangenheit einzuordnen.

„Loosen My Strings" beginnt schon einmal ganz anders, nämlich melodisch verträumt. Hier hat der Bass von Roger Glover eine markante Solopassage. Wären da nicht einige interessante Breaks und hier und da ein eingeworfenes Gitarrenriff, hätten wir es mit Pop zu tun. Ein hoch melodiöses Gitarrensolo zeigt eine weitere Seite von Steve Morse.

Mit **„Soon Forgotten"** kommt Jon Lords Orgel stärker nach vorn, bestimmt sogar die Richtung durch ein schräges Einstiegsriff und vor allem mit einem Solopart. Steve Morses Gitarre wird dabei sehr gezielt zur Untermalung eingesetzt. Keine alles erschlagenden Heavy-Sounds, sondern intelligentes Spiel, eingebettet in den Gesamtsound. Die Kunst, sich auch einmal zurückzunehmen. Bereits hier wird deutlich, dass mehr Feinarbeit als zuletzt in den Songs steckt und die brachiale Härte bewusst nur dosiert zum Tragen kommt.

Nach diesem Aufwärmprogramm folgt die erste größere

Überraschung. **„Sometimes I Feel Like Screaming“** beginnt mit einer traumhaft schönen Moll-Akkordfolge auf der chorusgeschwängerten Gitarre und klingt zunächst nach Ballade, bevor dann der Heavy-Refrain, eher in Dur gehalten, alles durchschüttelt. Davor, dazwischen und danach immer wieder das Intro mit einer aufgesetzten Sologitarre, für die Steve Morse hierfür die wohl beste Melodie gefunden hatte. Dass bei diesem Stück live eine Menge möglich sein würde, ahnte man sofort. Steve Morse bewegt sich zwischen schnellen Läufen und gefühlvollem Spiel mit großem Pathos. Eine Gänsehaut-Melodie und damit zweifellos das erste herausragende Stück dieses Albums. Man ist geneigt, zu überlegen, wann einen zuletzt ein Deep Purple-Song derart ins Schwärmen gebracht hat.

„Cascades: I'm Not Your Lover“ erhält wieder ein melodiöses Gitarrenvorspiel, bevor der harte Rocksong zur Entfaltung kommt. Ohne Zweifel erinnert dieses Stück bisher am stärksten an die ruhmreiche Vergangenheit. Schnelle, tempogeladene und harte Strukturen, temporeich gespielte Soli, das erste Duell zwischen Gitarre und Orgel seit Steve Morse mitspielt, eine klassische Anspielung und keine Zeit zum Luftholen, weil die Gitarre immer weiter nach vorn peitscht. „Cascades: I'm Not Your Lover“ wäre der passendere Opener dieses Albums gewesen. Zudem erinnert er in der Strophenbegleitung der Gitarre ein bisschen an den Mann, der nun nicht mehr dabei ist.

Wie breit Deep Purple auf diesem Album aufgestellt sind, zeigt wohl mit am besten das nun folgende **„The Aviator“.** Eine Folk-Rock-Hymne, die wie selbstverständlich ins Ohr geht. Das Bemühen, maximale Verschiedenheit zu zeigen und sich damit stark vom recht einheitlichen Vorgängeralbum zu unterscheiden, trotzdem aber Deep Purple zu bleiben, wird hier ein weiteres Mal deutlich. Ian Gillan, der ebensolche Songs auch gern auf seinen späteren Soloalben platzierte, dürfte es sehr gefallen haben. Den vielen Hardcore-Fans von Deep Purple möglicherweise weniger.

Einen weiteren Beweis für die Vielschichtigkeit dieses Albums liefert **„Rosa's Cantina“.** Die Verspieltheit eines jazzigen Grooves, der vor sich hin shuffelt, erinnert anfangs an „Lazy“ von MACHINE HEAD. Auch die dazu passende Mundharmonika von Ian Gillan ist mit dabei. Nicht aber der Schwung des Lazy-Riffs, zumal auch Steve Morse bei diesem Stück nicht wirklich viel beizutragen hat. Und mit dem pumpenden Bass von Roger Glover entwickelt sich dieses Stück schließlich doch in eine andere/eigene Richtung. Dennoch bleibt diese Nummer unter ihren Möglichkeiten, denn auf der Grundlage der pumpenden Orgel hätte man einiges aufbauen können.

„A Castle Full Of Rascals“ führt sodann nach einem spannenden Vorspiel zurück in die Hard-Rock-Etage und bietet überdies einen melodiösen Zwischenteil, der dem „Woman From Tokyo“ - Beispiel folgt. Auch Jon Lords Orgelsolo überzeugt.

Etwas schwachbrüstig fällt dagegen **„A Touch Away“** aus. Ein weiterer Folk-Pop-Song, der leicht an der Kitschgrenze kratzt. Man ist geneigt anzunehmen, dass Ritchie Blackmore hier wohl ein Veto eingelegt hätte. Nach dem guten Auftakt und den in der ersten Hälfte des Albums platzierten Großtaten durchlebt die Platte eine kleine Durststrecke, die aber mit dem nächsten Stück beendet wird. **„Hey Cisco“** ist der Tempo-Song auf diesem Album. Über einem beinharten Rhythmus duellieren sich Steve Morse und Jon Lord auf ihren Instrumenten in atemberaubender Geschwindigkeit. Das gelungene **„Somebody Stole My Guitar“** bleibt auch im Rock-Modus. Gesang, Melodie und das Gitarrenriff sprechen sofort an. Als Sahnehäubchen gibt es ein Frage-Antwort-Spiel zwischen Gitarre und Orgel. Das Schlussstück **„The Purpendicular Waltz“** ist ein schwerer Slow-Rock im Walzertakt. Auch so etwas haben Deep Purple zuvor noch nicht geboten. Da die Hardrock-Zutaten und auch die Soli stimmen und das Stück originell und abwechslungsreich aufgebaut ist, lässt sich auch das als Gewinn verbuchen.

Mit **„Don't Hold Your Breath“** gibt es einen Bonus-Track, der es nicht auf das reguläre Album geschafft hat. Leider – so muss man sagen. Vermutlich weil der Refrain etwas belanglos klingt. Dennoch ist die instrumentale Leistung der Gruppe auf diesem Stück überzeugend. Auch wäre dieser Rocker im Austausch gegen die eine Ballade zu viel - „A Touch Away“ - sicher von Vorteil gewesen.

Fazit:

Deep Purple leben weiter. Das ist die erste gute Nachricht. Und sie zeigen sich vielfältiger denn je. Aber dazu unten mehr. Die zweite gute Nachricht gehört Steve Morse, dessen Einstand sehr gelungen ist. Vor allem in puncto abwechlungsreiches und variables Gitarrenspiel liegt er klar vor Ritchie Blackmore. Jedoch ist Blackmores Gitarrensound und die manchmal brachiale, wilde Form seines Solospiels für viele das fehlende Element nach dessen Ausscheiden. Aber Steve Morse wollte nicht wie eine Kopie Blackmores klingen, und das ist sein gutes Recht. Er nutzt auch einen anderen Gitarrensound, mit dem sich zwangsläufig das Soundbild bei Deep Purple verändern musste.

Auch war Blackmore sicherlich an dem Songwriting der Band stets maßgeblich beteiligt. Das allerdings konnte auch Steve Morse von Anfang an einbringen. Seine Ideen waren aber nicht wie bei Ritchie Blackmore automatisch gesetzt. Vielmehr wurden sie kanalisiert. So erarbeitete die gesamte Band ein Album mit vielen starken Ideen in (endlich wieder) entspannter Atmosphäre.

Im direkten Vergleich zu „The Battles Rages On" klingt „PURPENDICULAR" frischer und kommt mit einer derart breiten Stilvielfalt daher, die den gar nicht schlechten Vorgänger als eine „Nur-Rockplatte" fast abqualifiziert. Viele der Songs offenbaren bei mehrmaligem Hören immer noch neue Facetten. Deep Purple sind mit diesem Album wieder Musiker, die sich unterschiedlicher Stilrichtungen bedienen und diese zu ihrem Sound formen. Mit Ritchie Blackmore war das wohl nicht möglich gewesen, da er bestimmte Richtungen und oftmals nicht von ihm kommende Ideen pauschal ablehnte. So verwundert auch die beachtliche Anzahl an Balladen auf diesem Album nicht.

Ein kleiner Wermutstropfen fällt auf den Gesang. Ian Gillan hat schon einmal stärker gesungen.

Hier schwächelt er an manchen Stellen etwas. Die Chorpassagen wurden aber gut arrangiert.

Die vielen Vorspiele und Intros sind für manchen etwas des Guten zu viel, stören aber nicht. Zu den Gewinnern gehört auch Jon Lord. Der Organist profitierte sichtbar von seinem neuen musikalischen Partner an der Gitarre.

Die Orgel kommt einfach wieder öfter vor. Und „Sometimes I Feel Like Screaming“ ist vielleicht der seit „PERFECT STRANGERS“ beste Song von Deep Purple.

Bewertung:

Hard Rock, Blues-Rock, Folk-Rock

**** sehr gut

Top-Tracks: Sometimes I Feel Like Screaming, Cascades: I'm Not Your Lover, Somebody Stole My Guitar

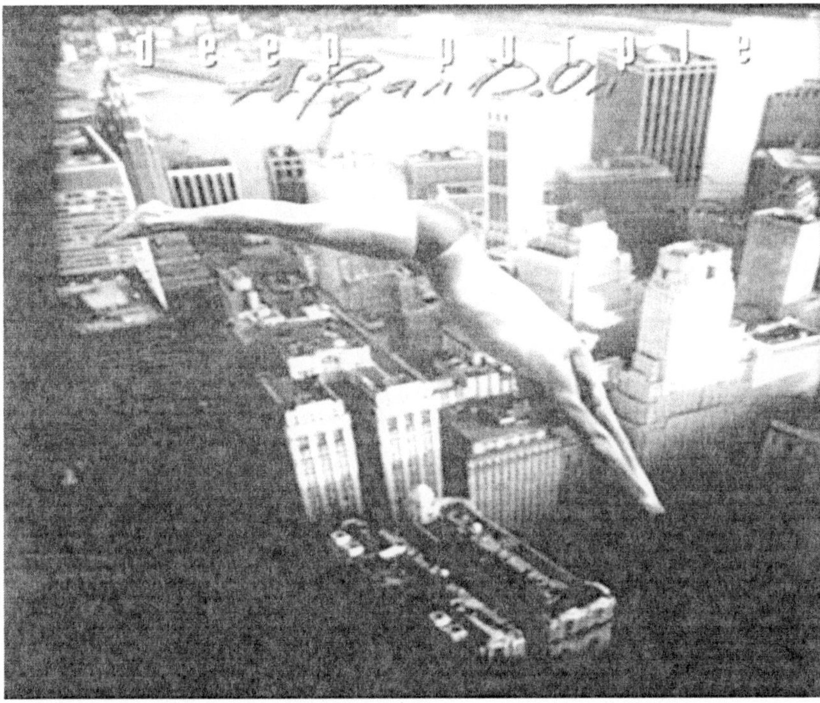

ABANDON (1998) - Schwierige Rahmenbedingungen

© Universal

Songs

1. Any Fule Kno That
2. Almost Human
3. Don't Make Me Happy
4. Seventh Heaven
5. Watching The Sky
6. Fingers To The Bone
7. Jack Ruby
8. She Was
9. Whatsername
10. '69
11. Evil Louie
12. Bludsucker (Blackmore, Gillan, Glover, Lord, Paice)

All songs written by Gillan, Glover, Lord, Morse, Paice, except „Bludsucker“

Total Time: 56:00

Line-up (Mark VI)

- Ian Gillan / Lead vocals, Harmonica
- Steve Morse / Guitar
- Jon Lord / Organ, Keyboards
- Roger Glover / Bass
- Ian Paice / Drums

Die Vorgeschichte zum Album

Deep Purples 16. Studioalbum „ABANDON“ erschien 1998 und war die zweite Studioarbeit mit dem neuen Gitarristen Steve Morse. Der Titel „ABANDON“ könnte als Wortspiel „A Band On“ aufgefasst werden. Demzufolge eine Gruppe, die weiter macht, ihren Weg fortsetzt. Tatsächlich spielte die Band nach Erscheinen von PURPENDICULAR eine Reihe von Konzerten, badete im Ruhm des neuen Outfits und schrieb zwischendurch die Rohfassungen der kommenden Stücke. Im Genuss totaler Freiheit, wie Ian Gillan betonte. Stilistische Freiheit war es aber nicht, denn die Grundausrichtung war Hard Rock, und zwar in vergleichsweise purer Form. Dabei musste die Band weitgehend ohne Jon Lord auskommen. Dieser arbeitete zu dieser Zeit parallel an seinem Album „Pictured Within“, das bald darauf erscheinen sollte. Es war ihm wichtig, erneut seine Seite als klassischer Komponist zu zeigen. Da man nicht gut auf mehreren Hochzeiten gleichzeitig tanzen konnte, gab er seinem neuen Soloalbum die Priorität. Eine Entscheidung, die er lange reifen ließ.

So war er erwartungsgemäß auf „ABANDON“ weniger stark präsent und hatte Deep Purple wohl bereits im Geiste hinter sich gelassen. ABANDON sollte, was zu diesem Zeitpunkt sicher nicht viele wussten, Jon Lords letztes Album mit Deep Purple werden.

Dem Gitarristen Steve Morse fiel demnach eine Hauptlast des Songwritings zu.

Die Credits wurden gleichwohl „demokratisch“ verteilt. Alle Stücke mit Ausnahme von „Bludsucker“ wurden von Gillan, Glover, Lord, Morse, Paice geschrieben. Apropos „Bludsucker“: Hier handelt es sich um einen Aufguss von „Bloodsucker“, einem Stück von „IN ROCK“, das für ABANDON neu aufgenommen wurde.

Die Songs

„Any Fule Kno That" eröffnet das Album mit einem kraftvollen Hard Rock, der auch auf „IN ROCK" gepasst hätte. Das populäre „Walk This Way" von Aerosmith lässt allerdings grüßen. Den Song kennzeichnet ein düsteres und eindringliches Gitarrenriff, jedoch ohne größere Überraschungen. Auch die solistischen Anteile von Orgel und Gitarre sind songdienlich eingeflochten, aber nicht sonderlich auffällig. Gemessen an den großen Vorgängern früherer Alben bleibt dieses Eröffnungsstück etwas hinter den Erwartungen zurück.

Auch **„Almost Human"** enttäuscht, zumal es hier rhythmisch zuppelt wie bei einem alten Traktor. Der monotone, Shuffle ähnliche Rhythmus wirkt auf die Dauer etwas ermüdend. Ähnlich wie bei dem Opener zündet auch in diesem Stück eigentlich nichts. Beide Refrains sind überraschend schwach und die Stücke ohne Breaks oder interessante Einschübe.

Mit **„Don't Make Me Happy"** wechseln Deep Purple in einen Blues, dessen Refrain in den Hard Rock übergeleitet. Eine gute Idee, die dem Song eine Steigerung verleiht und Spannungsmomente erzeugt. Was anfangs wie eine Fortsetzung von „When A Blind Man Cries" klingt, bekommt in der Folge ordentlich Drive. Das Gitarrensolo von Steve Morse ist das dritte im dritten Song des Albums und zeigt die von ihm bevorzugten und bekannten schnellen Läufe. Das ist technisch hervorragend und gut gespielt, aber durch zu häufige Wiederholung nicht mehr spannend. Gerade bei einem Blues wünschte man sich etwas mehr Ideenreichtum, Feeling und vielleicht auch mal den einen oder anderen weggelassenen Ton. Ansonsten ist „Don`t Make Me Happy" das bis hierhin beste Stück, da leider auch der häufig brillante Opener diesmal eher nur Durchschnittsware darstellt.

„Seventh Heaven" beginnt mit einem interessanten Gitarrenvorspiel, wie es auf „PURPENDICULAR" häufig zu hören war. Dann aber gleitet das Stück in ein zu behäbiges Riff und einen ebensolchen Gesang hinab. Das folgende **„Watching The Sky"** überrascht mit einer soften Strophe und einem harten Refrain, ähnlich „Don`t Make Me Happy", nur dass die Parts nicht so recht zusammenpassen wollen. Überdies spielt Steve Morse leider nur einen Solomix aus den ersten Stücken, der fast wie hineinkopiert erscheint. Der wohlklingende Strophenteil rettet den mühsam zusammengekleisterten Song auch hier leider nicht aus der Mittelmäßigkeit.

„Fingers To The Bone“ bedient sich des „Aviator-Themas“ von PURPENDICULAR und setzt einen langsamen, stampfenden Beat darunter. Erstmals (!) auf diesem Album scheint eine Melodie durch. Angesichts der Tatsache, dass hier bereits die Hälfte der Stücke gelaufen sind, fällt die Zwischenbilanz eher bescheiden aus. Die Untermalung des Gesangs und das reduzierte Klavierspiel Jon Lords zu den folkig-inspirierten Klängen der Gitarre sowie dem darunter liegenden Beat erheben das Stück zum bisherigen Highlight. Dem kurzen Aufhorchen folgt allerdings wenig Erbauliches:

„Jack Ruby“ bedient sich des Bluesschemas für einen einfach nur belanglosen Rocksong. Erneut fällt die Ideenlosigkeit im Solospiel von Steve Morse negativ auf. Die Talsohle setzt sich bedauerlicherweise bei **„She Was“** fort, auch wenn hier das interessante Ineinandergreifen des Gitarre-Orgel-Solos für einen kurzen Aha-Effekt sorgt.

Bei **„Whatsername“** versucht die Band, den Refrain mit Mehrstimmigkeit aus seinem Schattendasein herauszuheben. Auch Gitarre und Orgel wirken hier im Zusammenspiel besser aufeinander abgestimmt. Aber auch dieser Song wäre auf den besseren Deep Purple – Alben nur in den Outtakes gelandet. Wer bis hierhin durchgehalten hat, bekommt mit **„'69“** einen textlichen Bezug auf die Anfänge der Band. Der Song hat Tempo, was aber nicht gleichbedeutend mit Klasse ist. Überdies hinaus verarbeitet er ein Riffmuster, das bereits bei **„Seventh Heaven“** Pate gestanden hat.

Auch **„Evil Louie“** hat einen Geburtshelfer. Hier übernimmt man weitgehend das Riff und den Groove des „PURPENDICULAR Waltz“ sowie etwas von „A Touch Away“ vom Vorgängeralbum, um dann aber auch besonders im Refrain und im ewig gleichen Gitarrensolo wieder komplett zu enttäuschen.

Warum abschließend **„Bludsucker“** als Aufguss von „IN ROCK“ auf dieses Album gesetzt wurde, bleibt letztlich auch rätselhaft. Klar – dieser Song aus früheren Zeiten macht Spaß und das Duell zwischen Orgel und Gitarre ist stets (wieder-) hörenswert. Beide Protagonisten lassen sich dabei ein paar neue Läufe einfallen und nutzen den moderneren Sound. Ian Gillan schaffte es auch, diesen für ihn schwierig zu singenden Song noch einmal kraftvoll zu interpretieren. Aber als finale Rettung eines in großen Teilen enttäuschenden Albums kommt auch „Bludsucker“ allein nicht in Frage.

Fazit:

Bleiben wir bei den Fakten: Das Album ist insgesamt härter als der Vorgänger. Das allein macht es nicht zu einem guten Deep Purple-Album. Den Kompositionen fehlt es überwiegend an brauchbaren Ideen, harmonischen Passagen, interessanten Riffs, guten Refrains und überzeugenden solistischen Einschüben. Erschreckend ist auch, wie viele Passagen und bekannte Harmonien oder Riffs zur Zweitverwertung eingestreut worden sind – auch wenn ein Teil davon aus dem eigenen Archiv stammt. Leider kann dies die kompositorischen Defizite nicht wegwischen.

Steve Morse verstrickt sich zu oft in teils bekannten, teils wenig ansprechenden Riffs. Der Gitarrensound klingt stellenweise etwas breiig, was sicher auch einen Fehler in Produktion und Mix darstellt, und die Sololäufe wiederholen sich zu oft. Zudem fehlt dem Gesang häufig eine zündende Melodie. Kein einziger Refrain kommt über den Durchschnitt hinaus, wenn er ihn überhaupt erreicht.

Auch nach mehrmaligem Hören bleibt nur wenig hängen. Sperrige Melodien und eine teils bemühte Instrumentierung finden keinen leichten Zugang in die Gehörgänge.

Summa summarum: Eine ziemliche Enttäuschung.

Nach dem starken „PURPENDICULAR“ hätte man „ABANDON“ eine etwas längere Vorbereitung und ein besseres Ergebnis gewünscht.

Bewertung:

Hard Rock, Blues-Rock

** mäßig

Top-Tracks: Don`t Make Me Happy, Fingers To The Bone, Bludsucker

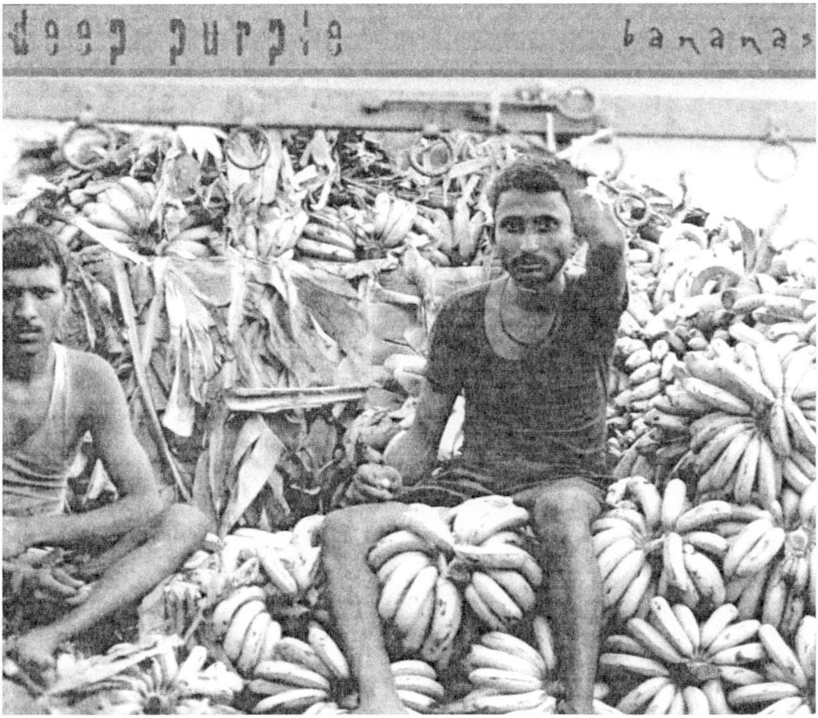

BANANAS (2003) - Der Lord geht von Bord oder Neustart mit personellen Veränderungen

© Universal

Songs
1. House Of Pain (Gillan, Bradford)
2. Sun Goes Down (Gillan, Morse, Glover, Airey, Paice)
3. Haunted (Gillan, Morse, Glover, Airey, Paice)
4. Razzle Dazzle (Gillan, Morse, Glover, Airey, Paice)
5. Silver Tongue (Gillan, Morse, Glover, Airey, Paice)
6. Walk On (Gillan, Bradford)
7. Picture Of Innocence (Gillan, Morse, Glover, Lord, Paice)
8. I Got Your Number (Gillan, Morse, Glover, Lord, Paice, Bradford)
9. Never A Word (Gillan, Morse, Glover, Airey, Paice)
10. Bananas (Gillan, Morse, Glover, Airey, Paice)
11. Doing It Tonight (Gillan, Morse, Glover, Airey, Paice)
12. Contact Lost (Morse)

Total Time: 51:25

Line-up (Mark VII)
- Ian Gillan / Lead vocals, Harmonica
- Steve Morse / Guitar
- Don Airey / Keyboards
- Roger Glover / Bass
- Ian Paice / Drums & percussion

Special Guests:
- Paul Buckmaster / Cello & string arrangements (3)
- Beth Hart / Backing vocals (3)
- Michael Bradford / Guitar (6), producer

Der erwartete Ausstieg von Jon Lord

Quo Vadis Deep Purple? Dem letzten Überflieger „PURPENDICULAR“ mit Neu-Gitarrist Steve Morse folgte der Rohrkrepierer „ABANDON“. In der Diskographie Deep Purples verfestigte sich langsam der Eindruck, einem starken Album folgt häufig ein schwächeres. Während der obligatorischen Tourneen danach zog sich Jon Lord überdies eine Erkrankung zu. Man entschied, ihn für den Rest der Tour kurzfristig durch Don Airey zu ersetzen, der bei der Band wohlbekannt und hochangesehen war. Jon Lord muss in dieser Zeit viel über seine Zukunft nachgedacht haben – wie später bekannt wurde, tat er dies bereits schon einige Jahre lang, was nicht an die Öffentlichkeit gelangt war.

Nach seiner Rückkehr ging es zunächst normal weiter. Im März 2002 erklärte Jon Lord dann seinen Austritt aus der Band und teilte mit, er habe dies lange zuvor geplant und wohl abgewogen.

Zweifellos gab es im Vorfeld dazu einige Anzeichen. Bereits die Veröffentlichung seines Albums „Pictured Within“ (1998) deutete an, wohin es Jon Lord trieb. Er hatte schon damals seine Zeit nach Deep Purple im Blick und sie sorgsam vorbereitet. Immer wieder betonte er, wie wichtig ihm klassische Kompositionen seien und dass er diesen inzwischen nur noch außerhalb von Deep Purple nachgehen könne. Im reifen Alter von 60 Jahren wollte er nunmehr kürzertreten, nicht mehr so viel touren. Die anderen in der Band konnten seine Sichtweise verstehen, sahen Deep Purple aber in erster Linie als Live-Act. Ein Kompromiss in dieser Frage schien nicht möglich. Ganz Gentleman wie er war, überließ er den anderen die Zukunft der Gruppe und nahm seinen Hut.

Eine Verabschiedung mit großem Respekt war ihm sicher. Geplant war eine Abschiedstournee. Die allerdings blieb ihm bedauerlicherweise verwehrt, denn Ian Gillan war zum geplanten Tourneezeitpunkt so schwer erkältet, dass eine Verschiebung der Tournee unausweichlich war. Die wollte Jon Lord wiederum nicht mehr abwarten. Seine Entscheidung hatte er getroffen und nun vollzog er sie auch.

Nach Jon Lords Abschied war Ian Paice nun letztes und einziges noch aktives Gründungsmitglied. Bis heute.

Deep Purple verpflichten Don Airey als Ersatz

Ein musikalisches Schwergewicht wie Jon Lord zu ersetzen, stellte man sich nicht einfach vor. Und doch drängte sich eine Lösung sehr schnell auf. Don Aireys Einstieg vollzog sich auf erstaunliche Weise unproblematisch. Lange schon hatte er bei verschiedenen Projekten von im Deep Purple-Dunstkreis musizierenden Künstlern mitgewirkt. Natürlich kannte er die Gruppe Deep Purple und die ihn sehr gut. Don

Airey hatte nach eigener Aussage Jon Lord und die anderen in der Band stets aufmerksam studiert.

Insofern war er die Idealbesetzung für den Fall, dass Jon Lord einmal nicht mehr dabei sein würde – einen Fall übrigens, den er lange Zeit für wenig wahrscheinlich hielt. Nun aber war es tatsächlich geschehen. Don Airey sagte zu und stieg bei Deep Purple ein.

Deep Purple wählen einen neuen Produzenten

Für die Gruppe waren die Weichen mit dem Eintritt von Don Airey gestellt. Ein neues Album, das insgesamt 17., für das bereits einige Ideen entwickelt worden waren, konnte jetzt forciert in Angriff genommen werden.

Nach den Erfahrungen mit „ABANDON“ und den Vorgängeralben erklärte Bassist und Produzent Roger Glover hierzu, er würde es begrüßen, wenn jemand außerhalb der Gruppe das neue Album produzieren würde. Seine letzten Erfahrungen und die Kritik am Ergebnis von „ABANDON“ gingen offensichtlich nicht spurlos an ihm vorüber. Und tatsächlich sprach einiges für einen Wechsel des Produzenten, speziell auch zu diesem Zeitpunkt.

Ein Produzent ist allgemein nicht zwangsläufig am Entstehungsprozess eines Albums beteiligt. Aber er steuert den sich häufig ergebenden Veränderungsprozess während der Aufnahmen im Studio. Idealerweise ist er selbst Musiker, spielt ein Instrument und hat ein gutes Gehör sowie ein Feeling dafür, was die Band aktuell braucht. Gerade der Blick von außen auf die Produktion erlaubt es, unabhängig von in der Band bestehenden Hierarchien oder Abhängigkeiten objektiv zu beraten.

Die Wahl fiel auf Michael Bradford, und damit auf einen Mann, der nicht nur produzierte, sondern auch einen Anteil an den Kompositionen hatte. Sogar als Gitarrist ist er auf einem Stück zu hören. Dies vorausgeschickt entwickelte die Gruppe mit „BANANAS“ ein neues Album unter (wieder einmal) besonderen Vorzeichen. Sie hatten nach „ABANDON“ einiges gutzumachen und sie machten es auch.

Die Songs

„House Of Pain“ eröffnet mit einem straighten und augenzwinkernden Gute-Laune-Rocker. Kein Übersong, aber ein passabler Einstieg mit den klassischen Zutaten. Ian Gillan steuert dem Gitarrenriff einen Schrei in seiner unnachahmlichen Art bei und darf auch die Mundharmonika herausholen. Hier wird sofort klar: Die Laune stimmt! Die Gitarre von Steve Morse klingt reingewaschen vom etwas breiigen Sound, der auf „ABANDON“ dominierte. Und es gibt wieder einen Backgroundgesang sowie einige Gäste auf der Besetzungsliste. Dass hier einiges „aufgeräumt“ wurde, wird sofort deutlich.

Nicht minder aufgeräumt und dazu noch spannend klingt der schleppende Hard Rocker **„Sun Goes Down“.** Ideenreich agiert hier Don Airey, der als Keyboarder dieses Stück maßgeblich prägte und damit eine erste Duftmarke setzte. Die absteigende Akkordfolge im Refrain ergänzt sich mit den bewusst dissonant gesetzten Orgeltönen.

Gespannt war man auch auf mögliche Balladen. Und da bietet dieses Album so einiges. **„Haunted“** ist die erste von ihnen und wird nicht nur mit Strings und Cello, sondern auch mit dem Backgroundgesang von Beth Hart ergänzt. Zugegebenermaßen dick aufgetragen, aber die sehr eingängige, einfache schöne Ballade verträgt auch etwas Zuckerguss. Ian Gillan ist sicherlich nicht der herausragende Balladensänger in der Geschichte der Band, verglichen etwa mit Joe Lynn Turner oder David Coverdale. Aber er legt hier einiges an Gefühl rein. Vor allem aber das Gitarrensolo von Steve Morse verzaubert geradezu. Ein Song mit Gänsehautfaktor.

Danach ist Zeit für Abwechslung durch einen lässigen Rocker: **„Razzle Dazzle“** bringt einen tanzbaren Groove und ein Barpiano gleich mit.

Bereits hier wird deutlich, dass in den ersten Songs mehr kompositorische Ideen mit guten Harmonien, Gefühl und trotzdem kraftvoller Rock stecken, als auf dem gesamten Vorgängeralbum. Das gilt auch für den nächsten Song.

„Silver Tongue“ shuffelt gradlinig und vergisst dabei auch nicht die cleveren instrumentalen Einschübe. Wie breit das Album stilistisch aufgestellt ist, zeigt die nächste, erneut gelungene Ballade.

„Walk On“, das im Bluesgewand vorgetragen wird, wirkt cool und entspannt. Dazu passt auch das aus aneinander gereihten Obertönen konstruierte Gitarrensolo und die abschließend wie aus der Ferne erklingende Orgel. Eine Entschleunigung als Kontrast zum Hard Rock. Unerwartet und wunderbar zurückgenommen instrumentiert.

„Picture Of Innocence“ beginnt gleichermaßen entspannt, aber mit einem Shuffle-Beat, nimmt schließlich einen kurzen Anlauf und dann ordentlich Fahrt auf. Jon Lord wird hier als einer der Autoren benannt - wie auch beim nachfolgenden: **„I Got Your Number“.** Mit diesem Stück schuf die Band sogar mal wieder einen Rocksong, der Hitpotenzial in sich birgt. Doch das Stück nimmt eine eher progressiv-psychedelische Wende durch eine Zwischenstrophe und die anschließenden Solostrecken von Gitarre und Orgel. All dies erwartet der geneigte Hörer von Deep Purple. Die Überraschungen sollten aber noch folgen. Als da wären: **„Never A Word“** etwa. Eine Kirchenorgel eröffnet den Song, bevor die Akustikgitarre ein Thema im Folk-Gewand mit verschiedenen Untermalungen spielt und zum Träumen einlädt. Hier begeben sich Deep Purple auf die Spuren von Harmonien im Stile von Simon und Garfunkel. Als alle dachten, es handele sich um eine reine Instrumentalnummer, singt Ian Gillan doch noch eine Strophe. Das Ganze bleibt aber in der kirchlichen Grundstimmung.

Eigentlich recht ungewöhnlich für Deep Purple, doch der Wohlklang bringt Eis zum Schmelzen. Und natürlich wollen sie spielen, wonach ihnen ist.

Gespannt verfolgt man natürlich den anschließenden Titelsong. **„Bananas“** ist ein uptempo Rocker und er bringt das klassische Frage-Antwort-Duell zwischen Gitarre und Orgel, auf das viele stets bei Deep Purple warten. Dabei vermittelt das Wahnsinnstempo ab Minute 2.54 in etwa das Gefühl einer Achterbahnfahrt. Instrumentalstrecken dieser Qualität sind zweifellos ein Alleinstellungsmerkmal von Deep Purple und sollten auf keinem Album fehlen.

Das vertrackt-funkige **„Doing It Tonight“** gehört ebenfalls zu den Überraschungen und hebt sich schon allein durch den ungewöhnlichen Rhythmus von den anderen Stücken ab. Ein gutes Beispiel dafür, wie man einen eingängigen Hard Rock – Song konzipiert.

Den Gänsehautmoment aber haben sich Deep Purple für den Schluss aufgespart. Das allein von Steve Morse erdachte kurze Instrumental **„Contact Lost“** erzählt die Geschichte des Spaceshuttles Columbia, das als Raumschiff beim Wiedereintritt in die Erdatmosphäre explodierte und die Mannschaft mit in den Tod riss. Die von Steve Morse geschriebene Harmonie ist nur knappe anderthalb Minuten lang, aber tief berührend. Er bricht dann ab …, viel zu früh, und symbolisiert damit den Zusammenhang zur tragischen Geschichte, denn auch die Raumfähre ist nicht angekommen.

Ein bewegender Schluss.

Fazit:

Mit „BANANAS" schufen Deep Purple im ersten Album nach Jon Lord eine höchst abwechslungsreiche und unterhaltsame Platte mit etlichen Überraschungsmomenten. Die hohe Zahl an Balladen, je nach Zählweise sind es drei oder vier, wirkt sich in keinster Weise negativ aus, weil sie allesamt gelungen sind. Kompositorisch abwechslungsreich, songorientiert, erstaunlich frisch und mit den druckvollen Zutaten des Hard Rock, einschließlich der virtuosen solistischen Einlagen ist das Album insgesamt eine runde Sache und bietet auch nach mehrmaligem Hören noch neue Entdeckungen. Einen Ausfall verzeichnet dieser Longplayer nicht.

Viele Musikkritiker bezeichneten dieses Album als das beste seit „PERFECT STRANGERS" aus dem Jahr 1984. Ich teile diese Auffassung. Sicher auch ein Verdienst der beiden neuen Mitstreiter:

Don Airey, der keine Einarbeitungszeit an den Keyboards benötigte und die Tasten sofort perfekt übernommen hatte, und Produzent Michael Bradford. Die Produktion klingt sauber, klar, scharfkantig und fett, wo es sein muss.

Bewertung:

Hard Rock, Blues-Rock, Folk

**** Sehr gut

Top-Tracks: Sun Goes Down, Haunted, BANANAS, Doing It Tonight, Contact Lost

Jon Lord, der Ruhepol – Gründer, Tastenvirtuose und Gentleman

John Douglas Lord erblickte 1941 das Licht der Welt. Im frühkindlichen Alter bekam er klassischen Klavierunterricht. Eine Prägung, die sein weiteres Leben maßgeblich bestimmen sollte. Trotzdem gab es in seiner Jugend zunächst andere Musikrichtungen, die einen Einfluss auf den jungen Musiker ausübten und mit denen er sich beschäftigte, nämlich Jazz und Rock`n`Roll.

1967 war Jon Lord, der zuvor ein Schauspielstudium absolviert hatte, auf der Suche nach Mitmusikern für eine Band. Hier traf er auf den vier Jahre jüngeren Ritchie Blackmore, einen jungen Gitarristen, der ebenfalls auf musikalischer Sinnsuche war. Beide sollten zur Keimzelle von Deep Purple werden.

Zusammenarbeit in der Band

Jon Lord war es, der 1968 die Gründung von Deep Purple initiierte und er war der an Jahren älteste in der ersten Besetzung. Vielleicht war es das, was ihm von allen anderen einen gewissen Respekt einbrachte. Sicher aber war es auch sein Auftreten als Mensch und sein respektvolles Verhalten gegenüber anderen. Diese Charaktereigenschaften sorgten dafür, dass er sich den Ruf, ein Gentleman zu ein, einhandelte. Jon Lord besaß ein ausgleichendes Wesen als Mensch, war aber gleichwohl ein polarisierender Musiker, der sich zur Klassik hingezogen fühlte und nicht nur einen Versuch unternahm, Deep Purple ein Stück weit in diese Richtung zu bewegen. Eine Richtung, die den anderen in der Gruppe weniger bedeutsam war. Einer von ihnen, Mitgründer Ritchie Blackmore, konnte damit nach eigener Aussage nichts anfangen und tat alles, um Deep Purple zu seinem, eher auf Hard Rock ausgerichteten Kurs zu bringen. Mit dem Album „Deep Purple In

Rock“ gelang dies auf beeindruckende Weise. Und obwohl Blackmore keine klassische Musik in den Stilmix eingewoben wissen wollte, zitierte er später bei seinem Soloprojekt „Rainbow“ und auch noch zuletzt bei Deep Purple live schon mal Beethoven auf der Gitarre.

Neben Ritchie Blackmore und Ian Paice war auch Jon Lord ein herausragender Instrumentalist in der Gruppe. Legendär ist sein virtuoses, ideenreiches Spiel auf der Hammond-Orgel und seine zahlreichen musikalischen Duelle mit der Gitarre Ritchie Blackmores. Jon Lords Fähigkeiten gingen über die eines durchschnittlichen Keyboarders einer Rockband deutlich hinaus. Insofern war es nur logisch, dass ihm „normale“ Rockmusik nicht genügte, um sich auf der Orgel musikalisch auszudrücken. Seine Art, die Orgel förmlich zu tracktieren, um ihr ungewöhnliche Klänge zu entlocken, wurde nur noch in ähnlicher Weise von Keith Emerson erreicht.

In der Anfangszeit von Deep Purple war die Orgel Jon Lords das bestimmende Instrument für den Sound der Gruppe. Es galt als ausgemacht, dass Deep Purple ähnlich wie Vanilla Fudge mit einem breiten Keyboardsound operierten und ausgedehnte psychedelische Versionen bekannter Hits entwickeln wollten. Damit passten sich Deep Purple ein Stück weit dem damaligen Musiktrend an, der sowohl von den Hits der Pop- und Beatbands als auch von progressivem Rock geprägt war. Deep Purple verfolgten den Ansatz einer Mischform daraus.

Als 1969 das „Concert For Group And Orchestra“ bereits in der neuen Mark II – Besetzung erschien, deutete alles darauf hin, dass die Gruppe unter maßgeblicher Führung von Jon Lord eine/diese neue Richtung einschlagen sollte und eine Mittlerfunktion aus Rock und Klassik verfolgte. Aber das Album blieb eine Ausnahmeerscheinung und die Weichen wurden stattdessen in Richtung Hard Rock gestellt. Die Vormachtstellung Jon Lords schwand. Ritchie Blackmore sollte in den kommenden Jahren mit seinen Riffs für ein stets vorhandenes Übergewicht der Gitarre sorgen.

Als sich Deep Purple 1976 zwischenzeitlich auflösten, experimentierte Jon Lord zusammen mit Ian Paice unter „Paice, Ashton & Lord“. Mit ihrer Mischung aus Pop, Jazz und Fusion verzettelten sie sich allerdings und nach einer Albumveröffentlichung im Jahr 1977 („Malice

In Wonderland“) war bald darauf wieder Schluss. Anschließend stieg Jon Lord bei David Coverdale`s „Whitesnake“ ein, verbrachte dort die folgenden Jahre und gastierte noch auf verschiedenen Alben anderer Künstler.

Bei der Reunion von Deep Purple 1984 war er natürlich wieder mit am Start. Auf den nun folgenden Alben dominierte sein Keyboardspiel allerdings nicht mehr in dem Maße wie zu Beginn von Deep Purple und bis zur Auflösung. Der Kampf zwischen Gitarre und Orgel war zugunsten der Gitarre entschieden, auch wenn Jon Lord nach dem Ausscheiden von Ritchie Blackmore und dem Eintritt von Steve Morse noch einmal einen kreativen Schub bekam, was besonders auf dem Album „Purpendicular“ deutlich wurde. Gleichwohl produzierten Deep Purple mit Jon Lord noch eine Reihe weiterer interessanter Alben.

Jon Lords Anteil am Erfolg von Deep Purple wird häufig unterschätzt. Umgeben von den Alphatieren Ritchie Blackmore und Ian Gillan, die im Scheinwerferlicht der Gruppe standen, war sein Part eher ausgleichend und zusammenführend, nicht jedoch führend an sich. Und doch hielt er lange Jahre die Fäden im Hintergrund zusammen. Ritchie Blackmores Riff bei „Smoke On The Water“ bleibt untrennbar mit dem Gitarristen verbunden. Jon Lord spielte dagegen das legendäre Intro zu „Child In Time“ und setzte sich damit sein Denkmal.

Jon Lord behielt über die Jahre stets seinen Hang zur klassischen Musik. Bei Deep Purple versuchte er zu Beginn, dieses Element in das noch entstehende Bandprojekt einzubinden. Das Stück „April“ vom Album „Deep Purple“ (1969) ist ein Beleg dafür. Das im gleichen Jahr entstandene Album „Concert For Group And Orchestra“ ist sicherlich das deutlichste Zeichen. Als Mittler zwischen Rock und Klassik leistete er zu dieser Zeit wichtige Pionierarbeit. Weiter kam er damit aber bei Deep Purple nicht. Schließlich hatte ihm Ritchie Blackmore angedeutet, dass es anschließend nur noch die Richtung Hard Rock geben würde. Jon Lord fügte sich seinerzeit dieser Weichenstellung und veröffentlichte fortan seine klassikambitionierten Alben, etwa „Gemini Suite“ (1972) und „Sarabande“ (1975) unter seinem Namen als Soloprojekte.

Der Abschied von Deep Purple

Vielleicht war es nur eine Frage der Zeit. Irgendwann aber war der Wunsch Jon Lords nach klassikambitionierter Musik stärker, als das Bedürfnis, mit Deep Purple weiter zu machen. Dazu kam eine beginnende Abneigung gegen die vielen Reisen anlässlich der ausgedehnten Tourneen der Band. Man musste es mögen zu touren. Nicht nur die zwei Stunden auf der Bühne. Auch die vier Stunden im Flugzeug und die 10 Stunden im Hotel. Sechs Monate im Jahr. Jon Lord wollte diese Zeit nicht mehr aufbringen. Er sah sie als unproduktiv an. Als Hindernis zu der Musik, die er eigentlich schreiben und aufführen wollte.

Im Jahr 2002 verließ Jon Lord schließlich Deep Purple nicht zuletzt deshalb, um erneut den Faden der Klassik aufzugreifen. Ihm war zu diesem Zeitpunkt klar, dass Deep Purple sich nicht mehr in „seine“ Richtung verändern ließen. Weitere vier Soloalben sollte er noch schaffen, in denen hauptsächlich die Klassik dominierte.

Mit Deep Purple schaffte es Jon Lord auf insgesamt 16 Studioalben:

- SHADES OF DEEP PURPLE
- THE BOOK OF TALIESYN
- DEEP PURPLE III
- IN ROCK
- FIREBALL
- MACHINE HEAD
- WHO DO WE THINK WE ARE
- BURN
- STORMBRINGER
- COME TASTE THE BAND
- PERFECT STRANGERS
- THE HOUSE OF BLUE LIGHT

- SLAVES AND MASTERS
- THE BATTLE RAGES ON
- PURPENDICULAR
- ABANDON

Am 16. Juli 2012 starb Jon Lord im Alter von 71 Jahren an einer Krebserkrankung.

Ritchie Blackmore würdigte Jon Lord durch einen von ihm geschriebenen Song - „Carry On … Jon“, den er mit seiner Band „Blackmores Night“ veröffentlichte. Ritchie Blackmore war auch derjenige, der sinngemäß äußerte, alle bei Deep Purple seien ersetzbar. Ohne Jon Lord seien Deep Purple aber nicht mehr Deep Purple. Es ist höchst ehrbar, was er damit über den früheren Kollegen zum Ausdruck brachte. Tatsächlich schafften es Deep Purple gleichwohl ohne Jon Lord, ihre beeindruckende Karriere fortzusetzen. Dass die beiden noch einmal zusammenarbeiten wollten, war ein offenes Geheimnis. Aber es kam nicht mehr dazu.

Auf dem 2013 erschienenen Album „Now What?!“ würdigten Deep Purple in dem Stück „Above And Beyond“ noch einmal ausdrücklich ihren Gründer, ohne dessen Beharrlichkeit es möglicherweise nicht zu Deep Purple gekommen wäre.

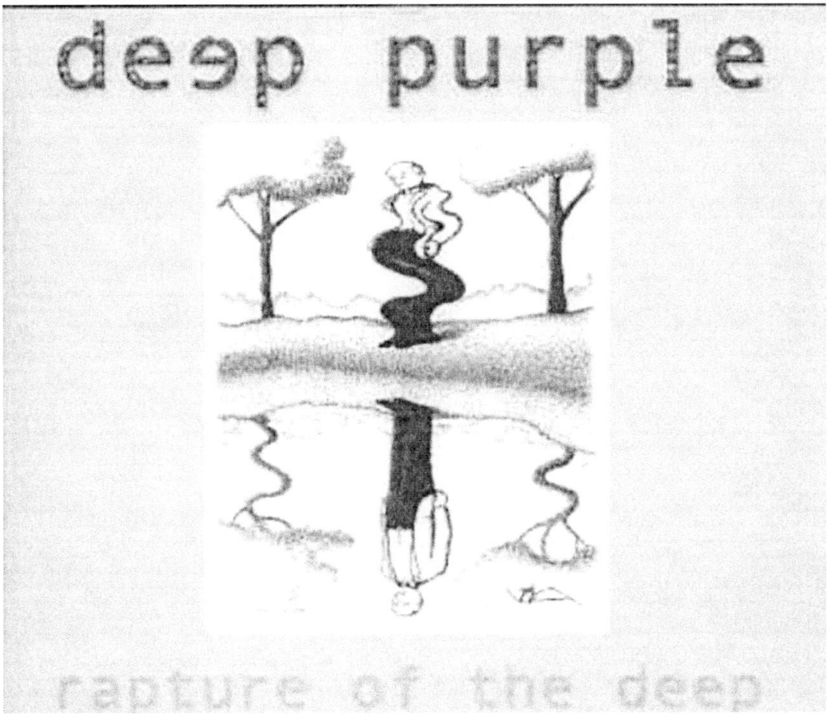

RAPTURE OF THE DEEP (2005) - Ein Rausch, dem die Tiefe fehlt

© earMUSIC / Edel Music & Entertainment GmbH

Songs
1. Money Talks
2. Girls Like That
3. Wrong Man
4. Rapture Of The Deep
5. Clearly Quite Absurd
6. Don't Let Go
7. Back To Back
8. Kiss Tomorrow Goodbye
9. Junkyard Blues
10. Before Time Began

Alle Stücke wurden von Ian Gillan, Steve Morse, Roger Glover, Don Airey und Ian Paice geschrieben.

Total Time: 56:39

Bonus – Tracks
11. MTV
12. Things I Never Said

Line-up (Mark VII)
- Ian Gillan / Lead vocals
- Steve Morse / Guitar
- Don Airey / Keyboards
- Roger Glover / Bass guitar
- Ian Paice / Drums, percussion

Gleich zu den Songs

„Money Talks“ startet untypisch mit einer knappen Minute, bestehend aus zunächst einigen Störgeräuschen der Keyboards, später einer aufkommenden Orgel. Auch sonst ist der Song alles andere als ein Knaller und als Opener eine glatte Fehlbesetzung. Ein schweres Rockriff bewegt sich behäbig durch einen Song, den Bass und Schlagzeug auch nur äußerst sparsam begleiten, als gelte es auch hier im Sinne des Songtitels sprichwörtlich Geld bzw. Ressourcen zu sparen. Der

Refrain, begleitet durch etwas Backgroundgesang, ist im Grunde keiner, zumindest bleibt nichts hängen. Im Gitarrensolo greift Steve Morse gleichermaßen sparsam auf ein bekanntes und schon vielfach von ihm ähnlich verwendetes Muster zurück. Er wird dies bedauerlicherweise auf diesem Album noch einige Male wiederholen. Warum dieses Stück, das – gelinde ausgedrückt - eins der schwächeren auf diesem Album ist, als Eröffnungssong auserkoren wurde, erschließt sich mir nicht. Härte und Groove passen interessanterweise besser zum Album „ABANDON". Dort wurde damals ebenfalls weniger wert auf sorgsam ausgearbeitete Kompositionen und Arrangements gelegt. Aber Härte ist nun einmal nicht alles. Hier stattdessen feine Ironie zu unterstellen und deswegen ein derart dürftiges Eröffnungsstück abzuliefern – nein, das wiederum vermag ich nicht zu glauben.

Auch **„Girls Like That"** bekommt eins der Vorspiele, die seit dem Eintritt von Steve Morse in die Gruppe häufiger den Songs vorgeschaltet werden, aber nicht immer etwas mit dem Stück zu tun haben. Das Gitarrengeplänkel läuft aber nur kurz. Anschließend geht hier schon eher die Post ab. Ein schnelles Gitarrenthema untermalt einen Rocksong, der mit seinem poppigen und mehrstimmigen Refrain durchaus verfängt, ohne allerdings so etwas wie Gänsehaut oder einen Aha-Effekt auszulösen. Ian Gillan legt sich hier mächtig ins Zeug, was man auch von Keyboarder Don Airey sagen kann, dem der Soloteil vorbehalten ist.

„Wrong Man" bietet erneut eine schwere Riffwalze, aber eine nur wenig ansprechende Komposition, der ähnlich wie bei „Money Talks" irgendwie die zündende Idee fehlt. Ein Refrain ohne Wiedererkennungswert. Die Band groovt ohne Schwung. Der solistische Einheitsbrei, den Steve Morse erneut auf der Gitarre zelebriert, ist - zugegeben – äußerst artistisch, wird aber durch häufige Wiederholung nicht besser. Die Auslaufrille, der dieser Song anschließend zugeführt wird und in der rund anderthalb Minuten praktisch nichts mehr passiert, ist ein kompositorischer Offenbarungseid.

Zwischenfazit:

Ein deutlicher Qualitätsunterschied zum Vorgänger „BANANAS", der für den Rest der Platte nichts Gutes erahnen lässt. Und doch erlebt der Hörer wenigstens noch eine kleine Steigerung. Ein orientalisches Gitarrenthema führt in den Titelsong. Die sich ausbreitende Atmosphäre stimmt plötzlich, eine Gesangsmelodie greift durch. Dass **„Rapture Of The Deep"** als Eröffnungsstück besser gepasst hätte als alles, was vorher lief, wird schnell deutlich. Die Akkordstruktur bleibt einfach, aber effektiv. Immer wieder wechseln sich Soloeinschübe und das Eingangsthema ab und zeigen insgesamt das bis hierhin beste Stück.

„Clearly Quite Absurd" markiert die erste und einzige Ballade auf dem Album. Die Harmonie erinnert etwas an die Großtat „Sometimes I Feel Like Screaming" von „PURPENDICULAR", jedoch ohne ein ähnlich majestätisches Gitarrensolo in petto zu haben. Auch sonst bleibt der Song unter dem Strich ganz nett und harmonisch, nimmt einen aber nicht wirklich gefangen. **„Don't Let Go"** rockt ganz passabel, krankt aber etwas an dem auf diesem Album allgemein anzutreffenden Übel der wenig überzeugenden Kompositionen. Gleiches trifft auch auf **„Back To Back"** zu. Aufhorchen lässt hier allenfalls der eingesetzte Synthesizer, der für eine andere Klangfarbe sorgt. Auch bei **„Kiss Tomorrow Goodbye"** fehlt schlicht der Kick. Mit dem **„Junkyard Blues"** verfolgen Deep Purple die Spur des „Frage-Antwort-Spiels" zwischen Orgel und Gitarre, üblicherweise ein purer Genuss. Aber auch hier bleibt die Idee unausgegoren und zündet nicht richtig.

Das merkwürdigste Stück haben sich Deep Purple für den Schluss aufgehoben, und selbst ausgewiesene Deep Purple-Kenner rätseln noch heute, ob es sich hierbei eher um Genialität oder Schwachsinn handelt. Das atmosphärisch-düstere **„Before Time Began"** mit seiner Lektion der Erdgeschichte fällt musikalisch etwas aus dem Rahmen und pendelt irgendwo zwischen Ballade und musikuntermalter Erzählung. Tatsächlich aber erzeugt es phasenweise zumindest so etwas wie Spannung. Überdies ein Stück mit einem ernsten Anliegen – warum nicht! Musikalisch passiert zwar nichts wirklich Aufregendes, und doch bleibt ein Eindruck haften.

Während dieses Stück ausklingt, fragt man sich unweigerlich, ob das nun alles war, was Deep Purple auf diesem Album zu bieten haben. - Im Prinzip ja, aber …: Der auf einigen Veröffentlichungen vorhandene Bonustrack **„MTV“**, im Zuge der Aufnahmen entstanden, hätte die Qualität des Albums aufgewertet. Ein leicht ironischer Text, ein interessanter Beat und eine gelungene Instrumentierung kennzeichnen diesen Song, dessen Refrain auch einen Wiedererkennungswert hat, der bei den meisten anderen Stücken hier fehlt. Und natürlich stellt sich die Frage, warum der es nicht auf das Album geschafft hat. Mit **„Things I Never Said“** gab es einen weiteren Bonustrack. Auch dieser hätte es eher verdient als wenigstens die Hälfte der anderen Stücke dieses Albums.

Warum überhaupt „Bonustracks“? Hätte dieses Album nicht auch mit 12 Songs veröffentlicht werden können? Die abschließende Bewertung hätte etwas besser ausfallen können. So aber bleibt ein eher ernüchterndes …

Fazit:

Leider lassen Deep Purple auf diesem Album vieles vermissen. Der Nachfolger des überzeugenden „BANANAS“ enttäuscht über weite Strecken. Ein deplatzierter Opener, mindestens die Hälfte bestehend aus weiteren überwiegend unspektakulären, wenig abwechslungsreichen Durchschnitts-Rocknummern. Dazu sich häufig zu sehr ähnelnde, immer gleichförmige Soloeinlagen, die die zumeist wenig ansprechenden Kompositionen begleiten. Weder ein zündender Refrain, geschweige denn ein herausragendes Instrumental sind zu erblicken. Ian Paice spielt die meiste Zeit fast etwas gelangweilt und unterfordert. Mit ihm der Bass von Roger Glover. Auch Don Airey hat wenig gelungene Anteile an den Songs. Und über Steve Morses Gitarrenspiel ist oben bereits einiges gesagt. Einzig der Gesang erreicht hin und wieder Klasse. Vielleicht hätte dieses Album noch etwas Zeit gebraucht. Und hier liegt wohl auch der Hase im Pfeffer: Produzent Michael Bradford zielte auf die Frische der ersten Takes ab, nicht aber auf die Qualität einer notwendigen und nachhaltigen Überarbeitung. Denn auf die wurde verzichtet. So verwundert es nicht, dass den aus Jam-Sessions entstandenen Ideen der Zündfunke fehlt, den zumeist nur eine gewissenhafte Ausarbeitung bringen kann.

Bewertung:

Hard Rock, Blues-Rock
** mäßig
Top-Tracks: „Rapture Of The Deep“

Die weitere Entwicklung

Im Anschluss an „RAPTURE OF THE DEEP“ gingen Deep Purple in eine Selbstkritik über. Roger Glover etwa mochte den Sound des Albums nicht. Hört, hört! Der Exproduzent kritisiert den aktuellen Produzenten. Dem schließe ich mich an.

Und auch die immer stärker zurück gehenden CD-Verkäufe, an dessen Stelle Downloads, Streams und eine Menge Piraterie Raum griffen, behagten Deep Purple nicht. Sie ließen eine Zeit lang offen, ob sie ein weiteres Album machen wollen und legten eine kreative Schaffenspause ein, in der sie aber weiter tourten. Das etwas unausgegorene und möglicherweise zu schnell veröffentlichte Album mag daran auch einen Anteil haben. Es sollten 8 Jahre vergehen.

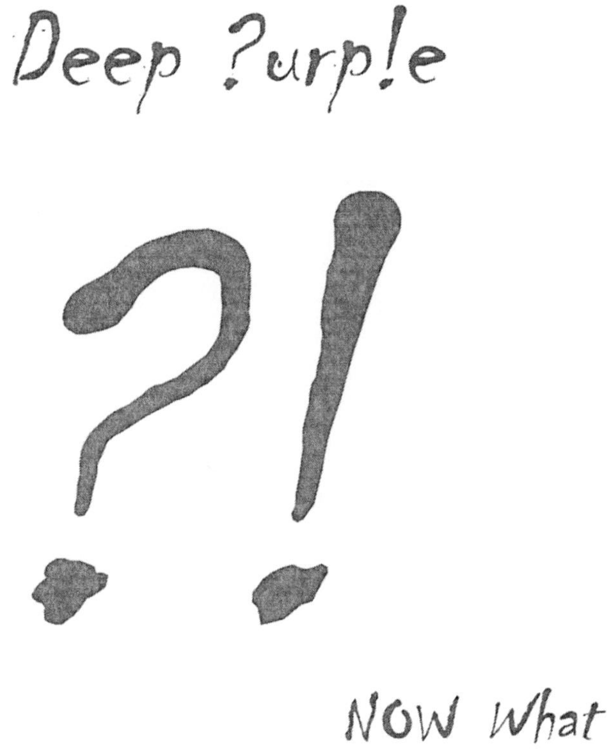

NOW WHAT?! (2013) - Was lange währt, wird besonders gut

© earMUSIC / Edel Music & Entertainment GmbH

Songs

1. A Simple Song
2. Weirdistan
3. Out Of Hand
4. Hell To Pay
5. Body Line
6. Above And Beyond
7. Blood From A Stone
8. Uncommon Man
9. Après Vous
10. All The Time In The World
11. Vincent Price
12. It'll Be Me

* Bonus-Track
Total Time: 60:04

Line-up (Mark VII)

- Ian Gillan / Lead vocals
- Steve Morse / Guitar
- Don Airey / Keyboards
- Roger Glover / Bass guitar
- Ian Paice / Drums, percussion

With:

- Jason Roller / Acoustic guitar (10)
- Mike Johnson / Steel guitar (10,11)
- David Hamilton / Keyboards (2,6,8)
- Bob Ezrin / Backing vocals & percussion, producer
- Eric Darken / Percussion (5,10)

Der lange Anlauf zum neuen Album

Acht Jahre hat es seit „RAPTURE OF THE DEEP“ gedauert, bis dieses neue Studioalbum veröffentlicht wurde. Neun Jahre waren es seinerzeit zwischen „COME TASTE THE BAND“ (1975), dem musikalischen Tiefpunkt, der zur zwischenzeitlichen Trennung führte, und „PERFECT STRANGERS“ (1984), der Wiedergeburt der Mark II – Besetzung. Ein personeller Umbruch wie 1984 fand nicht statt. Wohl aber die Selbsterkenntnis, es besser als auf dem durchwachsenen Vorgängeralbum machen zu wollen. Neben den allgemein bescheidenen Aussichten zur Zukunft der CD als Einnahmequelle und der daraus resultierenden Zurückhaltung bei Neuveröffentlichungen ließ man sich aber auch bewusst die notwendige Zeit, um Ideen und Aufnahmen reifen zu lassen. Eine weise Erkenntnis, die bei „RAPTURE OF THE DEEP“ vernachlässigt wurde.

Der Produzent Bob Ezrin erfuhr von den Absichten Deep Purples, ein neues Album zu veröffentlichen und zeigte sich interessiert. Die Band zögerte nicht lange und verpflichtete den gleichermaßen erfahrenen wie berühmten Produzenten und vertraute ihm ihre neue Platte an. Ezrin hatte unter anderem bereits für Alice Cooper, Kiss und Pink Floyd höchst erfolgreiche Alben produziert. Als Musiker verfügte er darüber hinaus über ausreichende Kenntnisse der Abläufe innerhalb einer Band, über das Songwriting an sich, und er hatte eine Vision über die Erfolgsfaktoren bei Studioaufnahmen.

Nach und nach entwickelten Deep Purple und Bob Ezrin gemeinsam eine Strategie zur Vorgehensweise. Dabei verfolgten sie den Ansatz, die Stärken der Instrumentalisten, zu denen ausdrücklich auch der Gesang gehörte, ihre Stilvielfalt und ihre Fähigkeit als Liveband stärker zu betonen. Auf diese Weise entstanden etliche der neuen Albumtracks im Wege konzentrierter Liveeinspielungen. Lediglich die Soloparts wurden gesondert aufgenommen.

Das Album und seine Entstehung waren aber noch von einem anderen, leider traurigen Ereignis beeinflusst: Don Aireys Vorgänger, einer der Gründer und langjähriges Mitglied von Deep Purple, Jon Lord starb während der Aufnahmen. Die Band beschloss daher, das Album Jon Lord zu widmen. Mit dem darauf enthaltenen Stück „Above & Beyond“ würdigten sie ihren einstigen Gründer und Keyboarder Jon Lord mit einer großen Verneigung.

Es ist auch ganz besonders sein Nachfolger Don Airey, der ihm mit seinem Input auf diesem Album den gebührenden Respekt vermittelt - so als wollte er sagen "... es ist alles okay, Jon. Ich habe die Sache im Griff, so wie Du es gewünscht hättest ..."

In den Augen vieler Kritiker ist „NOW WHAT!?" vor allem Don Aireys Album. Sein Einfluss war noch nie so groß. Hier schaffte er seinen Durchbruch bei Deep Purple. Auf keinem Album zuvor seit seinem Mitwirken waren die Keyboards derart präsent bis dominant. Und doch ist die Vielfalt der Tasteninstrumente nicht auf Kosten der Gitarre gegangen, denn auch diese findet den üblichen und breiten Raum für solistische Entfaltung und einige der typischen Hard Rock - Riffs.

Songs

„A Simple Song" eröffnet mit überraschend leisen Basstönen und einem einfühlsamen Gitarrenintro. Leise beginnt Ian Gillan zu singen. Eine fürwahr ungewohnte Eröffnung eines Deep Purple – Albums. Doch der Song bekommt noch Tempo und es dominiert das an progressive Endsechziger erinnernde Keyboard Don Aireys. Für Deep Purple eine völlig andere Art ein Album zu beginnen. Nachdenklich, fast religiös anmutend und doch mit mächtiger Wucht.

„**Weirdistan"** ist auf den ersten Blick ebenso ein wenig rätselhaft. Es beginnt zwar mit einem rockigen Groove. Aber die angenehm songdienliche und zurückhaltende Art von Gitarrist Steve Morse zeigt, dass ein Weniger manchmal mehr ist. Dennoch - eines fällt auf: Die Songs haben wieder einen melodiösen Refrain, der bei dem Vorgänger „RAPTURE OF THE DEEP" Mangelware war. Und es wird viel Abwechslung geboten. Hier ist es das Synthesizersolo von Don Airey. Aber auch Steve Morse darf solieren. Dabei fügt er sich stärker als früher in den Song ein und überfrachtet ihn nicht mit endlosen Tempoläufen. Eine Baustelle, die dank Bob Ezrin beseitigt wurde. Sänger Ian Gillan entdeckt wieder den Harmoniegesang im Refrain – und irgendwo haben scheinbar alle ihre Lektionen gelernt.

Auch die klassikangehauchten Keyboardklänge bekommen ihren Raum in **„Out Of Hand".** Erstmalig greift nun Steve Morse etwas stärker in die Saiten und legt ein purpletypisches Riff unter den Song. Sein Solo greift hier teilweise auf bewährte Muster zurück, bleibt aber in Gänze passend. Insgesamt ein guter, wenn auch nicht überragender Auftakt.

Der sollte nun folgen - zunächst mit dem Rock`n`Roller **„Hell To Pay“**, dessen Refrain einfach, aber stadiontauglich daherkommt. Steve Morse steigert sich ein weiteres Mal und hat hier das überragende Solo des Albums. Aber auch die Orgel steht ihm in nichts nach. Bisher der Höhepunkt auf „NOW WHAT?!“. Doch es geht abwechslungsreich und höchst interessant weiter. Ein funkig-groovendes **„Body Line“** baut enorme Spannung auf, die sich in einem tanz- und mitsingbaren Refrain entlädt, der über die ganze Zeit gute Laune verbreitet. Die Band improvisiert und brilliert im Zusammenspiel. Top! Die Basis dazu legt in diesem Stück sehr eindrucksvoll das rhythmische Dream-Team Roger Glover am Bass und Ian Paice am Schlagzeug.

Und dann ist es so weit: Der Höhepunkt des Albums erscheint. **„Above And Beyond“** ist eine monumentale Hymne, die Jon Lord gewidmet ist und einen der Trauer angemessenen sentimentalen Anstrich bekommt. Doch gleichzeitig vermittelt dieses Stück auch Zuversicht und Frieden. Der Band gelingt mit dieser großartigen Komposition ein schwieriger Spagat. Eine mächtige Keyboardfanfare erhebt sich und thront über einem lässigen Beat. Die Gitarre klinkt sich ein und das übergeordnete Thema läuft weiter und weiter, während Ian Gillan mit einem pastoralen Gesang die richtigen Worte findet. Das ist einfach nur überragend!

Zum Abkühlen der Emotionen dient anschließend **„Blood From A Stone“**, eine Ballade mit Doors-Piano, dicht bei „Riders On The Storm“ angesiedelt, und doch keinesfalls geklaut. Es ist die ruhige Phase des Albums, die der Band genauso gut gelingt, wie die rockig betonten Stücke.

Der **„Uncommon Man“** setzt mit einem verträumten Gitarrenintro den ruhigen Part fort. Die übrigen Instrumente steigen scheinbar improvisatorisch ins Thema ein und das Stück plätschert eine Weile vor sich hin, bevor es schließlich Tempo aufnimmt und sich zu einem Rocksong mit teilweise orchestriert-hymnischen Keyboards entwickelt. Spätestens hier wird der Einfluss Bob Ezrins erneut sehr deutlich. Aber hoppla: Während das Keyboard plötzlich mit einer Synthie-Fanfare aufhorchen lässt, wird eine Anspielung auf Emerson, Lake &

Palmers „Fanfare For The Common Man“ sichtbar. Gewollt oder ungewollt: Musikalisch gibt es darüber hinaus keine Parallelen, denn das Stück mündet in den Hard Rock.

„Après Vous“ hält das Tempo hoch und markiert den letzten Rocksong des Albums. Bemerkenswert an diesem Stück ist der Tempowechsel beim atmosphärisch-dichten Soloteil in der Mitte und die inspirierte, phasenweise zurückgenommene Soloarbeit aller Musiker, die hier warme Schauer den Rücken herunterlaufen lässt. Das obligatorische Duell zwischen Gitarre und Keyboard wird dabei kurz eingeflochten. Im Grunde beginnt hier ein neuer Song. Dennoch gelingt es der Band auf geschickte Art und Weise, diese beiden Ideen miteinander zu verknüpfen.

Ein weiterer warmer Schauer ergießt sich sofort im Anschluss daran aus der Pop-Ballade **„All The Time In The World“**, deren Melodie einen nicht mehr loslässt. Dass Deep Purple auch nach so vielen Jahren im Business immer noch solch überragende Songs schreiben können, nötigt Respekt ab. Im Vertrauen auf die vorhandene melodiöse Stärke vermittelt „All The Time In The World“ Entspannung pur.

Wer war noch mal der Produzent? Ach ja, … Bob Ezrin! Der Produzent der Alben von Alice Cooper zu dessen Blütezeit. Spätestens zum Finale des Albums lässt sich das nicht mehr leugnen. **„Vincent Price“** hätte hervorragend zu Alice Cooper gepasst. Der lupenreine Horrorsong, eingeleitet durch eine mächtige Kirchenorgel, mit den melodischen Gesangspassagen und dem erneut überzeugenden Arrangement klingt auch von Deep Purple fantastisch und beschließt augenzwinkernd ein Album voller Überraschungen und überwiegend großartiger und abwechslungsreicher Songs.

Mit „It'll Be Me“ folgt noch ein Bonustrack im Rock`n`Roll - Stil der fünfziger Jahre. Eine Hommage an die frühen Einflüsse der Musiker. Sicher auch nur eine Spielerei, aber durchaus cool vorgetragen.

Fazit:

„NOW WHAT?!“ übertrifft den Vorgänger „RAPTURE OF THE DEEP“ in nahezu allen Disziplinen. Das Album enthält einfallsreiche Kompositionen, die eine große Stilvielfalt beinhalten, Kompositionen, die die Band bei ihrer Königsdisziplin zeigen, nämlich dem jammen – oder nennen wir es kontrolliertes „drauflos spielen“. So fallen die Kompositionen nicht in erster Linie nur kraftvoll hardrockig – und sonst nichts - aus, sondern enthalten ergänzende progressive Elemente und gute Melodien. Es groovt, funkt, swingt und rockt durch die Bank.

Besonders eindrucksvoll sind die vielfarbigen Keyboards, auf denen Don Airey progressive Rockmusik der 60er-Jahre genau so lebendig interpretiert wie moderne Synthie-Klänge, ein Barpiano oder fanfarenartige Flächen des Wohlklangs. Der Geist der „Doors“ atmet frische Luft und selbst ein Keith Emerson fühlte sich wohlzitiert. Es gibt wohl keinen passenderen Zeitpunkt für Don Airey, als das seinem Vorgänger gewidmete Album, um diese Leistung abzurufen. Er ist endgültig angekommen bei Deep Purple.

Die Gitarre von Steve Morse, auf „RAPTURE OF THE DEEP“ zumeist leicht überdimensioniert und solistisch eher einfältig, spielt gruppendienlich, virtuos, farbenfroh und vor allem nicht zu viel. Sicherlich ein Aspekt, der dem Produzenten Bob Ezrin zu verdanken ist. Tatsächlich schaut er genau hin und greift offenbar an den richtigen Stellschrauben steuernd ein. Ihn zu verpflichten erwies sich als großer Glücksgriff. Er hat aus Deep Purple herausgekitzelt, was in ihnen steckt, und er hat davon die guten Ideen kanalisiert und prächtig inszeniert. Dass dabei auch Roger Glover am Bass und Ian Paice am Schlagzeug mit teilweise neuen, frischen Grooves ihrerseits für Glanzpunkte sorgen, rundet das Gesamtpaket ab.

Sänger Ian Gillan dürfte sich angesichts der auf ihn zugeschnittenen und interessanten Songideen sehr wohl gefühlt haben. Man meint, es ihm trotz gewisser altersbedingter Begrenztheit in der Stimme anzuhören. Sein Gesang klingt sehr variabel. Sein Einfühlungsvermögen ist enorm. Diese Stärke spielt er besonders bei den ruhigeren Stücken aus.

Nach dem bereits sehr guten Album „BANANAS“ liefert die aktuell bestehende Formation von Deep Purple ihr bisher bestes Werk ab.

Man muss sehr weit zurückschauen, um eine ähnlich überzeugende Leistung zu finden. Sicherlich bis ins Jahr 1984 und „PERFECT STRANGERS". Zurück zur Ausgangsfrage: „NOW WHAT?!" Die Antwortet lautet sehr eindeutig: Weiter so! Bitte!

Bewertung:

Hard Rock, Blues-Rock

***** Top-Album/Sehr gut

Top-Tracks: Hell To Pay, Body Line, Above And Beyond, All The Time In The World, Vincent Price

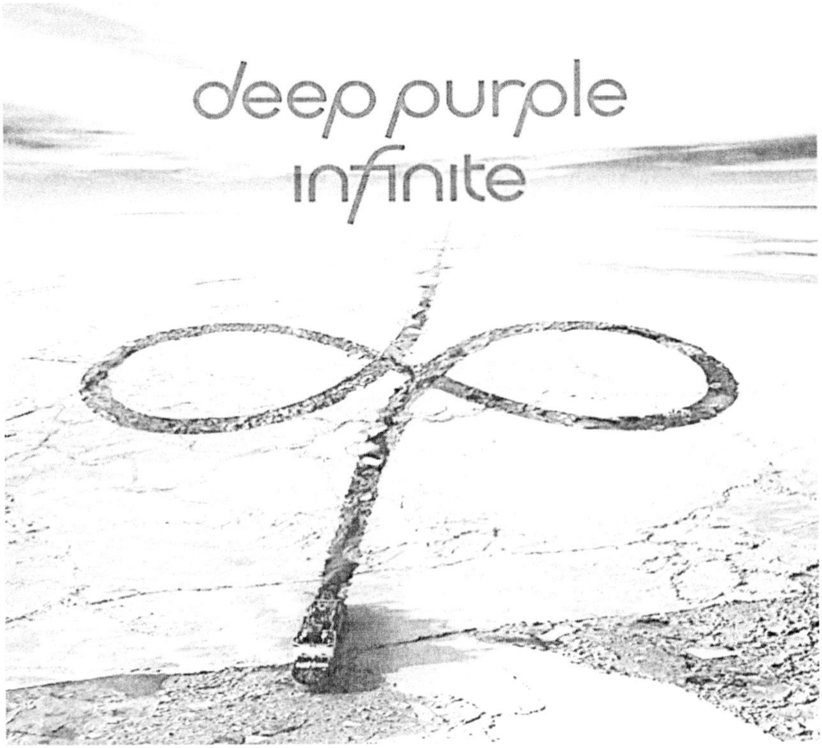

INFINITE (2017) … und die Frage nach dem letzten Album

© earMUSIC / Edel Music & Entertainment GmbH

Songs
1. Time For Bedlam
2. Hip Boots
3. All I've Got Is You
4. One Night In Vegas
5. Get Me Outta Here
6. The Surprising
7. Johnny's Band
8. On Top Of The World
9. Birds Of Prey
10. Roadhouse Blues

All songs written by Gillan, Morse, Airey, Glover, Paice except No. 10 which is a Doors Cover and written by Jim Morrison, John Densmore, Robert Krieger & Raymond Manzarek

Total Time: 45:38

Line-up (Mark VII)
- Ian Gillan / Vocals
- Steve Morse / Guitars
- Don Airey / Keyboards
- Roger Glover / Bass
- Ian Paice / Drums

With:
- Bob Ezrin / Keyboards, percussion, backing vocals, producer & mixing

Die Frage nach dem letzten Album

Bereits bei „NOW WHAT?!" wurde sie schon einmal gestellt – die Frage nach dem ultimativ letzten Album Deep Purples. Die Band ist zweifellos in die Jahre gekommen, hat aber mit besagtem „NOW WHAT?!" eindrucksvoll gezeigt, dass sie noch zu Großtaten fähig ist. Würden sie das Niveau halten können? Oder ist angesichts der

Erfahrungen in der Vergangenheit eher mit einem eher durchschnittlichen Album zu rechnen?

Nun lautet der Albumtitel „INFINITE“, was entweder „unendlich“ oder – auseinander geschrieben – „in finite“ = „am Ende“ bedeuten kann. Vier weitere Jahre waren seit dem letzten Longplayer vergangen. Zur Veröffentlichung von „INFINITE“ hatte sich die Band dazu eine Sprachregelung zurechtgelegt. Angesichts der gewohnten Euphorie über das neue Werk passte eine solche Frage schließlich nicht gut in die Feiertagslaune. Folglich wich man dem Problem der Vergänglichkeit weiterhin aus – allerdings ohne sie zu ignorieren. Klar …. ein Album zu schreiben, in gemeinsamer Arbeit Songs zu generieren, aufzunehmen und zu promoten dauert in der Regel stets mindestens ein Jahr. Dessen sind sich die Bandmitglieder bewusst. Wer aber zwingt sie festzulegen, welches Album ihr letztes sei?! Antwort: Niemand! Also wird man sich in dieser Frage gar nicht erst positionieren. Wie auch?! Selbstverständlich gehörte der Hinweis dazu, man sei sich seines Alters durchaus bewusst. Don Airey räumte in einem Interview ein, man spiele bereits einige Stücke langsamer als früher und natürlich wird Ian Gillan auch beim Gesang immer mehr Zugeständnisse machen müssen. Aber solange der Spaß da ist, die Fans es mögen und – siehe oben – so herausragende Alben entstehen … Warum eigentlich nicht?!

Die folgende Welttournee wurde in weiser Voraussicht schon einmal **"The Long Goodbye"** genannt. "Machen wir uns keine Illusionen: Wir werden alt. Ewig werden wir nicht mehr weitermachen ...", bekannte der 71-jährige Bassist Roger Glover in einem Interview mit der Berliner Morgenpost.

Und mit dem Alter kommen die Gebrechen. Drummer Ian Paice erlitt letztes Jahr einen leichten Schlaganfall. Gitarrist Steve Morse, mit 62 Jahren der Jüngste der Gruppe, kämpfte mit einer schmerzhaften Arthrose in den Fingern. Gleichwohl zog die Karawane weiter.

So wissen wir Stand heute natürlich, dass „INFINITE“ nicht das letzte Album von Deep Purple war. Noch nicht einmal ihr vorletztes …

Die Songs

„Time For Bedlam“ beginnt überraschend mit einigen roboterhaft und bedrohlich gesprochenen Worten Ian Gillans vor einem spannenden Eingangsszenario, bevor die Rockmaschinerie sich in Bewegung setzt. Sofort fällt die sauber produzierte Musik auf. Steve Morse wandelt auf den Spuren Blackmores, indem er überraschend dessen langjährigen Gitarrensound verwendet, sich aber beim Spielen noch vornehm zurückhält. Don Airey schiebt dafür ein mächtiges Keyboardsolo in den Song, der phasenweise angenehm an „Pictures Of Home“ erinnert, aber nicht ganz an die großen Klassiker herankommt. Gleichwohl ist es ein interessanter Auftakt.

Mit **„Hip Boots“** folgt ein simpler Rocksong, dem leider einiges fehlt, um nachhaltig in Erinnerung zu bleiben. Er markiert den Gegenpol auf diesem Album, das zwischen einigen sehr guten und innovativen Songideen und eher unspektakulären Rockmotiven hin und her pendelt.

„All I've Got Is You“ verzaubert dagegen sofort mit einem melodischen Intro. Hier verlassen Deep Purple den Hard Rock bisweilen, um mit leicht poppigen, eingängigen Klängen und einem harmonischen Gesang Strophe und Refrain zu untermauern. Ian Gillans Gesang ist hier besonders stark, da er weniger angestrengt und in einer für ihn passenden, tieferen Tonlage unterwegs ist. Insofern prägt er dieses Stück. Zwischendurch folgen Breaks mit rockigen Einschüben und interessanten Soloausflügen. Da kommt schon mal der selten genutzte Synthesizer zum Einsatz.

Grooviges Rhythmus-Geshuffle leitet das folgende, etwas spröde **„One Night In Vegas“** ein. Herausragend ist hier der Mittelteil, aus dem etwas mehr hätte entstehen können. Stattdessen entschied sich die Band, das kurze Songformat beizubehalten.

Gleiches gilt auch für das dunkle, rollende Riffmonster **„Get Me Outta Here“**. Auch dieses Stück begeistert eher nicht durch großartige kompositorische Einfälle, vermittelt aber zumindest eine packende Hard Rock – Atmosphäre. Überdies solieren Gitarre und Keyboards hier recht fantasievoll.

Mit **„The Surprising“** kündigt sich dann nicht nur im Wortsinne eine Überraschung an.- es ist eine! Balladesker Einstieg, eine Melodie, die sofort ins Ohr geht, zuzüglich einer schwelenden Vorahnung, dass hier noch etwas passiert. Währenddessen werden die ersten beiden Strophen abgesungen. Und tatsächlich folgt sodann ein flamenco-ähnlicher Einstieg in eine Art sinfonischen Prog-Rock. Klassische Musik ohne klassische Instrumentierung, und das in einer rhythmisch vertrackten Form. Auch das sind und waren schon immer Deep Purple. Unweigerlich erinnert man sich an Jon Lord, der seine Freude daran gehabt hätte. Eine weitere Strophe führt den Song zu einem Finale, bei dem sich noch einmal ein instrumentaler Einschub andeutet, schließlich aber doch nur das Ende eingeläutet wird. Es ist ein Stück, wie es Deep Purple lange nicht mehr gemacht haben. Für Steve Morse immer wieder ein Grund, den Produzenten zu loben, der es offenbar fertigbringt, aus der Band stets noch etwas Neues herauszukitzeln. Großartig!

„Johnny's Band" über das Leben als Rockstar ist wiederum ein weiterer der simple gestrickten Songs, die hier in einem gewissen Kontrast zu den innovativen neuen Großtaten stehen. Dafür muss sich die Band nicht entschuldigen. Trotzdem aber fehlt das gewisse Etwas und gemessen an dem Vorgänger „NOW WHAT?!" die durchgehend hohe Qualität der Kompositionen, auch wenn hier dem Refrain die Eingängigkeit nicht abzusprechen ist.

„On Top Of The World" reiht sich da leider auch ein. Nach gut zweieinhalb Minuten bricht der Song ab und Ian Gillan hebt zu einer Predigt an, bevor das Stück mit einem abschließenden Gitarrensolo ausgeblendet wird. Die ungewöhnliche Unterbrechung bleibt in Erinnerung, der Song eher weniger. Die Ausblenden haben wieder zugenommen. - Leider.

Aber Deep Purple haben sich immerhin noch ein Highlight für das Ende aufgehoben. **„Birds Of Prey"** beginnt mit einem majestätischen Gitarrenriff und einem mächtigen Schlagzeugsound. Led Zeppelin haben seinerzeit mit „When The Levee Breaks" aus ihrem vierten Album einen ähnlich bombastischen Schlagzeugklang kreiert. Sänger Ian Gillan singt mit leicht verfremdeter Stimme. Gitarre und Keyboard produzieren sphärisch klingende Tonfolgen voll epischer Weite. Ein stetiger Spannungsaufbau liegt in der Luft. Gitarrist Steve Morse bekommt die harmonisch runde Akkordfolge als Grundierung für ein abschließendes, hoch melodiöses Gitarrensolo, bei dem er förmlich abhebt und die Töne im Raum schweben lässt. Auch hier wählte die Band leider die Ausklang-Variante, statt einen durchdachten Schluss zu finden.

Was Deep Purple mit den Doors verbindet, ist allenfalls die Liebe zum Blues, konkret zum **„Roadhouse Blues“**, der hier als so etwas wie eine Zugabe drangehängt wird. Wie zu erwarten, packen sie das Stück in ein Deep Purple – Songformat mit solistischen Ausflügen. Leider fehlt der Darbietung etwas die Würze, wodurch sich phasenweise der Eindruck einer musizierenden Altherrencombo einstellt. Die Erwartung bei einem Coversong ist stets die, etwas anderes zu hören als im Original oder aber das Original zu übertreffen. Beides ist hier nicht der Fall. Das Stück bleibt dicht am Original und vermittelt keine neuen Impulse. Stattdessen vermittelt es eine leichte Trägheit und Gleichförmigkeit. Insofern haben sich Deep Purple damit nicht unbedingt einen Gefallen getan.

Fazit:

Vier Jahre nach ihrem überragenden Album „NOW WHAT?!“ haben Deep Purple immer noch Spaß. Unter Anleitung ihres Produzenten Bob Ezrin gelingt ihnen mit „INFINITE“ ein gutes, aber kein überragendes neues Album. Wie wichtig Bob Ezrin inzwischen für die Band geworden ist, beweist die Tatsache, dass er neben den Gruppenmitgliedern Co-Autor aller Songs geworden ist. Er trägt auch seinen Anteil an der Ausgewogenheit der Instrumentierung. Steve Morse spielt nicht mehr in jedem Song ein Solo, bei dem er alle bekannten Tonleitern rauf und runter hetzt. Seine Fähigkeiten kann er immer noch zeigen, aber songdienlicher und pointierter. Alle solistischen Ausflüge sind wohldurchdacht und keinesfalls zu lang.

Interessant ist auch, dass unter Bob Ezrin die Jahrzehnte andauernde Gitarrendominanz Deep Purples beendet wurde. Gitarre und Orgel, die beiden musikalischen Säulen von Deep Purple, spielen mehr denn je auf Augenhöhe. Fast kommt es einem so vor, als ob sogar ein leichtes Übergewicht der Orgel vorherrscht.

Unter dem Strich bleiben vier Top-Tracks, die zwar sicherlich dauerhaft nicht zu den Zugnummern der Band gehören werden, aber dennoch interessant und gut gemacht sind. Ihnen stehen etwa ebenso viel Songs gegenüber, die für Deep Purple – Maßstäbe einfach ein Stückchen mehr hätten sein dürfen. Kompositionen, an denen noch etwas hätte gearbeitet werden können, bzw. solche, die man sich bei genügendem Material als Bonustracks hätte vorstellen können. So bleibt ein gemischter Eindruck. Dennoch wäre es ein würdiges Abschlussalbum gewesen.

Bewertung:

Hard Rock, Progressive Rock

*** gut

Top-Tracks: **Time For Bedlam, All I Got Is You, The Surprising, Birds Of Prey**

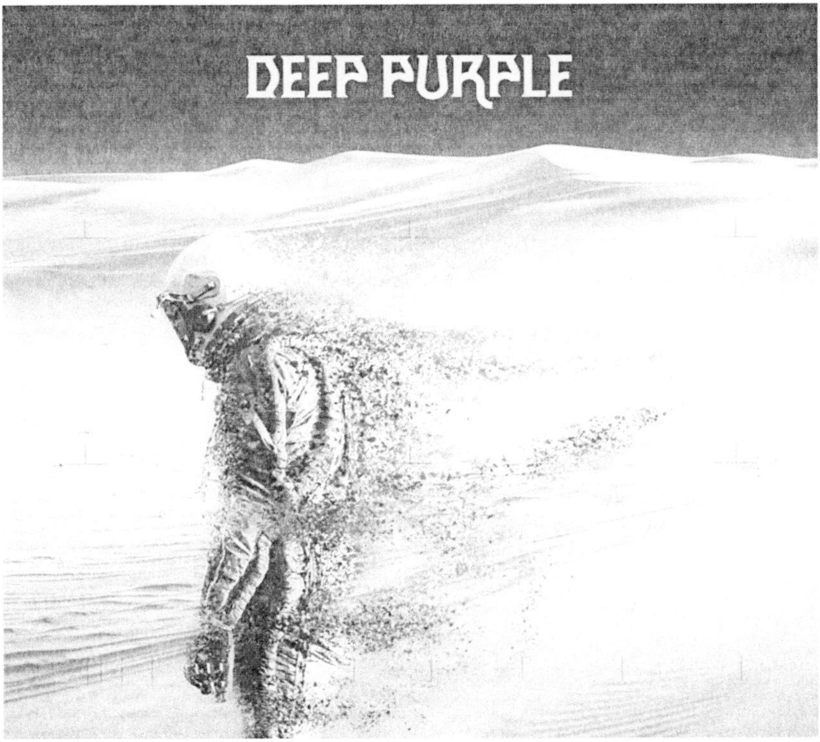

WHOOSH! - Der Spaßfaktor als Motivation weiterzumachen (2020)

© earMUSIC / Edel Music & Entertainment GmbH

Songs

1. Throw My Bones
2. Drop The Weapon
3. We're All The Same In The Dark
4. Nothing At All
5. No Need To Shout
6. Step By Step
7. What The What
8. The Long Way Round
9. The Power Of The Moon
10. Remission Possible
11. Man Alive
12. And the Address
13. Dancing In My Sleep

Total Time: 51:41

Line-up (Mark VII)

- Ian Gillan / Vocals
- Steve Morse / Guitars
- Don Airey / Keyboards
- Roger Glover / Bass
- Ian Paice / Drums

Und ein weiteres Studioalbum

WHOOSH! Nicht mehr als dieses Wort braucht es, um die bis dato 52 Jahre der Bandgeschichte Deep Purples in Relation zur Erdgeschichte zu beschreiben. Und doch sind sie vergleichsweise lange dabei. Ein Grund, sich mit dem Thema der Vergänglichkeit unseres Lebens und unserer Lebensgrundlagen zu beschäftigen. Jawohl … der „Highway Star“ war gestern und passt nicht mehr zu Klimakrise, Krieg und anderen Problemen unserer Zeit. Die Texte von Deep Purple haben sich verändert. Wie das Leben auch.

Das nunmehr bereits 21. Studioalbum der britischen Hardrocker wurde erneut von Bob Ezrin produziert. Er beteiligte sich auch erneut als Musiker an den Aufnahmen, spielte hier und da Percussion und trug auch zum Gesang bei.

Seine Philosophie zu Deep Purple liegt aber ganz besonders darin, dass er die Band nicht auf herkömmliche Songstrukturen reduziert sehen möchte, sondern sie jammen lässt. Das ermöglicht Freiheit im Spiel und das Herausfiltern besonderer Passagen ihres nach wie vor bemerkenswerten Zusammenwirkens als Band. So fließen ihre Ideen und verweben sich ineinander.

Die Songs

„Throw My Bones“ eröffnet das Album mit einem relaxten Hard Rocker, der den Zeitgeist der Band wiedergibt: Warum sich ins Unbekannte begeben, wenn man förmlich stillsitzen und sich der inneren Ruhe bewusst sein kann?! Soweit es nicht ironisch gemeint ist, zeigen sich Deep Purple tiefenentspannt.

Ein kurzes, prägnantes Gitarrenriff (was sonst?!) bildet die Grundidee zu diesem groovigen Opener, der von Don Airey mit reichlich Orchestrierung ausgekleidet wird. Der Refrain ist eingängig und die Rhythmik gewohnt hart und direkt auf den Punkt. Dass sie das Stück ausklingen lassen, ist im Normalfall ein kleiner Minuspunkt, stört aber im Gesamteindruck nicht. Ein Eröffnungssong, der sicher nicht in die Kategorie der „Top Ten“ von Deep Purple gehört, aber Lust auf mehr macht.

So wie „Throw My Bones“ pendelt die Mehrzahl der Songs zwischen drei und vier Minuten, was schnell ins Auge fällt und auf die Devise „Kurz und direkt“ schließen lässt. Deep Purple vermeiden ausufernde Instrumentalschlachten, was sicherlich der eine oder andere langjährige Anhänger bedauern möge, konzentrieren sich dafür aber stärker auf die Grundstrukturen ihrer Songs. Und einige der neuen Stücke haben zeitgemäße Botschaften. So zum Beispiel **„Drop The Weapon“**. Das Stück erinnert im Refrain an „Razzle Dazzle“ vom BANANAS-Album. Ansonsten verfügt der knochentrockene Rocker über eine ansprechende Gesangsmelodie, die phasenweise mit breiten Background-Vocals unterfüttert wird. Auch **„We're All The Same In The Dark“** wird mit dichten Background-Vocals versehen. Das Stück mit der Lebensweisheit im Titel fällt aber musikalisch nicht weiter auf. Dafür umso mehr das danach folgende **„Nothing At All“**. Das verspielte, sehr eingängige Intro von Gitarre und Keyboard verzaubert bereits beim ersten Hören und ist die Entdeckung dieses Songs. Deep Purple zeigen hier, dass sie nicht nur in eingefahrenen Bahnen unterwegs sind, sondern auch immer mal wieder mit völlig neuen Ideen um die Ecke kommen. Wobei der klassische Einschlag auf der Orgel nicht ganz neu ist, sondern bereits damals von Urgestein Jon Lord in die Musik der Band gebracht wurde. Was sie hier spielen, ist eher pop- als rockorientiert. Ian Gillan erklärte dieses Stück in einem Interview zu seinem Albumfavoriten. Ohne Frage einer der Höhepunkte.

„No Need To Shout“ ist ein Rock-Shuffle, und dagegen wieder klassischer Purple-Stoff. Ian Gillan bekommt beim Refrain deutlich hörbar Gesangsunterstützung. Wie selbstverständlich entdecken Deep Purple nicht nur ihre Wurzeln, sondern betreten hier und da Neuland. So etwa bei **„Step By Step“,** einem sakral anmutenden, getragenen, von einer Kirchenorgel eingeleiteten schweren Rockschiff. In der Mitte sorgt ein klassischer Instrumentaleinschub für Auflockerung, bevor hier (sicherheitshalber) die Ausblende gewählt wird. Spannend ist`s allemal. Auf Step By Step folgt mit **„What The What“** ein weiteres Wortspiel. Der Song beschreibt die guten alten Zeiten in der Musikbranche. Musikalisch wird hier klassischer Rock`n`Roll geboten und damit die musikalische Farbpalette erneut erweitert. Sehr einfallsreich wechseln sich hier Gitarre und Piano im Solospiel ab. So können auch 100fach-gehörte und bekannte Zutaten immer wieder spannend wirken. Deep Purple variieren dazu sehr häufig ihre Sounds. So darf bei **„The Long Way Round“** der Synthesizer in das Sologeschehen eingreifen. Wie auch bei diesem Stück deutlich wird, hat die Gruppe sehr darauf Wert gelegt, dass es Gesangsmelodien gibt und die Refrains als solche mit dichtem Backgroundgesang ausgestattet werden. **„The Power Of The Moon“** ist ein weiterer der geheimnisvoll-spannenden Tracks auf diesem Album, wie bereits zuvor „Step By Step“. Während hier vermeintlich die Geheimnisse des Mondes entschlüsselt werden, setzen die Keyboards poppige Farbtupfer und der Refrain wirkt fast etwas nostalgisch. Deep Purple sind hier wieder stärker im progressiven Rock unterwegs. Steve Morse beginnt sein Solo ausnahmsweise betont feinfühlig und lässt Pausen zu. Auch wenn nicht jeder Song das Zeug zum Ausnahmeklassiker hat, kann man Deep Purple fehlende Abwechslung auf diesem Album ganz gewiss nicht vorwerfen. **„Remission Possible“** ist gar ein instrumentaler Kurztrack. Die Gitarre liefert hier ein kurzes furioses Feuerwerk, bevor eine Ruhephase den Song nach 1:39 Minuten wieder beendet und fast unmerklich in **„Man Alive“** überleitet. Auch hier baut sich ein Spannungsbogen auf. Und es beginnt die politische Botschaft, die immer öfter Eingang in die Texte der Band findet, auch wenn Deep Purple sich selbst in der Musik als unpolitisch und mehr „beobachtend“ einordnen. Textlich waren sie schon immer sehr vielfältig. Kein Liebeseinerlei, keine seichten Reime, sondern schon mal zeit- oder gesellschaftskritische Themen.

Streicher helfen dabei, die Dramaturgie zu untermalen. Ian Gillan behandelt erneut existentielle Fragen: Wie gehen wir mit unserem Planeten angesichts von Klimakrise und Überbevölkerung um …? Der Begriff „WHOOSH“ fällt im Text. Es ist nicht mehr als ein Hauch und symbolisiert die kurze Epoche der Menschheit, ihre geringe Größe gegenüber dem unendlich großen Universum. Eine Uhr tickt, während Ian Gillan eindrücklich eine Predigt spricht. Zweifellos ein ambitionierter Track, der die innewohnende Botschaft musikalisch passend untermalt. - Und nun? Betroffenheit? Ja, … mindestens einen Moment lang, bis dann zur Überraschung **„And The Address“** folgt. Das bereits auf dem Deep Purple Debütalbum „SHADES OF DEEP PURPLE“ veröffentlichte Instrumentalstück bekommt ein Update und zeigt Musik, wie sie typisch für Deep Purple war und ist. Back To The Roots. Zum Abschluss bietet **„Dancing In My Sleep“** einen leicht funkigen Touch über einer wieder optimistischer erscheinenden Rockmischung. Die Songs mit den zuvor gehörten mystischen, atmosphärisch betonten und dramatischen Botschaften werden hier wieder aufgelöst und einem positiven Ende zugeführt.

Die häufig gestellte Frage nach dem letzten Album von Deep Purple sollte wohl – sofern es dieses sein würde – mit einem eher motivierenden Song enden. Das ist hier gelungen.

Fazit:

In ihrem 21. und bis dato letzten Studioalbum – der Nachfolger „TURNING TO CRIME“ ist als Coveralbum meines Erachtens anders zu bewerten – haben Deep Purple noch immer sichtbar Spaß. Sie halten die Fahne als Hard-Rock-Dinosaurier unverändert stolz und leidenschaftlich hoch. Die alten Strickmuster in modernen Sounds wirken dabei keineswegs aus der Zeit gefallen, sondern beleben diese Spielart der Rockmusik immer wieder neu.

Nein, die großen Riffs sind nicht auf dem Album zu finden. Das härteste Album ist es auch nicht. Moderat geht es zur Sache. Aber dafür sind die Songs auskomponiert und mit geschmackvollen Details, wie etwa passenden Soli und guten Melodien sowie interessanten In- und Outros versehen.

„WHOOSH!" enthält kein neues „Child In Time" und keinen „Highway Star", dafür aber in der Breite durchaus überzeugende Rocksongs – was nicht immer auf allen ihren Alben der Fall war. Seit Bob Ezrin die Gruppe produziert, liegt der Schwerpunkt auch wieder stärker auf Melodien und eingängigen Refrains.

Die Mehrheit der Stücke ist kurz bis mittellang und völlig frei von Bombast. Dafür sind sie aber ideen- und facettenreicher als auf dem letzten Album „INFINITE", spannend im Aufbau und bieten die gewohnt virtuosen Temposoli von Gitarre und Keyboards. Stand zu Zeiten von Ritchie Blackmore und Jon Lord stets der Gitarrist etwas weiter vorn, bleibt die Bilanz zwischen Steve Morse und Don Airey auch hier sehr ausgeglichen. Morse dominiert nicht wie weiland Blackmore und Bob Ezrin ist nun einmal ein Orgelfan. Außerdem steht für ihn der Song an sich über allem und dem muss sich auch der Leadgitarrist unterordnen. Inwieweit Ezrin als Produzent die Gitarrenarbeit von Steve Morse beeinflusst und in die seiner Meinung nach richtigen Bahnen lenkt, dokumentieren vor allem „Man Alive" und „Dancing In My Sleep". Hier verwendet Steve Morse in den Soli eine Bariton-Gitarre, die für einen speziellen Heavy-Sound steht. Und bei „Nothing At All" musste es das Nylon-Plektrum sein, damit der Anschlag nicht wie sonst mit dem festeren Plektrum härter und heller klingt. Es sind die Details, auf die es ankommt …

Die darunter liegende Rhythmusarbeit von Bass und Schlagzeug ist gewohnt solide und exakt passend auf den Punkt gespielt. Ian Gillan bekommt in den Refrains reichlich gesangliche Beimischung durch Backing-Vocals, was den Songs guttut und möglicherweise auch etwas den altersbedingten Stimmenverschleiß verdeckt. Der aus dem Rahmen fallende Song dieses Albums ist „And The Address". Ein

Gruß aus den Anfängen der Band. Warum gerade dieses Stück und warum gerade jetzt? Soll sich hier ein Kreis schließen?

Deep Purple haben offenbar vorgesorgt, falls dies ihr letztes Studioalbum mit eigenen Songs geworden sein sollte. Aber wer glaubt daran, dass dies so ist?! Sie haben doch immer noch den Spaß!

Bewertung:

Hard Rock, Progressive Rock
**** sehr gut
Top-Tracks: Nothing at All, The Power Of The Moon, Man Alive

Albumranking der Studioalben

Was ist nun die Essenz aus dem reichhaltigen, diversen und abwechslungsvollen Schaffen von Deep Purple?

Zunächst einmal kommt es sehr darauf an, welche Besetzungs-Formation bevorzugt wird. Unter den Anhängern der Band, aber auch unter den Kritikern, gibt es verschworene Gemeinschaften, die sich nun einmal festgelegt haben, bestimmte Alben nicht zu hören, weil jemand aus ihrer favorisierten Besetzung nicht dabei ist. - Einverstanden. Umgekehrt finden einige möglicherweise alles gut, was mit einer bestimmten Besetzung eingespielt wurde. Auch das mag man so sehen.

Sofern das jedoch kein Ausschlusskriterium für bestimmte Alben darstellt, und für mich gilt das, versuche ich nachstehend mit der mir gegebenen objektiven Subjektivität oder subjektiven Objektivität die Perlen aus dem Ozean zu fischen, gleichzeitig aber auch auf diejenigen Alben hinzuweisen, deren musikalische Substanz gemessen an einer Band namens Deep Purple unterdurchschnittlich ausfallen.

Dies vorausgeschickt, unterfallen alle Alben dem folgenden Bewertungsschema:

******	Phänomenal / Meilenstein
*****	Top-Album – starke Leistung
****	Sehr Gut – Album ohne Schwächen
***	Gut - Album mit leichten Schwächen, aber auch starken Momenten
**	Mäßig - Album mit deutlichen Schwächen. Nur für Fans und Sammler
*	Schwach - Verzichtbar

Übersicht / Ranking

******	Phänomenal - Meilenstein
(1)	DEEP PURPLE IN ROCK
*****	Top-Album – starke Leistung
(2)	FIREBALL
(3)	NOW WHAT
****	Sehr gut – Album ohne Schwächen
(4)	MACHINE HEAD
(5)	PERFECT STRANGERS
(6)	BANANAS
(7)	PERPENDICULAR
(8)	WHOOSH
***	Gut, Album mit leichten Schwächen, aber auch starken Momenten
(9)	WHO DO WE THINK WE ARE
(10)	THE BATTLE RAGES ON
(11)	THE BOOK OF TALIESYN
(12)	SHADES OF DEEP PURPLE
(13)	BURN
(14)	INFINITE
(15)	THE HOUSE OF THE BLUE LIGHT

(16) DEEP PURPLE III
(17) SLAVES AND MASTERS

** Mäßig, Album mit deutlichen Schwächen
(18) RAPTURE OF THE DEEP
(19) ABANDON

* Schwach, verzichtbar
(20) STORMBRINGER
(21) COME TASTE THE BAND

Ohne Bewertung

„TURNING TO CRIME“ ist ein reines Coveralbum und damit nicht vergleichbar mit den anderen Studioveröffentlichungen. Es bleibt daher in diesem Ranking außen vor.

Erläuterungen zum Ranking

„DEEP PURPLE IN ROCK“ als Spitzenreiter

Das ultimative Top-Album ist eindeutig „DEEP PURPLE IN ROCK“. Nicht ob seiner musikalischen Vielfältigkeit. Wohl aber, weil es in puncto Härte, Stringenz, Bedeutung, solistische Leistungen und Songqualität seinesgleichen sucht. Nie wieder haben Deep Purple ein solch brachiales Werk vorgelegt. Nie wieder haben sie mit dieser eindrucksvollen Deutlichkeit allen Konkurrenten gezeigt, wo es im Hard Rock lang geht. Für viele enthält das Album mit „Child In Time“ das ultimative Deep-Purple-Stück für die Ewigkeit. Hier setzte sich Ian Gillan als Sänger ein Denkmal. Aber auch sonst gibt es beim Hören keine Atempause. Die musikalische Qualität ist auf stets hohem Niveau. Die Solisten Ritchie Blackmore und Jon Lord liefern sich derart eindrucksvolle Gefechte, wie nie zuvor und selten danach.

Mit diesem Album erreichten Deep Purple früh ihren künstlerischen, nicht aber ihren kommerziellen, Zenit.

Die Top-Alben mit einer Überraschung

Mit „FIREBALL“ versuchten sie gar nicht erst, eine Kopie von „IN ROCK“ nachzuschieben. Stattdessen dokumentierten sie die Breite ihrer musikalischen Möglichkeiten, gaben dem Ganzen eine Prise psychedelischen Zeitgeist und definierten den Hard Rock auf ihre Weise.

Das Album strotzt vor Überraschungsmomenten und klingt auch nach dem hundertsten Durchlauf immer noch spannend.

Es ist überraschend, jedoch kein Zufall, dass unter Bob Ezrin als Produzenten und der langen Pause seit dem letzten Album mit „NOW WHAT?!“ ein Top-Album von Deep Purple gelang. Angesichts der großen Konkurrenz unter den Alben gleichwohl eine Überraschung.

Die Qualität ihrer Kompositionen und der Ideenreichtum der Produktion verschaffte der Gruppe einen späten Höhepunkt im Herbst ihrer Karriere.

Weitere fünf Alben ohne Schwächen - uneingeschränkt empfehlenswert

Dass erst jetzt auf Rang 4 mit „MACHINE HEAD“ ihr vermeintlich erfolgreichstes und beliebtestes Album erscheint, ist keine Abqualifizierung. Tatsächlich ist auch hier die Qualität enorm hoch. Mit „Highway Star“ enthält das Album ein weiteres Stück für die Ewigkeit. „Pictures Of Home“ überzeugt ebenfalls. Und „Smoke On The Water“ kennt fast jeder, der regelmäßig Musik hört.- Jedoch ist die Geschlossenheit und Dichte der Kompositionen im Abgleich zu den drei Top-Alben nicht ganz so hoch. Neben den vermeintlichen Klassikern auf diesem Album setzte man erfolgreich auf etwas Improvisation („Lazy“) und entschleunigte zuweilen das Tempo („Maybe I`m A Leo“, „Smoke On The Water“).

Zu den Top 5 zählt schließlich auch das bemerkenswerte Comeback-Album der Mark II – Besetzung aus 1984, „PERFECT STRANGERS“. Noch einmal flammte die Magie auf, wenn sie zusammenspielten.

Auf diesem Album gaben sie erkennbar ihr Bestes und zeigten, zu was sie immer noch fähig waren. Das Titelstück schaffte es fortan regelmäßig auf die Live-Setlist der Konzerte.

Alles andere als „durchgeknallt“ (umgangssprachlich für „BANANAS“) zeigte sich das erste Album unter Beteiligung von Don Airey an den Keyboards als Ersatz für Jon Lord.

Hochklassige, abwechslungsreiche Songs und eine zurückgekehrte Spielfreude zuzüglich eines neuen Produzenten sind die Erfolgsformel für dieses starke Werk.

Mit „PURPENDICULAR“ rangiert ein weiteres Album nach personeller Umbesetzung unter den Top 10. Gitarrist Ritchie Blackmore war Geschichte und Steve Morse hatte stattdessen übernommen. Anfangs etwas ungewohnt, begeisterte bald der neue Sound mit den frischen Songs, unter denen „Sometimes I Feel Like Screaming“ mit dem unwiderstehlichen Gitarrensolo herausragt. Nicht nur das: Mit Steve Morse wurde die Band wieder zu einer (gleichberechtigten) Einheit, was man den Songs auch anmerkt.

„WHOOSH!“ ist das bis dato letzte Studioalbum von Deep Purple. Dass es knapp im oberen Drittel aller Studioalben platziert ist, verdankt es neben engagierten, ideenreichen Songs auch weiterhin der guten Produktion von Bob Ezrin.

Ein breites Mittelfeld mit guten Alben

Auch „WHO DO WE THINK WE ARE“ gehört zumindest dank der zwei überragenden Songs „Woman From Tokyo“ und „Rat Bat Blue“ durchaus in die erste Hälfte der Deep Purple-Studioalben. Das ist umso bemerkenswerter, befanden sich Deep Purple Mark II doch zum Zeitpunkt der Veröffentlichung bereits im heftigen Streit miteinander. Den einen oder anderen Reibungsverlust offenbart das Album. Unter besseren Bedingungen hätte hier ein weiterer Klassiker entstehen können.

Für „THE BATTLE RAGES ON“ gilt in ähnlicher Weise das, was

bei „WHO DO WE THINK WE ARE“ eine bessere Qualität verhindert hat. Es gab Uneinigkeiten innerhalb der Gruppe und bereits getrenntes Arbeiten an den Aufnahmen. Der Aufbruch, der von diesem Album nach der überraschenden zweiten Reunion von Mark II noch einmal ausgehen sollte, kam nicht zustande. So blieb es bei einigen guten Ansätzen, einem wirklich druckvollen Hard Rock, manch guten Songs, aber eben auch auftauchenden Schwächen, die ein Mehr nicht mehr möglich machten.

„THE BOOK OF TALIESYN “ ist das beste Album aus der Mark I – Phase. Deep Purple zeigten in den Eigenkompositionen bereits eine beachtenswerte Qualität. Die bunt zusammengestellte Liste der Songs, besonders der Coverversionen, verdeutlicht allerdings auch die seinerzeit noch bestehende Sinnsuche.

Nur knapp dahinter rangiert das Debütalbum „SHADES OF DEEP PURPLE“, bei dem die Band sich in einer musikalisch vielfältigen Landschaft erkennbar erst finden musste, einiges ausprobierte und unterschiedliche Stilarten testete. Und doch ließ nicht nur ihr Überraschungserfolg „Hush“ aufhorchen.

Den größten personellen Schnitt vollzogen Deep Purple, als sie für „BURN“ 1974 David Coverdale und Glenn Hughes für Ian Gillan und Roger Glover verpflichteten. Kurzzeitig machte sich eine Aufbruchstimmung breit. Songs wie das Titelstück oder etwa „Mistreated“ hatten das Zeug zu neuen Klassikern. Der mehrstimmige Gesang klang frisch und unverbraucht. Doch das kurze Aufflackern offenbarte ein Problem, das die alten Purple-Mitglieder entweder nicht gesehen oder unterschätzt hatten. Sie holten sich neue Probleme an Bord, denn die musikalische Übereinstimmung der selbstbewussten jungen Neumitglieder mit den alteingesessenen Deep Purple – Strategen wies nur eine überschaubare Schnittmenge auf. Bald darauf sollte es auseinanderdriften. Davon war hier erst noch wenig zu sehen. Und so geriet „BURN“ insgesamt zu einem vielschichtigen Rockalbum und gut gelungen, ohne den Markenkern Deep Purples zu opfern.

Das reife Spätwerk „INFINITE“ reiht sich ein in die guten, aber nicht herausragenden Purple-Alben. Dafür reichen 4 Top-Tracks, während der Rest eher Durchschnittsware bleibt.

„THE HOUSE OF BLUE LIGHT“ zeigte Deep Purple nach dem

starken „PERFECT STRANGERS“ bereits wieder mit einigen Schwächen. Das Songwriting hätte besser sein können, was auch für den bereits wieder missgelaunten Gitarristen Ritchie Blackmore galt. Noch blieben sie zusammen und präsentierten nach einer starken Platte zuvor – wie so oft – eine eher durchwachsene, wenn auch noch gute.

„DEEP PURPLE III“ markierte das Ende der Ursprungsbesetzung von Deep Purple. Das Album zeigte in ersten Ansätzen den neuen Weg von Deep Purple und dass ihnen ihr Sänger Rod Evans dabei keine Hilfe sein würde. Noch war aber vieles offen, wie auch der weitere Umgang mit der klassischen Musik oder die musikalische Richtung überhaupt. Die Kompositionen waren als Opfer der bandinternen Neuorientierung weder Fisch noch Fleisch. Hier rettete der herausragende Longtrack „April“ mit seiner Mischung aus Rock und Klassik einstweilen die Platte aus der Bedeutungslosigkeit.

Das einzige Album unter Beteiligung von Joe Lynn Turner als Sänger von Deep Purple ist qualitativ bis heute eine umstrittene Veröffentlichung. „SLAVES AND MASTERS“ hatte (zumindest teilweise) Songs von Format, einen Sänger von Format, eine Gruppe von Format, aber funktionierte trotzdem nicht. Letztlich ein Beweis dafür, dass nicht alles mit allem zu kombinieren ist und dass Deep Purple eine bestimmte Chemie brauchten, um Höchstleistungen zu vollbringen. Hier fehlte sie.

Alben, die mehr Schatten als Licht enthalten

Bevor ich auf die letzten Ränge eingehe, zunächst eine Vorbemerkung:

Mir ist klar, dass es an dieser Stelle sicherlich eine Reihe von abweichenden Meinungen zu meiner Kritik gibt. Möglicherweise ist das eine oder andere Album der letzten vier in dieser Rangliste das erklärte Lieblingsalbum eines Lesers/einer Leserin. In diesem Fall mag man die Bewertung nicht teilen. Das akzeptiere ich selbstverständlich. Und doch sehe ich diese Abstufung.

Ich habe versucht, abzuwägen und argumentativ darzulegen, warum diese Alben für mich aus der Reihe fallen und nicht die Qualität der anderen erreichen. Im Übrigen gilt natürlich: Über Geschmack lässt sich nicht streiten!

Mit „RAPTURE OF THE DEEP" erlaubten sich Deep Purple in der zuletzt lange bestehenden Besetzung mit Gillan/Paice/Glover/Morse/Airey ihren einzigen Fehlgriff. Komposition, Instrumentierung und Produktion gerieten weitgehend daneben. Nur wenige lichte Momente und ein unerklärlich schlechter Opener sind die Bilanz.

Ähnliche Probleme kennzeichnen „ABANDON", das unglücklicherweise zudem das letzte Album mit Jon Lord werden sollte. Der Versuch, Deep Purple nach „PURPENDICULAR" wieder stärker auf Härte zu trimmen ging zu Lasten der Kompositionen und der Harmonien, bei denen selten etwas gelang oder hängen blieb. Das Songmaterial war überwiegend B-Ware, aber auch nicht gut ausgearbeitet, auch wenn die Gruppe engagiert wirkte.

Alben, deren Schwächen deutlich überwiegen

War das Songmaterial bei „ABANDON" nur B-Ware, so stellte es sich bei „STORMBRINGER" teilweise noch schlimmer dar. Schlechte Songqualität gepaart mit Lustlosigkeit in der musikalischen Umsetzung sind schlicht tödlich. Es stimmte nicht mehr bei Deep Purple. Als Folge der Umbesetzungen hatte sich die Richtung verschoben, die Kernelemente des einstigen Hard Rock - Flaggschiffs waren bis zur Unkenntlichkeit verwässert. Ritchie Blackmore, der auf dem Album ziemlich daneben war, zog die Konsequenz und verließ die Band.

Deep Purple blieben für ein weiteres Album zusammen und veröffentlichten ein Jahr später „COME TASTE THE BAND“ mit Tommy Bolin als neuen Gitarristen. Es wurde der Tiefpunkt in der Geschichte der Gruppe. Drogenprobleme, Lustlosigkeit, Richtungswirrwarr und wenig bis nichts, was an frühere Qualitäten der stilprägenden Hard Rock-Band erinnerte, kennzeichneten die Rahmenbedingungen, unter denen das Album entstand. Bis auf ein, zwei Ausnahmen sind die Songs schlicht indiskutabel.

Die Situation war dermaßen aussichtslos, dass es zur Trennung kam, die von 1976 – 1984 anhielt. Nicht alles an Problemen ist allein dem Album „COME TASTE THE BAND“ anzulasten. Vielmehr war die Gruppe nach den diversen Querelen der Vergangenheit insgesamt ausgelaugt und zu einem sofortigen Neustart nicht in der Lage.

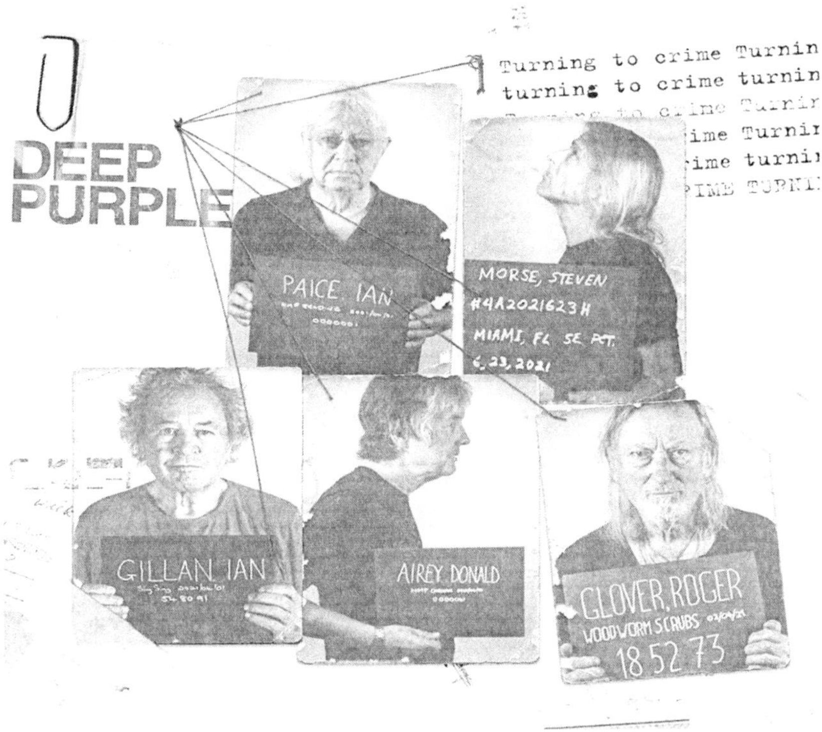

TURNING TO CRIME (2021) – Ein Kunstraub als finale Botschaft?

© earMUSIC / Edel Music & Entertainment GmbH

Songs

1. 7 And 7 Is (Love)
2. Rockin' Pneumonia And The Boogie Woogie Flu (Huey "Piano" Smith)
3. Oh Well (Fleetwood Mac)
4. Jenny Take A Ride (Mitch Ryder & the Detroit Wheels)
5. Watching The River Flow (Bob Dylan)
6. Let The Good Times Roll (Ray Charles & Quincy Jones)
7. Dixie Chicken (Little Feat)
8. Shapes Of Things (The Yardbirds)
9. The Battle Of New Orleans (Lonnie Donegan / Johnny Horton)
10. Lucifer (Bob Seger System)
11. White Room (Cream)
12. Caught In The Act (medley)

- i. Going Down (Freddie King)
- ii. Green Onions (Booker T. and the M.G.'s)
- iii. Hot 'Lanta (The Allman Brothers Band)
- iv. Dazed And Confused (Led Zeppelin)
- v. Gimme Some Lovin' (The Spencer Davis Group)

Total Time: 50:07

Line-up

- Ian Gillan / Vocals
- Steve Morse / Guitars
- Roger Glover / Bass
- Ian Paice / Drums
- Don Airey / Keyboards

Warum ein Coveralbum?

Deep Purple veröffentlichten ein neues Studioalbum im Jahr 2021 – nur ein Jahr nach „WHOOSH!“. Was sich zunächst als echte Überraschung anhörte, entpuppte sich als eine Halbwahrheit. Neu war das Album zwar schon, aber ein reines Coveralbum, enthält mithin keine eigenen Stücke. Eine Überraschung bleibt es gleichwohl, weil Deep

Purple ein komplettes Coveralbum bislang noch nicht vorgelegt hatten. In ihren Anfangstagen zum Ende der 60er Jahre veröffentlichten sie Alben, die aus eigenen und fremden Kompositionen bestanden. Damals suchten sie Orientierung in einer Zeit der sich verändernden Musiklandschaft, in der progressive Rockmusik auf die Anfänge des Hard Rock, auf Pop- und Beatmusik sowie die amerikanische Woodstock-Bewegung trafen. Mit ihrem vierten Album „IN ROCK" waren sie angekommen und das Covern fremder Kompositionen kein Thema mehr.

Inzwischen machen Deep Purple im Spätherbst ihrer Karriere ausschließlich das, was ihnen Spaß bereitet. Und wenn sie Langeweile haben, wie zuletzt in der Corona-Pandemie, sind sie unterwegs, um fremde Kunst zu rauben, zu covern und sich anschließend der Verantwortung zu stellen. Also zeigen sie sich mit Sinn für Humor in Verbrecherpose, ungeschminkt und ungestylt auf dem Cover ihres Albums. Besteht ihr Verbrechen in dem Klau der Songs? Oder in der Songauswahl oder in der Interpretation? Vielleicht von allem etwas und vor allem mit einer Portion Ironie. Schließlich gehört zu diesem Album auch die Verneigung vor einigen ihrer Helden und deren Songs. Das zumindest macht Sinn. Und für alle, die glauben, dass dies die Abschiedsvorstellung von Deep Purple sein soll, würde sich eine Klammer schließen. Mit Covern begonnen und mit ihnen aufgehört .... so die These, aber wer glaubt das schon?!

Die Songs

„7 And 7 Is" eröffnet schnell und direkt wie ein Hurricane. Eine ferne Erinnerung an den „Speed King" von „In Rock" kommt auf. Ian Paice trommelt sich förmlich die Seele aus dem Leib. Der Rest der Band steigt beherzt ein. Nach 2:28 Minuten ist bereits alles wieder vorbei, aber angesichts der druckvollen Performance, wie sie so nur von Deep Purple kommen kann, erwächst sofort Begeisterung. Die Rundfahrt ist eröffnet.

Zu den purpleschen Einflüssen gehörte stets auch der Blues, wenn auch nicht in vorderster Linie. So macht auch der **„Rockin' Pneumonia And The Boogie Woogie Flu"** Sinn, zumal die Gruppe das Stück mit hörbarer Spiellust interpretiert. Don Airey, der diesen Gute-Laune-Kracher durch sein Pianospiel prägt, erlaubt sich überdies eine kurze augenzwinkernde Anspielung auf das Intro von „Smoke On The Water". Okay, etwas untypisch für Deep Purple, aber dieses Stück passt definitiv besser als der leicht fade Doors-Klassiker „Roadhouse Blues", den sie auf „INFINITE" als Bonus platziert hatten.

Den Fleetwood Mac – Klassiker **„Oh Well"** haben sich bereits etliche andere vorgenommen. Zu Deep Purple passt das Stück mit dem markanten Gitarrenriff naturgemäß prima, wenngleich Ian Gillan hier nicht seine stärkste Gesangsleistung abliefert. Dafür aber überzeugt Steve Morse auf der Gitarre. Deep Purple lassen ihn ordentlich von der Leine. Drei Mal darf er solistisch zaubern, was dem Stück eine für Deep Purple typische Prägung verleiht. Durch das langsame, melodiöse Schlusssolo fügen sie überdies quasi einen neuen Part hinzu. Unter dem Strich ein Gewinn für das Album.

Als Reminiszens an ihre Sozialisation darf natürlich auch der Rock'n'Roll nicht fehlen – hier dargeboten durch Mitch Ryders **„Jenny Take A Ride!"** Der geneigte Deep Purple - Hörer bekommt hier zwar keine Überraschungen geboten, aber das Stück macht, was es soll – es rockt. Dennoch eine eher verzichtbare Songauswahl. Die Ansprüche einer Band wie Deep Purple sind andere. Spätestens hier beginnt der Reigen einiger Songs, die eher Fragen als Antworten liefern.

Eine Heldenverehrung ohne Bob Dylan schien offensichtlich auch für Deep Purple nicht vorstellbar. Das 1971 veröffentlichte **„Watching The River Flow"** gehört sicher nicht zu den bekanntesten Stücken des Altmeisters und keinesfalls zu seinen besten. Unweigerlich kommt die Erinnerung an Manfred Mann`s Earth Band auf. Sie coverten eine Reihe von Bob Dylans Stücken und machten daraus immer etwas Neues, teilweise großartiges. Hier dagegen fehlt jeglicher Funke, der überspringen könnte.

Mit **„Let The Good Times Roll"** verlassen sie dann endgültig den eigenen Kosmos und dessen, was sie stark macht. Die Exkursion in die Gefielde eines Ray Charles mit opulentem Bigband-Sound hätten sie sich besser erspart. Diesen Swing braucht es nicht von Deep Purple. Leider ist auch Little Feats **„Dixie Chicken"** eher deplatziert. Spätestens hier wünscht man sich eine bessere oder zumindest für Deep Purple passendere Songauswahl. Man denke dabei zum Beispiel an Saxon, die zwei Coveralben mit einigen bemerkenswerten Songs vorgelegt haben. Ansatzweise gelingt das mit dem Yardbirds-Hit **„Shapes Of Things“**, dessen Hereinnahme eine Idee von Steve Morse gewesen ist. Bereits Nazareth hatten hierzu eine bemerkenswerte Interpretation vorgelegt, auch Jeff Beck tat dies, was Steve Morse zu der Idee verhalf. Bei Deep Purple ist es zunächst Ian Gillans Gesang, der hier hervorsticht, auch dank einiger Backgroundunterstützung. Steve Morse schlägt schließlich mit seinem Gitarrensolo ein neues Kapitel auf, in das letztlich ein farbenfroher Keyboardklang einstimmt. So geht es. Deep Purple überzeugen auf diesem Album immer dann, wenn sie einem wirklichen Klassiker eine interessante Interpretation hinzufügen können. Mit **„The Battle Of New Orleans“** verlassen sie diese Qualitätsebene allerdings wieder. Was hier wie ein Trinklied mit lustigem Schüttelreim klingt und Roger Glover einen seiner (zum Glück) seltenen Gesangseinsätze verschafft, fällt leider auch in die Kategorie der missratenen Experimente. Betrachtet man diese Interpretation stattdessen als feine Ironie oder als einen Gag, was es möglicherweise sein soll, so gibt es wenigstens einen Bonuspunkt für Humor.

Mit **„Lucifer“** kommen Deep Purple ihrem klassischen Stoff wieder näher, ohne allerdings zu überzeugen. Vergleicht man dieses Stück etwa mit den Songs auf „PERFECT STRANGERS“, wo es gefühlt hingepasst hätte oder noch eher „PURPENDICULAR“, bereits mit Steve Morse an der Gitarre, geht das Qualitätsurteil auch allenfalls in Richtung eines Bonustracks. Ein Song aus der ersten Reihe wäre es nicht gewesen.

Zum Finale steigt dann wieder die Spannung: Cream`s beeindruckendes **„White Room“** verarbeiten sie dank ideenreicher Sounds von Gitarre und Keyboard ganz ordentlich. Auch Ian Gillans Gesang passt. Wer bei diesem Stück allerdings innovative Prozesse erwartet, wird enttäuscht. Die respektvolle Version verläuft dicht am Original.

Bleibt der Longplayer **„Caught In The Act“**, der ein Medley verschiedener Klassiker beinhaltet, die in der Langfassung sicherlich nicht so gut gepasst hätten. Das unspektakuläre „Going Down“ mündet etwas hart in Booker T. And The M.G.'s „Green Onions“, eine für Deep Purple dankbare Angelegenheit zum Abrocken, während das Medley Fahrt aufnimmt. Auch hier ist der Übergang zu „Hot 'Lanta“ zwar wenig geschmeidig, aber nicht unpassend. Led Zeppelins „Dazed and Confused“ vermittelt einen interessanten Vergleich mit der anderen britischen Hard-Rock-Legende, fügt dem Original jedoch nichts Wesentliches hinzu und bleibt – fast logisch - ausschließlich instrumental. Das abschließende „Gimme Some Lovin'" von der Spencer Davis Group wirkt angesichts des etwas reduzierten Gesangs von Ian Gillan nicht als beste Wahl.

Fazit:

Dass Deep Purple einem Coveralbum auch ihren unverwechselbaren Stempel aufdrücken können, daran zweifelt sicher kaum jemand. Der Spaß, Songs zu spielen, zu denen sie „einen emotionalen Bezug haben" (Roger Glover), quasi einige Lieblingssongs zu spielen, sei ihnen auf jeden Fall auch gegönnt. Veröffentlichen Sie eine solche Zusammenstellung von Coversongs als Album, setzen sie sich jedoch zwangsläufig der kritischen Beurteilung aus, auch wenn ein direkter Vergleich mit ihren letzten Studioalben wenig Sinn macht.

Zunächst ist da die Songauswahl. Ian Gillan wird darin sicherlich eine Hauptrolle gespielt haben. Schließlich konnten nur Songs ausgewählt werden, die er bereit und in der Lage war zu singen. Der Vernehmen nach brachte jedes Mitglied Vorschläge ein. Zwangsläufig wird daraus ein bunter Gemischtwarenladen, so unterschiedlich wie die Charaktere nun einmal sind. Will man daraus einen Pluspunkt verbuchen, so gibt es ihn für Vielseitigkeit. Mit Rock, Blues, Boogie Woogie, Folk, Country, ja sogar Swing und Bigbanduntermalung ist ein Ritt durch diverse Spielarten zu hören.

Meines Erachtens wäre es stattdessen wünschenswerter gewesen, sie hätten ein Oberthema, einen roten Faden, gefunden und diesen verarbeitet. So fragt sich manch einer, warum dies und warum jenes und was ein derart zusammengewürfeltes Set bedeuten soll. Schaut man darauf, was Steve Morse in seinen Soloparts während der Konzerte immer mal kurz angespielt hat, hätte sich auch einiges andere angeboten.

Besonders problematisch sind diejenigen Songs, die von ihrer Art her eher weniger zur Band und ihrem Stil passen, etwa Bob Dylan oder Ray Charles. Hier bleibt es bei einer reinen Huldigung, ohne dass hinreichend deutlich wird, warum gerade Deep Purple sich dieses Stückes angenommen haben. Bei anderen Klassikern, allen voran „White

Room“, hätte man sich mehr Mut zur Veränderung gewünscht, wenn ein solcher Klassiker aufgenommen wird, denn letztlich soll es mindestens so gut klingen wie das Original, oder wenigstens ein paar neue Ansätze enthalten. Bei „Oh Well“ und „Shapes Of Things“, vor allem aber dem Opener „7 And 7 Is“ gelang dies gut. Das allerdings ist insgesamt etwas wenig für ein ganzes Album.

So bleibt am Ende des Tages angesichts manch zäher und teils langweiliger Darbietung ein eher gemischter Eindruck übrig. Dabei hätte es besser gelingen können. Vielleicht mit weniger Demokratie bei der Song-Auswahl, der Konzentration auf die „richtigen“ Songs, einem guten Konzept für ein Coveralbum sowie mehr Mut bei den Interpretationen.

Kurz darauf: Steve Morse verlässt Deep Purple

„TURNING TO CRIME“ sollte das letzte Album sein, an dem Steve Morse als Gitarrist von Deep Purple mitwirkte. Gesundheitliche Probleme mit seiner rechten Hand begleiteten ihn zwar schon länger, hielten ihn aber nicht davon ab, mit der Band weiterzuarbeiten. Nun aber bekam seine Ehefrau erhebliche gesundheitliche Probleme. Nach langem Überlegen entschied er sich dafür, seiner Ehefrau zur Verfügung zu stehen und einen Teil der Pflege und Betreuung zu übernehmen. In der Konsequenz bedeutete dies ein Verzicht auf jegliche Touraktivitäten mit einer Rockband. Steve Morse konnte daher nicht länger Mitglied von Deep Purple bleiben. Nach mehr als einem Vierteljahrhundert verließ Steve Morse die Gruppe. Am 23.07.2022 verkündete die Band den Abschied des Gitarristen.

Neues Album?

Es klingt für eine Band wie Deep Purple mit ihrer langen Geschichte etwas seltsam. Trotzdem könnte „TURNING TO CRIME“ aller Voraussicht nach ein Übergangsalbum sein. So etwas wie eine spontane Party, zu der man aus dem Stand Lust hat. Es als ein ebenbürtiges Album von Deep Purple anzusehen, wäre sicherlich nicht sachgerecht.

Und so ist es schlicht kaum vorstellbar, dass Deep Purple mit diesem Album ihre Karriere beenden wollten. Nach eigener Aussage befindet sich die Gruppe seit 2017 auf ihrer "The Long Goodbye Tour". Und die läuft bekanntlich ohne ein definiertes Enddatum. Ian Paice, letztes verbliebenes Gründungsmitglied, beurteilt diese Frage „je nach momentanem persönlichem Befinden“ mal optimistischer, mal pessimistischer. Don Airey dagegen betrachtet es mit etwas hintersinnigem Humor: „Rockmusiker gehen nicht in den Ruhestand sie fallen einfach um.“ Was nicht weniger bedeutet, als dass sie weitermachen.

Der neue Gitarrist Simon McBride hatte bereits die Katze aus dem Sack gelassen: Er bekommt Songwritinganteile und ist damit nicht nur als reiner Tourgitarrist vorgesehen. Ein neues Studioalbum unter seiner Beteiligung ist daher wahrscheinlich. Ob es tatsächlich und ggf. wann es kommen wird, war im Frühsommer 2023 noch Gegenstand reiner Spekulation. Anders verhält es sich nun im Herbst 2023. Die Albumvorbereitungen laufen. So verkünden es einige Musikmagazine. Freuen wir uns also auf ein weiteres Studioalbum, das voraussichtlich nach der Veröffentlichung dieses Buches erscheinen wird.

Steve Morse - Dienstältester Gitarrist, Virtuose und Sympathieträger (Gitarre – 1994 bis 2022)

Mit Steve Morse trat 1994 ein Amerikaner in die bis dato rein britische Band ein. Steve Morse ist 1954 in Ohio geboren. Er studierte Jazz- und klassische Gitarre, brachte also eine fundierte musikalische Ausbildung mit.

Und er war der Wunschkandidat aller vier verbliebenen Restmitglieder von Deep Purple, nachdem Ritchie Blackmore kurz zuvor überraschend und resigniert ausgestiegen war und der „Übergangsgitarrist“ für die laufende Tour, Joe Satriani, kein festes Bandmitglied werden wollte. Tatsächlich stand der Fortbestand der Band zu diesem Zeitpunkt auf der Kippe. Die letzten Personalwechsel, die nicht von Dauer gewesen waren, noch vor Augen, und die großen Fußstapfen eines Ritchie Blackmore als aktuelles Problem. Ein gleichwertiger Ersatz musste gefunden werden. Das wusste man. Was also tun? Die Gruppe ging in sich. Unbemerkt vor den Augen der Weltöffentlichkeit.

Nach kurzen Überlegungen beschloss man weiterzumachen. Roger Glover äußerte sich seinerzeit dazu eindeutig: „Aufgeben war keine Alternative. Ritchie Blackmore hätte sich sonst als „moralischer Sieger“ fühlen können.“

Denn natürlich glaubte der (mutmaßlich), die anderen könnten nicht ohne ihn als Deep Purple fortbestehen. Diesen Triumph mochte man ihm nicht geben. Die Suche nach einem neuen Gitarristen brachte schließlich Steve Morse in den Fokus der Band. Einstimmig wünschte man seine Mitwirkung.

Zusammenarbeit mit der Band

Steve Morse war in seinem Wesen so ziemlich das Gegenteil von Ritchie Blackmore. Stets lächelnd, sympathisch, teamfähig und uneitel. Darüber hinaus verbindlich und nicht darauf aus, als der

Bandleader wahrgenommen zu werden. Trotz seiner bereits reichlich vorhandenen musikalischen Erfahrungen mit Kansas und den Dixie Dregs war er bereit, sich dem Gruppenprozess unterzuordnen.

Dazu gehörte auch, dass er einige populäre Original-Solo-Passagen tragender Deep Purple-Songs von seinem Vorgänger kritiklos übernehmen musste, was er aber auch bereitwillig tat. Andere Kurzzeitmitglieder hatten sich zu diesem Punkt in der Vergangenheit schon einmal geweigert.

Nicht so Steve Morse. Dieser arbeitete sich konsequent und mit großer Akribie in den Songkatalog ein. Dort wo alle das Gitarrenoriginal erwarteten, etwa bei den großen Klassikern „Highway Star" oder „Smoke On The Water" wurden die Konzertbesucher perfekt bedient. Einigen Songs fügte Steve Morse eigene/ergänzende Soloparts hinzu, die den Song noch ein Stück weiter aufwerteten, so etwa bei „Speed King" oder „Pictures Of Home". Insgesamt verbesserte sich auch die Balance zwischen den wiedererstarkten Keyboards (zunächst noch Jon Lord, später Don Airey) und der Gitarre. Steve Morse legte es anders als sein Vorgänger nie auf eine Dominanz an, sondern ließ auch den Keyboards als zweitem tragenden Soloinstrument ausreichende Entfaltungsmöglichkeiten.

Der Gitarrist Steve Morse

Stilistisch ist Steve Morse deutlich breiter und variantenreicher aufgestellt als Ritchie Blackmore. Neben der Rockmusik ist er auch im Jazz, Country, Folk, Funk und in der klassischen Musik als Gitarrist in Erscheinung getreten.

Das Bandgeschehen erlaubte ihm die eine oder andere Soloaktivität. So ist er etwa seit 2011 u.a. Mitglied der Supergroup „Flying Colors" von Neal Morse, die regelmäßig neue Alben veröffentlicht.

Seine technischen Fähigkeiten sind außerordentlich. Mit seiner früheren Band, den Dixie Dregs spielte er im Fusionbereich, mit Kansas war es Mainstreamrock und auch seine Soloaktivitäten zeigten ihn immer wieder als vielschichtigen Gitarristen, der in allen erdenklichen Stilrichtungen improvisieren kann. Darin ist er Ritchie Blackmore voraus. Im Gegensatz zu Blackmore verfügt er aber nicht über die

Fähigkeit, griffige, massentaugliche Gitarrenriffs aus dem Ärmel zu schütteln. Ein Grund vielleicht, warum in seiner Zeit bei Deep Purple trotz teilweise sehr guten Songmaterials kein wirklicher neuer Klassiker geschaffen wurde.

Charakteristisch für das Gitarrenspiel von Steve Morse sind schnelle Läufe, abgedämpfte Noten, singende Gitarrentöne und der häufige Einsatz von Obertönen, was er meisterhaft beherrscht, hin und wieder aber auch etwas übertreibt.

Bisweilen häufen sich diese Gitarrenläufe auch innerhalb eines Songs und wirken wie ein rauf und runter von Tonleitern in atemberaubender Geschwindigkeit. Die Fülle der Noten macht es den Hörern nicht leicht zu folgen. Steve Morse vermittelte anfangs in seiner Soloarbeit nahezu in jedem Song den Eindruck, er müsse alles abrufen und dabei stets Vollgas geben. Hierdurch entfernte sich das eine oder andere Solo schon einmal vom Grundgerüst des Songs und mutierte zu einer bisweilen übertriebenen Darstellung von Fingerfertigkeiten.

Seit Bob Ezrin 2013 mit dem Album „NOW WHAT?!“ als Produzent der Deep Purple-Alben in Erscheinung trat, wurde es besser, weil songdienlicher. Bob Ezrin nahm sich Zeit für Steve Morse und vermittelte ihm, wie er zu einzelnen Songs sein solistisches Vermögen effektiver einsetzen kann. Gezielt steuerte er das Sologeschehen der Band, indem er beratend einwirkte. Getreu dem Motto, wonach weniger manchmal mehr ist, gewannen die Solopassagen an Aussagekraft, Struktur und Qualität.

Für eine bemerkenswerte Setergänzung bei Deep Purple trug Steve Morse die wesentliche Verantwortung. Zwar lehnte es Ian Gillan regelmäßig ab, Songs seiner Vorgänger oder Nachfolger zu singen. Eine Ausnahme machte er aber bei „Hush“, dem frühen Hiterfolg vom Debüt-Album „SHADES OF DEEP PURPLE“. Steve Morse hatte sich anfangs verwundert darüber geäußert, dass dieser Singlehit der Band nicht im Live-Set vorzufinden war. Seitdem gehörte „Hush“ zu den regelmäßigen, von den Zuschauern dankbar angenommenen Zugaben.

Mit Steve Morse bekam Deep Purple eine Frischzellenkur zur

rechten Zeit. Trotz einiger auch schwächerer Alben unter seiner Mitwirkung (ABANDON, RAPTURE OF THE DEEP) fand die Band zu alter Stärke und Kontinuität zurück und schaffte es, immer wieder neue Kapitel aufzuschlagen.

Darüber hinaus brachte er der Gruppe die lange vermisste Harmonie und Spielfreude zurück.

Ausstieg

Ein familiärer Schicksalsschlag zwang Steve Morse im Frühjahr 2022 nach insgesamt 28 Jahren Zugehörigkeit in der Band, sein Engagement bei Deep Purple zunächst vorübergehend auf Eis zu legen. Seine Frau erkrankte an Krebs.

Für die Gruppe mit ihren weiterhin diversen Live-Verpflichtungen rund um das ganze Jahr wurde es notwendig, eine Vertretung zu finden, die möglichst schnell und reibungslos in die Band integriert werden konnte. In Simon McBride, einem irischen Gitarristen, fanden sie die optimale Besetzung für die Gitarre.

Was zunächst nur als Kurzzeitjob angedacht war, damit Steve Morse eine Pause einlegen kann, entpuppte sich zu einer Nachfolgelösung. Steve Morse war nach einigen Monaten noch nicht wieder bereit, an die Gitarre zurückzukehren bzw. weiter gehende musikalische Verpflichtungen einzugehen. Eine Hängepartie drohte, die weder der Genesung von dessen Frau noch den Interessen der Gruppe gerecht werden konnte. Im Einvernehmen entschied man sich daher für den endgültigen Austritt von Steve Morse.

Das offizielle Statement der Gruppe, die dazu eine Presseerklärung abgab, datierte vom 23. 07. 2022.

Was bleibt?

Obwohl Steve Morse mehr als ein Vierteljahrhundert und damit deutlich länger als Ritchie Blackmore Teil von Deep Purple gewesen war, konnte er die Gruppe nicht in dem Maße prägen, wie dies sein Vorgänger schaffte. In der Zeit von 1968 bis 1993 entstanden 13

Studioalben mit Ritchie Blackmore als Gitarrist, während es in der Ära von Steve Morse lediglich 8 gewesen waren. Bei diesem Vergleich ist auch zu berücksichtigen, dass zwischen 1975 und 1984 keine Aktivitäten stattfanden, da Deep Purple in dieser Zeit aufgelöst waren. Steve Morse kam allerdings zu einem Zeitpunkt zu Deep Purple, als es bereits eine deutliche Schwerpunktverlagerung hin zu mehr Konzerten und weniger neuen Alben gab.

Steve Morse war Gitarrist auf den folgenden Studioalben:

- PURPENDICULAR
- ABANDON
- BANANAS
- RAPTURE OF THE DEEP
- NOW WHAT
- INFINITE
- WHOOSH
- TURNING TO CRIME

Trotz guter bis sehr guter Alben unter seiner Mitwirkung verdeutlichen die Livekonzerte der Gruppe über die Jahre die immer noch bestehende Dominanz der unter Ritchie Blackmore entstandenen Deep Purple - Songs. Deep Purple spielten in all den Jahren zwar immer wieder Stücke aus neueren Studioalben, die während der Zeit von Steve Morse entstanden waren. Dauerhafte Liveklassiker bildeten sich daraus aber nicht. Prägend für die Live-Konzerte sind bis heute vielmehr die während der Anfangszeit der Gruppe entstandenen Werke, bei denen Ritchie Blackmore die Gitarre bediente – allen voran die des 1972er Albums MACHINE HEAD … und doch: Mit Steve Morse verlieren Deep Purple eine Konstante, die 28 Jahre lang dabei war. Angefangen bei „PURPENDICULAR“ 1996 über „ABANDON, BANANAS, RAPTURE OF THE DEEP, NOW WHAT?!, INFINITE, WHOOSH! …“ bis hin zu „TURNING TO CRIME“, dem überraschenden Coveralbum 2021.

Er war damit sehr viel länger der Gitarrist dieser legendären Band, als sein Vorgänger Ritchie Blackmore. Vermochte er in den späteren Jahren die Gruppe auch nicht in dem Maße wie sein Vorgänger zu prägen, so war er doch bei unendlich vielen eindrucksvollen Live-Gigs mit an Bord. Deep Purple verstehen sich schon länger als eine Live-Band.

Aber auch die umtriebigste Live-Band veröffentlicht ab und zu neues Material. In diesem Zusammenhang war unlängst von einer Songwriting-Session die Rede. Sehr wahrscheinlich wird also das Kapitel Deep Purple noch weitergeschrieben. Auch ohne Steve Morse, dessen Verdienste aber bleiben.

Simon McBride - Der richtige Gitarrist zur rechten Zeit

Simon McBride erblickte 1979 in Belfast/Irland das Licht der Welt. Bevor er im Jahr 2022 bei Deep Purple die Nachfolge von Steve Morse antrat, war er nicht nur als Gitarrist, sondern auch als Sänger und Songwriter aktiv gewesen und kann auf etliche Veröffentlichungen zurückblicken. Nach Ritchie Blackmore und Tommy Bolin wurde er der nunmehr vierte Gitarrist der Gruppe.

Der Hang zur Musik entstand bei Simon McBride sehr früh.

Schon als Kind spielte er Gitarre. Als Jugendlicher schloss er sich verschiedenen Bands an, bevor er 2008 mit knapp 30 Jahren seine Solokarriere startete.

Einstieg bei Deep Purple

Der Einstieg bei Deep Purple kam für Simon McBride überraschend. Deep Purple kündigten Anfang 2022 an, dass Steve Morse aus familiären Gründen vorübergehend nicht mit der Band auf Tour gehen würde.

Aufgrund dieser Unpässlichkeit sei man kurzfristig auf der Suche nach einem Tourgitarristen für die laufenden Konzertverpflichtungen, der vertretungsweise und ohne eine große „Einarbeitung“ einspringen könne.

Im näheren Umfeld der Band fiel die Wahl recht bald auf den talentierten Iren. Man kannte ihn bereits als Gitarrist der Solo-Band von Don Airey. Auch ersetzte er 2017 Micky Moody bei Snakecharmer. Damit war er bereits einige Zeit im Dunstkreis von Deep Purple tätig. Als Gitarrist hatte er sich überdies längst einen Namen gemacht. Musiker und Medien schätzten seine solistischen Fähigkeiten und erkannten sehr schnell sein enormes Potenzial. Ian Gillan soll ihn sogar für einen der besten Gitarristen der Welt halten.

So verständigte man sich auf Simon McBrides vertretungsbedingten Einsatz für die geplanten Konzerte im Mai, Juni und Juli 2022. Steve Morse sollte vollwertiges Mitglied bei Deep Purple bleiben. Aber so kam es nicht. Kurze Zeit später erklärte Steve Morse, dass eine nur vorübergehende Auszeit für seine erkrankte Ehefrau nicht ausreichen würde. Der endgültige Ausstieg bei Deep Purple sei für ihn daher unumgänglich.

Die übrigen Mitglieder der Gruppe ernannten daraufhin Simon McBride zu einem vollwertigen Deep Purple - Mitglied, sofern er zustimmen würde. Und er tat es.

In der Presseerklärung dazu hieß:

Wir sind begeistert, dass Simon McBride seiner vollständigen Aufnahme als Mitglied der Band Deep Purple zugestimmt hat. Sein Spiel kann sich mit den ganz Großen messen. Selbstverständlich kann Steve nicht ersetzt werden, ebenso wie Ritchie, und Steve verbindet ein langes Vermächtnis mit Deep Purple. Mit Simon haben wir allerdings nicht nur einen Ersatz gefunden, sondern einen auf seine eigene Art außerordentlich talentierten und aufregenden Gitarristen. Er wurde im Verlauf des Sommers bereits begeistert vom Publikum angenommen und wir freuen uns auf die bevorstehenden Termine in Großbritannien und Europa im Verlauf des restlichen Jahres. Es versteht sich von selbst, dass Simon seinen Vorgängern außerdem großen Respekt entgegenbringt. Wir freuen uns alle darauf, was die kommenden Jahre für die Band bereithalten.

Simon McBride freute sich natürlich ebenfalls: „Zu Beginn der Pandemie hätte ich nur gelacht, wenn mir jemand gesagt hätte, dass ich der neue Gitarrist von Deep Purple werden würde, aber jetzt ist es so weit und es passiert. Deep Purple hat eine Geschichte von großartigen Gitarristen, und ich fühle mich sehr geehrt, dass man mich gebeten hat, ein Teil davon zu sein. Sie sind alle fantastische Musiker und, was noch wichtiger ist, ich bin mit den Jungs sehr gut befreundet, so dass ich es kaum erwarten kann, weiter zu touren und vielleicht sogar etwas zu schreiben und aufzunehmen."

Keine Frage, das klang überzeugend in der Ansage. Nach alledem bringt Simon McBride die richtige Einstellung für seine Arbeit in einer derart weltbekannten und berühmten Band mit. Dabei macht er sich keine Illusionen über seinen Input: „Klar spielen Deep Purple nur ihre eigenen Songs, nicht meine“, betonte er. Die Gruppe habe ein so großes Vermögen an Songs, dass sie keine fremden Stücke einbauen müssen. Auch sei völlig klar, dass er das Solo von „Highway Star“ oder die tragenden Passagen von „Lazy“ originalgetreu nachspielt. Darüber hinaus gelte dies auch noch für einige andere Songs. Das seien Sachen, die einfach sein müssten. Trotzdem ließe ihm die Show genug Rahmen für eigene Improvisationen.

Als Gitarrist habe er aber auch die Verantwortung für einen gewichtigen Songbeitrag, wenn es um neue Songs gehen wird, sei er sich seiner Position durchaus bewusst.

Man darf also gespannt sein, ob Deep Purple in absehbarer Zeit mit einem neuen Album aufwarten, auf dem Simon McBride Gitarrist (und Songautor?) sein wird.

In jedem Fall – und das zeigten bereits die ersten Liveauftritte – haben Deep Purple bei der Personalauswahl erneut ein glückliches Händchen gehabt.

Die Gitarristen bei Deep Purple

Schaut man genau hin, schien Deep Purple zuletzt wieder in eine etwas ruhigere, um nicht zu sagen „kraftlose" Phase hinein geraten zu sein. Dies geschah immer kurz bevor sich ein personeller Wechsel abzeichnete. Nun kann man die Umstände und die Personen nicht miteinander vergleichen. Jedoch ist nach über 20 Jahren personeller Kontinuität, die es zuvor nie bei Deep Purple gegeben hatte, wieder ein Wechsel eingetreten. Und er scheint der Band erneut gut zu tun – selbstverständlich ohne Steve Morse dabei in irgendeiner Form zu kritisieren. Er war der dienstälteste Gitarrist der Band und es ist sehr fraglich, ob es Stand heute noch einmal mindestens 20 Jahre werden. Schaut man sich die Gitarristen nach Ritchie Blackmore an, gab es immer Unterschiede zu Blackmore und der Spielweise in seinen Songs. Simon McBride hingegen macht diese Unterschiede ein Stück weit unsichtbarer als seine Vorgänger, indem er perfekt in die ihm zugedachte Rolle schlüpft. Erste Liveauftritte aus diesem Jahr lassen gar die Vermutung aufkommen, die Originale der alten Deep Purple – Songs scheinen durch seine Interpretation sogar noch ein Stück besser zu werden. Offensichtlich haben Deep Purple den für sie besten Gitarristen gefunden. Vielleicht eine Frischzellenkur genau zur richtigen Zeit …

Das Arbeitsprinzip von Deep Purple

Schaut man auf die jahrzehntelangen Erfolge von Deep Purple, fragt man sich unweigerlich, was genau ihr Erfolgsrezept ist.

Deep Purple waren stets ein Musterbeispiel für eine funktionierende Demokratie in einer Band. Und das, obwohl sie sich nicht als fünf Freunde zusammengefunden haben.

Es gab und gibt keinen ausgewiesenen Bandleader. Mit dieser prinzipiellen Gleichberechtigung aller Mitglieder stehen sie allerdings ziemlich allein da. Die Mehrheit aller langjährig erfolgreichen Musikgruppen kennzeichnet eine klare Hierarchie und immer einen, der den Hut aufhat. Deep Purple beweisen, dass es auch anders geht.

Die Songs entstehen noch heute weitgehend in gemeinsamer Studioarbeit und aus ihren Jam-Sessions. Lange Zeit gab es keine Streits um die Credits und Autorenanteile an den Songs. Erst nach dem Wechsel der Mark II – zur Mark III – Besetzung und konkret beim Album „BURN“ 1974 setzte Ritchie Blackmore die bisher automatische Nennung aller fünf Mitglieder als Autoren außer Kraft. Seiner Ansicht nach entsprach die gleichgewichtige Aufzählung aller Mitglieder nicht dem tatsächlichen Autorenanteil an den Songs. Es war nicht überraschend, dass er damit ausdrücken wollte, er sei eigentlich immer am Songwriting wesentlich beteiligt, alle anderen aber nun einmal nicht.

Noch nach seinem endgültigen Ausscheiden 1993 erklärte er in einer Art Blick zurück im Zorn, die anderen vier hätten nichts zu bieten, was das Komponieren angeht.

Tatsächlich unterscheiden sich Deep Purple auch im Songwriting von vielen anderen erfolgreichen Bands ihrer Zeit, die hauptsächlich über einen Songschreiber oder ein Autorenduo verfügen. Bei den Beatles waren es seinerzeit Lennon/McCartney, bei den Rolling Stones Jagger/Richards, die Who bekamen ihr Songmaterial von Pete Townshend geschrieben, Led Zeppelin in der Hauptsache von Jimmy Page und Robert Plant.

Die Einzelheiten bei der Ausweisung der Autorenanteile sind bandintern zuweilen umstritten. Man weiß von den Rolling Stones, dass der langjährige Bassist Bill Wyman einige wesentliche Riffs und Harmonien für sich reklamierte. Mick Jagger bestritt dagegen eine „wesentliche“ Beteiligung Wymans am Songwriting der Band und so blieb es bei der Nennung „Jagger/Richards“. Einen goldenen Weg gibt es sicher nicht. In der Regel weist der Erfolg den Weg und es besteht Einigungsnotwendigkeit.

Klar und unbestritten war stets, dass Deep Purple eine Gitarrenband sind. Ritchie Blackmore hatte daraus und als Mitgründer eine starke Position. Gleiches gilt für Keyboarder Jon Lord als Gründer und ältester Musiker. Aber stimmt das wirklich? Die ersten Alben waren eher von der Orgel dominiert.

Das Verhältnis der beiden Soloinstrumente E-Gitarre und Orgel war ursprünglich nahezu gleichberechtigt, verschob sich im Laufe der

Zeit der Mark II – Besetzung ein Stück weit in Richtung Gitarre, was sehr wesentlich auf den Geltungsdrang Ritchie Blackmores zurückzuführen war. Mit dem Wechsel von Ritchie Blackmore zu Steve Morse und später Jon Lord zu Don Airey stieg das Gewicht der Orgel wieder ein Stück weit an. In der Regel dominierte jedoch die Gitarre. Hard Rock wird nun einmal riffbetont eher von der Gitarre geprägt. Und doch sind die Keyboards bei Deep Purple stärker als in anderen Hard Rock - Formationen.

Machtkämpfe gab es während der Mark II – Besetzung ab 1970 um die Position des Bandleaders. Ritchie Blackmore begann, eine Vormachtstellung aufzubauen und sah sie durch den neuen Sänger Ian Gillan gefährdet. Daraus resultierten Störmanöver spätestens ab 1972 während der Aufnahmen zu „MACHINE HEAD". Auch in der späteren Reunion setzten sich die Streite zwischen den beiden fort, jedoch ohne die Qualität der Alben zu gefährden.

Nach dem Ausscheiden Ritchie Blackmores kehrte die Band zu ihrem alten Demokratieprinzip zurück, denn Nachfolger Steve Morse fügte sich gleichberechtigt und nicht übergeordnet ein. Deep Purple hatte nie einen wirklichen Leader und sie brauchen ihn auch nicht. Natürlich dauern Entscheidungen in einer demokratisch ausgerichteten Gruppe länger als in einer Autokratie, wo lediglich einer das Sagen hat. So kann die Entscheidung für ein neues Album schon einmal acht Jahre dauern – so geschehen zwischen „RAPTURE OF THE DEEP" 2005 und „NOW WHAT?!" 2013. Aber wenn es dann so weit ist, wollen es alle.

Das Songwriting funktioniert seit Beginn der Band in gemeinsamen Sessions. Eine erste Idee einer Harmonie, Rhythmik oder Melodie, die von jedem aus der Gruppe kommen kann, wird gemeinsam ausgearbeitet. Es gibt im Prinzip keine fertig arrangierten Songs, die lediglich ein Gruppenmitglied geschrieben hat. Dadurch hat jeder die Möglichkeit, seine Zutaten hineinzugeben und das nachher fertige Ergebnis ein Stück weit mit zu beeinflussen. Als „Instrumentalband mit einem Sänger" (Ian Gillan) entsteht ihre Musik in der Regel vor dem Text und vor den Gesangsmelodien. Laut Roger Glover funktionierte das von Anfang an und wurde immer beibehalten.

Inzwischen ist mit Bob Ezrin der Produzent der letzten Deep Purple – Alben sehr stark an diesem Prozess beteiligt. Seine Aufgabe ist die eines zusätzlichen Korrektivs. Er bündelt die vorhandenen Ideen und entscheidet, woran weitergearbeitet wird. Er war es auch, der die instrumentale Kraft der Band in den Vordergrund ihrer Arbeitsprozesse geschoben hat, indem er sie anhielt zu jammen, wobei auch die Stimme Ian Gillans als ein Instrument eingesetzt wurde. So definieren sie sich inzwischen nicht mehr über ihre Songs, auch wenn das immer wieder passiert, wenn der Name „Deep Purple" fällt. Klar … „Smoke On The Water", „Child In Time", „Highway Star" usw. … Es ist vielmehr ihre instrumentale Wucht, die im Zusammenspiel ihr Alleinstellungsmerkmal bildet und sie aus hunderten anderer Bands heraushebt.

Neben den gelegentlichen Studioaufnahmen für neue Alben verstehen sich Deep Purple in der Hauptsache als eine Live-Band. Touren rund um den Erdball und prinzipiell in jedem Jahr bestimmen den Terminkalender. Wenn sie für eine neue Platte ins Studio gehen, empfinden sie das als eine Unterbrechung ihrer Touren.

Denn eigentlich sind sie immer auf Tour.

Und trotzdem gibt es keinen Masterplan. Laut eigener Aussage haben Deep Purple schon seit längerer Zeit keine konkreten Pläne für ihre Zukunft. Sie legen eine Tour fest oder sie entscheiden sich für Aufnahmen zu einem neuen Album. Im Prinzip geht es step by step immer irgendwie weiter.

Natürlich sind sie sich ihres fortgeschrittenen Alters bewusst. Vielleicht ist auch das ein Grund, warum sie Zukunftspläne ablehnen.

Das Arbeitsprinzip von Deep Purple unterscheidet sich insgesamt in einigen Punkten deutlich von anderen erfolgreichen Musikgruppen. Indem sie noch immer im Business mitschwimmen, und das erfolgreich, beweisen sie, dass es auch anders geht.

Ian Gillan, der Charismatische - Mit „Child In Time“ auf dem Weg in die Unsterblichkeit

Ian Gillan entstammt einer musikalischen Familie. Der 1945 geborene britische Sänger zählte Opernsänger und Jazzpianisten zu seiner Verwandtschaft, was sein frühzeitiges musikalisches Interesse erklären könnte.

Bereits in den 60er-Jahren sammelte Ian Gillan diverse Erfahrungen als Sänger, darunter fiel 1965 die schicksalhafte Begegnung mit Roger Glover, als Gillan bei Episode Six einstieg, deren Bassist Glover war. Gemeinsam traten sie 1969 Deep Purple bei und wurden zur legendären Mark II - Besetzung.

Zusammenarbeit mit Deep Purple

Ian Gillan übernahm das Mikrophon von Rod Evans, dessen Gesangsqualitäten für den beabsichtigten Stilwechsel zum Hard Rock nicht ausreichten. Zusammen mit Roger Glover sorgte Gillan auf den Alben der Mark II-Phase für besseres Songwriting, druckvoll gespielten und gesungenen Hard Rock und legendäre Studioveröffentlichungen, die Deep Purple im Genre ganz nach vorn brachten. Mit „In Rock“ sorgten sie für einen Meilenstein, der alles danach veränderte. Es war Ian Gillan vorbehalten, mit seinem bestenfalls vier Oktaven umfassenden Gesang „Child In Time“ zu einem unsterblichen Monument der Band zu machen. Fluch und Segen zugleich, denn nach 1993 war der ältere Ian Gillan nicht mehr in der Lage, dieses Stück live zu singen.

Ian Gillan konzentriert sich bei Deep Purple ausschließlich auf den Gesang. Da niemand sonst aus der Gruppe singt, gelegentlich sporadischen Backgroundgesang während der Konzerte mal ausgenommen, waren anfangs die Refrains selten stark mit Backgrounds untersetzt – und wenn, dann auch mit Ian Gillans Stimme. Auf den späteren Alben wurde der Refrain stärker gesanglich unterfüttert. Es blieb aber bis heute dabei, dass Ian Gillan den Gesang weitgehend allein bestreitet.

Ian Gillan spielt als einziges Instrument bei Deep Purple gelegentlich Mundharmonika, so auf „Lazy". Live bediente er früher ein paar Congas während der Instrumentalparts seiner Kollegen, was er zuletzt aber nicht mehr tat.

Beim Songwriting gilt die Gleichberechtigung in der Gruppe. Vielfach entstehen die Songs im Grundgerüst in gemeinsamen Studiosessions. Ian Gillan zeichnet – häufig gemeinsam mit Roger Glover - für die Texte und Gesangsharmonien verantwortlich.

Insgesamt waren die ersten Jahre Gillans bei Deep Purple höchst erfolgreich, aber für ihn selbst mitunter nicht leicht zu ertragen. In Ritchie Blackmore hatte er bereits 1971 einen Dauer-Widersacher, der keinem Streit aus dem Weg ging. So entwickelten sie in musikalischen Fragen häufig sehr unterschiedliche Vorstellungen. Auch schwelte dabei im Hintergrund der Konflikt um die Führung der Band.

In der Folge verließ Ian Gillan Deep Purple zwei Mal nach andauernden Auseinandersetzungen mit Ritchie Blackmore. Zweimal kehrte er aber auch wieder zurück. Anschließend ging Ritchie Blackmore im Zorn und wird wohl endgültig nicht mehr dabei sein.

Zwischen 1970 und 1973 war Ian Gillan Teil der künstlerisch und kommerziell erfolgreichsten Phase Deep Purples als deren Sänger. Die bis heute zu den besten Alben zählenden „In Rock" (1970), „FIREBALL" (1971), „MACHINE HEAD" (1972) sowie das legendäre Live-Doppelalbum „MADE IN JAPAN" (1972) fielen in diese Zeit. Ian Gillan prägte sie maßgeblich mit.

Die Solokarriere

Während seiner Abwesenheit von Deep Purple nach den jeweiligen Ausstiegen versuchte sich Ian Gillan kurzzeitig außerhalb des Musikbusiness als Unternehmer, bewies dabei aber weder ein glückliches Händchen, noch längeres Durchhaltevermögen. Die Gründung der Ian Gillan Band brachte ihn 1975 zurück zur Musik. Nach einigen Jahren und weiteren Soloaktivitäten kam es zu einer bemerkenswerten Zusammenarbeit. Ian Gillan löste angeblich eine unter Alkoholeinfluss gegebene Zusage ein und wurde Sänger bei Black Sabbath, nachdem die Position dort vakant gewesen war. Gemeinsam spielten sie das Album „Born Again“ (1983) ein. Während das Album selbst Fans und Kritiker mit eher gespaltenen Meinungen zurückließ, erkannten die Musiker recht schnell, dass die Zusammenarbeit zwischen Ian Gillan und Black Sabbath musikalisch nicht so richtig zu passen schien. Sie wurde deshalb kurzerhand wieder beendet.

Die überraschende Reunion 1984 und der Wiedereinstieg 1992

Für Ian Gillan ging es aber sofort weiter. Bei der sich abzeichnenden Reunion von Deep Purple war er wieder als Sänger vorgesehen.

Diese erste Reunion von Deep Purple fand kurz darauf 1984 statt und führte mit „PERFECT STRANGERS“ zu einem weiteren Karrierehöhepunkt, den er mitprägte. Die Zusammenarbeit endete nach dem nächsten, nicht mehr so erfolgreichen Album „THE HOUSE OF BLUE LIGHT“ jedoch in neuerlichen Streitigkeiten und führte 1989 für Ian Gillan zum nochmaligen Verlassen der Gruppe.

Sein Nachfolger Joe Lynn Turner konnte sich aber nicht durchsetzen. Und so kam es 1992 zu dem kuriosen dritten Neu- bzw. zweiten Wiedereinstieg bei Deep Purple. Ritchie Blackmore, scheinbar nicht vollends überzeugt, wurde zu dieser Zeit von den anderen Gruppenmitgliedern überstimmt und gab seinen Widerstand auf. Ian Gillan blieb fortan bis heute bei Deep Purple, während sein langjähriger Widersacher Ritchie Blackmore 1993 seinen wohl endgültigen Ausstieg aus der Gruppe vollzog.

Ein Sänger mit vielen Facetten

Als Rocksänger prägte Ian Gillan den Gesang im Hard Rock und erwies sich dabei als sehr facettenreich. Auf „MADE IN JAPAN“ setzte er sogar live mit vollem improvisatorischem Risiko seine Stimme wie ein Instrument ein und ahmte die Gitarre nach. Unsterblich aber wurde er durch seinen außergewöhnlichen Vortrag bei „Child In Time“ vom Album „DEEP PURPLE IN ROCK“ im Jahr 1970. Während seiner Zeit außerhalb von Deep Purple nahm er den Song in einer abgewandelten und sehr entspannten Rock-Fusion-Version für sein gleichnamiges Soloalbum als „Ian Gillan Band“ auf. Überhaupt zeigte sich Ian Gillan bei seinen zahlreichen Soloaktivitäten gern völlig konträr zu Deep Purple. Er experimentierte dabei neben dem Rock häufig mit Blues- und Folkeinflüssen. Das über 50-jährige Schaffen Ian Gillans enthält neben den Deep Purple – Produktionen unter seiner Mitwirkung eine Vielzahl von Solo- Veröffentlichungen sowie diverse Kollaborationen mit anderen Musikern, die zeigen, wie aktiv der Musiker auch neben Deep Purple war und ist. Die nachfolgende Aufstellung belegt auszugsweise die wichtigsten Veröffentlichungen unter Beteiligung Ian Gillans.

Die Zukunft von Deep Purple wird sicherlich ein Stück weit davon abhängen, wie lange Ian Gillan noch bei Stimme ist. Als Sänger einer Hard Rock – Formation hat er schließlich den härtesten Job von allen. Die letzten Studioalben klangen immer noch sehr gut. Live nimmt er sich hier und da eine Auszeit, die von den Musikern überbrückt wird. Aber nach eigener Aussage hat er noch etwas im Tank. Na denn ...

Diskografie Ian Gillan

Episode Six
* Put Yourself In My Place (1987)
* The Complete Episode Six (1991)
* The Radio One Club Sessions Live 1968/69 (1997)
* Live At The BBC (1999)

Deep Purple
* CONCERTO FOR GROUP AND ORCHESTRA (1969)
* DEEP PURPLE IN ROCK (1970)
* FIREBALL (1971)
* MACHINE HEAD (1972)
* MADE IN JAPAN (1972) (Live 1972)
* WHO DO WE THINK WE ARE (1973)
* PERFECT STRANGERS (1984)
* THE HOUSE OF THE BLUE LIGHT (1987)
* NOBODY’S PERFECT (1988) (Live 1987)
* SCANDINAVIAN NIGHTS (1988) (Live 1970)

* THE BATTLE RAGES ON (1993)
* COME HELL OR HIGH WATER (1994) (Live 1993)
* PURPENDICULAR (1996)
* LIVE AT THE OLYMPIA (1996) (Live 1996)
* ABANDON (1998)
* TOTAL ABANDON (1999) (Live 1999)
* LIVE AT THE ROYAL ALBERT HALL (2000) (Live 1999)
* BANANAS (2003)
* RAPTURE OF THE DEEP (2005)
* LIVE AT MONTREUX (2007) (Live 1996 & 2000)
* THEY ALL CAME DOWN TO MONTREUX (2007) (Live 2006)
* NOW WHAT (2013)
* INFINITE (2017)
* WHOOSH! (2020)
* TURNING TOO CRIME (2021)

Ian Gillan Band

* Child In Time (1976)
* Clear Air Turbulence (1977)
* Scarabus (1977)
* Live At The Budokan (1977)
* Ian Gillan Band Live At The Rainbow (1998)

Gillan

* Mr. Universe (1979)
* Glory Road (1980)
* For Gillan Fans Only (1980) (EP)
* Future Shock (1981)
* Double Trouble (1981)
* Magic (1982)
* Live At Reading '80 (1990)
* The Gillan Tapes Vol. 1 (1997)
* The BBC Tapes Vol 1: Dead Of Night '79 (1997)
* The BBC Tapes Vol 2: Unchain Your Brain '80 (1997)
* The Gillan Tapes Vol. 2 (1999)
* The Gillan Tapes Vol. 3 (2000)

Black Sabbath
* Born Again (1983)

Solo
* Garth Rockett & The Moonshiners (1990)
* Naked Thunder (1990)
* Toolbox (1991)
* Dreamcatcher (1997)
* Gillan's Inn (2006)
* Live In Anaheim (2008)

Andere Projekte
* Andrew Lloyd Webber/Tim Rice - Jesus Christ Superstar (1970)
* Roger Glover - The Butterfly Ball (live) (1975)
* Zero Nine - Blank Verse (1982)
* Gillan-Glover - Accidentally On Purpose (1988)
* Pretty Maids - In Santa's Claws on „A Merry Jingle“ (1990)
* The Bolland Project - Darwin The Evolution (1991)
* The Javelins - Sole Agency And Representation (1994)
* Jon Lord's Concerto (1999)
* Ian Gillan - Eternity (Blue Dragon OST) (2006)
* Hoochie Coochie Men (feat. Jon Lord) (2007)

Roger Glover – Ausgleichender Charakter und unterschätzter Allrounder

Roger Glover erblickte 1945 das Licht der Welt. Bereits als Teenager entwickelte er ein stärkeres Interesse an Musik und wirkte als Bassist in Bands seiner walisischen Heimat mit, so unter anderem in der Gruppe Episode Six.

Er war bereits einige Jahre Mitglied in dieser Gruppe, als 1965 Ian Gillan als deren Sänger verpflichtet wurde.

Mit Episode Six waren sie in den Folgejahren nur mäßig erfolgreich, was beide zu Überlegungen eines Wechsels brachte. Zur gleichen Zeit ergab sich ein Kontakt zwischen Ian Gillan und Jon Lord. Die bereits bestehenden Deep Purple, namentlich Jon Lord, Ritchie Blackmore und Ian Paice beabsichtigten Sänger Rod Evans auszuwechseln. Ian Gillan sagte zu, machte aber zur Bedingung, Roger Glover als Bassist mitbringen zu dürfen. Ritchie Blackmore, Jon Lord und Ian Paice sahen keinen musikalischen Grund, Nick Simper gegen Roger Glover einzutauschen. Das Verlangen nach einem Stabwechsel beim Gesang war jedoch so groß, dass sie sich darauf einließen. Gillan und Glover galten außerdem bereits als ein eingespieltes Songwriterpaar, was zusätzlich für ihre Verpflichtung sprach.

Kurz darauf sagte auch Roger Glover zu. Deep Purple hatten ihre bis dahin stärkste Besetzung gefunden.

Sie spielten in der Zeit von 1969 bis 1973 die legendären Alben „DEEP PURPLE IN ROCK“, „FIREBALL“, „MACHINE HEAD“ und „WHO DO WE THINK WE ARE“ ein.

Zusammenarbeit mit Deep Purple

Als Musiker fühlte sich Roger Glover bei Deep Purple lange Zeit wie das fünfte Rad am Wagen, wie er selbst einmal zugab. Dabei hatte er die Klasse seiner Mitmusiker vor Augen, die allesamt virtuose Solisten waren – einschließlich Sänger Ian Gillan. Er glaubte, mit ihnen nicht mithalten zu können. Sicher auch ein Grund, weshalb er sich frühzeitig nicht nur als ausgleichendes Element bzw. ruhender Pol unter Hitzköpfen, sondern auch als dienender Part anderer wichtiger Funktionen innerhalb der Band sah. Das Songwriting lag ihm am Herzen. Gemeinsam mit Sänger Ian Gillan textete er die Stücke. Auch bei den Kompositionen war er regelmäßig beteiligt. Spätestens seit Deep Purple eine genauere Verteilung der Credits beschlossen hatten, war er Mitautor der meisten Songs. Dem Vernehmen nach war er es, der die Titelzeile zu „Smoke On The Water" erfand. Für sich gesehen nichts Besonderes, weil es nicht mehr als ein simpler Satz war, der beschrieb, was er beim Blick aus dem Fenster sah. Dennoch ein Satz für die Ewigkeit.

Als Produzent von Deep Purple begleitete er die Alben der Gruppe nach der Reunion 1984 bis 1998. Bis heute überwacht er gemeinsam mit dem Produzenten Bob Ezrin die Entstehung der Alben. Seine Sicht auf die eigene Rolle begründet Roger Glover damit, dass er als Bassist nicht so sehr im Vordergrund stehe und deshalb einen guten Überblick über das gesamte musikalische Geschehen habe. Durch seine zahlreichen Tätigkeiten rund um das Songwriting und die Produktion zeigte sich Roger Glover als jemand, der nicht nur den Bass bedienen, sondern der wie ein Allrounder notwendige weitere Funktionen übernehmen kann. Das stärkte seine Position innerhalb der Gruppe nicht unerheblich.

Als Bassist spielt er druckvoll und zugleich einfühlsam, in jedem Fall aber mannschaftsdienlich. Betrachtet man seine zahlreichen musikalischen Beteiligungen und sein Wirken für Deep Purple, so wird Roger Glover eher unter- als überschätzt.

Dass er seiner besonderen Rolle in der Gruppe sehr gut gerecht wird, bestätigte einmal Steve Morse, der betonte, Roger Glover sei der erste Freund, den man bei Purple finden würde.

Roger Glover versteht sich auch als einer derjenigen, die bei Deep Purple nicht das Karriereende herbeireden. Sich seines Alters bewusst zu sein, aber dennoch immer an das nächste neue Album zu glauben und auch weiterhin Konzerte zu geben – all dies ist seine Prämisse. So hält er deutlicher als andere die Fahne hoch. Schließlich empfindet er es als außergewöhnliches Glück, vom Schicksal zu Deep Purple gebracht worden zu sein – immer im mitschwingenden Bewusstsein, er sei doch niemals so gut wie die anderen in der Band. Selbst bei Steve Morses spätem Eintritt bei Deep Purple gab es noch die Situation, wo er sich nicht auf einer Stufe mit diesem Ausnahmegitarristen sah.

Roger Glover spielt Bässe des französischen Herstellers Vigier. Nach eigener Aussage bevorzugt er wenig Kompression und einen klaren, leicht rauen, in jedem Fall tiefen Sound. Bässe dürfen für ihn nicht höhenlastig sein. Damit fügen sie sich ideal in den gewünschten Hard Rock-Sound ein.

Ausstieg und Rückkehr zu Deep Purple

Roger Glover teilte 1973 das Schicksal von Ian Gillan, der die Band nach Streitigkeiten verlassen sollte. Es gab in seinem Fall zwar keinen stichhaltigen Grund für eine Kündigung. Jedoch reichte es zum damaligen Zeitpunkt aus, bei Ritchie Blackmore in Ungnade gefallen zu sein.

Wie bei Ian Gillan bedeutete dies für Roger Glover auch die Suche nach geeigneten Soloaktivitäten. Er begann in erster Linie als Produzent zu arbeiten und geriet dabei an erfolgreiche Bands und ihre Produktionen. So produzierte er unter anderem für Rory Gallagher, Nazareth, Status Quo und Judas Priest sowie – erneut mit Ritchie Blackmore – bei Rainbow. Eine Zeit lang war er Bassist und Produzent von Rainbow.

Ritchie Blackmore löste Rainbow 1984 wieder auf, um bei der Reunion von Deep Purple mitzuwirken – wie auch Roger Glover. Der übernahm fortan bei Deep Purple nicht nur wieder den Bass, sondern produzierte einstweilen auch die folgenden Alben „PERFECT STRANGERS“, „THE HOUSE OF BLUE LIGHT“, „SLAVES AND MASTERS“, „THE BATTLE RAGES ON“, „PURPENDICULAR“ und „ABANDON“. Das brachte ihm ordentlich Mehrarbeit ein, wie er einmal beklagte. Während die anderen Mitglieder von Deep Purple nach dem Einspielen ihrer Tonspuren fertig waren und nach Hause fahren konnten, begann seine Produzentenarbeit erst.

Mit dem Album „ABANDON“ verständigte man sich 1998, die Produktion künftiger Aufnahmen wieder in externe Hände zu legen.

Durch seine Produzentenarbeit war Roger Glover an zahlreichen Musikproduktionen beteiligt, die neben seinen Band- und Soloaktivitäten zu erwähnen sind. Aber auch als Musiker ist Roger Glover breit aufgestellt, wie die zahlreichen und sehr unterschiedlichen Produktionen zeigen. Sie sind eher der Popmusik im weitesten Sinne zuzuordnen oder experimentell angelegt.

Diskografie Roger Glover

Mitwirkung bei Episode Six
* Put Yourself In My Place (1987)
* The Complete Episode Six – 1963–1965 (1991)

Mitwirkung bei Deep Purple
* CONCERTO FOR GROUP AND ORCHESTRA (1969)
* DEEP PURPLE IN ROCK (1970)
* FIREBALL (1971)
* MACHINE HEAD (1972)
* WHO DO WE THINK WE ARE (1973)
* PERFECT STRANGERS (1984)
* THE HOUSE OF BLUE LIGHT (1987)
* SLAVES & MASTERS (1990)
* THE BATTLE RAGES ON (1993)
* PURPENDICULAR (1996)* ABANDON (1998)
* CONCERTO FOR GROUP AND ORCHESTRA (1999)
* BANANAS (2003)
* RAPTURE OF THE DEEP (2005)
* NOW WHAT?! (2013)
* INFINITE (2017)
* WHOOSH! (2020)
* TURNING TO CRIME (2021)

Mitwirkung bei Rainbow
* Down To Earth (1979)
* Difficult To Cure (1980)
* Straight Between The Eyes (1983)

* Bent Out Of Shape (1983)

Soloalben
Roger Glover & Guests
* The Butterfly Ball (1974)
Roger Glover
* Elements (1978)
* Mask (1984)
* The Butterfly Ball & Wizards Convention (1989)

Gillan/Glover
* Accidentally On Purpose (1988)

Roger Glover & The Guilty Party
* Snapshot (2002)
* If Life Was Easy (2011)

Produktionen/keine abschließende Aufzählung
* Jon Lord – Gemini Suite (1972)
* Elf – Elf (1972), California Country Ball (1974), Trying To BURN
* The Sun (1975)
* Nazareth – Razamanaz (1973), Loud'n Proud (1973), Rampant (1974)
* Hardin & York – With Charlie McCraken (1974)
* Andy Mackay – In Search Of Eddie Riff (1974)
* Spencer Davis Group – Living In The Back Street (1974)
* Rory Gallagher – Calling Card (1976)
* Status Quo – Wild Side Of Life/All Through The Night (Single 1976)
* Ian Gillan – Child In Time (1976)
* David Coverdale – White Snake (1977), North Winds (1978)
* Judas Priest – Sin After Sin (1977)
* Rainbow – Down to Earth (1979)
* MSG – The Michael Schenker Group (1980)
* Rainbow – Difficult to Cure (1981), Straight Between The Eyes (1982), Bent Out Of Shape (1983)

Ian Paice, der Konstante - Schlagzeugvirtuose, Ruhepol und letztes verbliebenes Gründungsmitglied

Ian Anderson Paice kam 1948 im britischen Nottingham zur Welt.

Als erstes Musikinstrument besaß er eine Violine. Sein wahres Talent aber war das Schlagzeugspiel, was auch bald darauf erkennbar wurde. Mit 15 Jahren bekam er ein Schlagzeug geschenkt. Ian Paice ist Linkshänder und blieb dabei auch beim Schlagzeugspielen.

Über verschiedene Banderfahrungen landete er bei „The Maze", deren Sänger Rod Evans war. Nach einem eher zufälligen Kontakt mit Ritchie Blackmore geriet Ian Paice ins Blickfeld der sich in Gründung befindlichen Deep Purple und schloss sich ihnen an. Mit der gleichen Überlegung bewarb sich daraufhin Rod Evans erfolgreich bei Deep Purple. Während Rod Evans nach dem dritten Album bereits wieder gehen musste, blieb Ian Paice bis heute bei Deep Purple. Er ist damit das einzige noch verbliebene Gründungsmitglied.

Als sich Deep Purple 1976 erstmalig auflösten, trat Ian Paice zwischenzeitlich David Coverdales „Whitesnake" und der Formation von Gary Moore bei. Zuvor gründete er gemeinsam mit Jon Lord „Paice, Ashton & Lord", denen aber nur eine kurze Zusammenarbeit beschieden war.

Neben seiner Arbeit mit Deep Purple ist er als Gastmusiker bis heute vielfältig gefragt.

Ian Paice ist außerdem Mitglied der Deep Purple Coverband „PURPENDICULAR", mit der er aktuell gelegentlich tourt.

Zusammenarbeit mit Deep Purple

Als letztes noch vorhandenes Gründungsmitglied von Deep Purple ist Ian Paice an jedem ihrer Alben beteiligt und spielte alle Tourneen. Lediglich 2016 fiel er einmal kurzfristig aus, als er einen kleinen Schlaganfall erlitt. Deep Purple waren zu diesem Zeitpunkt auf Tour und mussten daher einen geplanten Auftritt absagen. Ian Paice erholte sich glücklicherweise schnell und behielt nichts zurück, was ihn an der Fortsetzung der Zusammenarbeit bei Deep Purple hinderte.

Über Ian Paice als Schlagzeuger von Deep Purple gab es nie Zweifel, Kritik oder Auseinandersetzungen in dieser eigentlich recht streitbaren Band. Damit ist er auch der einzige gewesen, über den es keine zwei Meinungen gab. Die musikalischen und personellen Entscheidungen trug er mit, ohne an vorderster Front für oder gegen etwas oder jemanden einzutreten. Er war stets für die Gruppe und ihren Fortbestand und deshalb auch immer in der Fraktion der zur Fortsetzung bereiten Musiker.

Aber auch er hatte zwischenzeitlich Abwanderungsgedanken. Ritchie Blackmore versuchte mehrere Male, Ian Paice für eine eigene Band zu gewinnen. Dem Vernehmen nach soll dieser auch nicht abgeneigt gewesen sein. Im Kern ging es um eine Besetzung wie sie „Cream" hatten, also eine Reduzierung auf die Kernbereiche Gitarre, Bass, Schlagzeug, verbunden mit einer maximalen Improvisationsfreiheit. Der Sprunghaftigkeit Blackmores dürfte zu verdanken sein, dass Ian Paice noch heute die Drums bei Deep Purple bedient, denn dieser Gedanke Blackmores wurde nicht realisiert. Allerdings scheiterte das Vorhaben auch daran, dass man einen geeigneten Bassisten (und Sänger) nicht fand. Der damals gehandelte Phil Lynott von „Thin Lizzy" wurde für nicht ausreichend befunden, nachdem man eine gemeinsame Probe absolviert hatte.

Vom ersten Album an überzeugte das Schlagzeugspiel von Ian Paice alle Kritiker. Zuverlässig, virtuos, druckvoll und einfallsreich sorgt er bis heute für den soliden Background. Das sehen und sahen auch seine Mitstreiter so. Er ist nie in Frage gestellt worden.

Deep Purple haben in der Vergangenheit immer mal wieder die Verfahrensweise bei der Aufteilung und Zuordnung der Kompositionsanteile verändert. Soweit die Bandmitglieder einzeln als Autoren der Songs aufgeführt wurden, war daraus ersichtlich, dass nicht die gesamte Gruppe an der Entstehung eines Songs beteiligt war, sondern eben nur die genannten Musiker. Für Schlagzeuger ist diese Regelung häufig ein Nachteil und Ausschlusskriterium. Schlagzeuger kreieren keine Musik, finden keine Harmonien und schreiben daher auch in der Regel selten eigene Songs. Sie erfüllen in der Regel die dienende

Funktion der rhythmischen Begleitung.

Und doch gibt es Schlagzeuger, die eben nicht nur eine musikalische Idee der Gitarristen oder Keyboarder begleiten, sondern durch die Art und Weise ihres Spiels entscheidend prägen oder gar eigene perkussive Musik schreiben. Ian Paice ist so ein Schlagzeuger. Das Schlagzeug ist bei einer Hard Rock - Formation auch ein Instrument, aus dem sich Musikschöpfungen ergeben können. Bei Deep Purple gab und gibt es immer wieder solche Momente, in denen auch besonders das Schlagzeug für einen Hingucker – oder sollte man besser sagen „Hinhörer" - sorgt. Bereits früh auf dem dritten Album von Deep Purple war „Chasing Shadows" so ein Moment. Ein dicht geknüpfter Teppich aus Schlagzeug und Percussion sorgte für einen sehr speziellen Sound. Das Titelstück des Albums „FIREBALL" beeindruckte ebenfalls mit einer besonderen Schlagzeugperformance, die eben nicht jeder Schlagzeuger hinbekommt. Auf „MACHINE HEAD" war es „Space Truckin`". Es ließen sich weitere Beispiele finden, die belegen, dass hier ein Ausnahmekönner am Werk ist.

Als Mensch war Ian Paice stets ruhig und verhalten, was bei den Drummern häufig der Fall ist. Sie wissen, dass sie nicht im Mittelpunkt stehen oder immer als erste antworten müssen, wenn Interviewer Fragen stellen. So versteht sich auch Ian Paice. Aus keinem Material zur Geschichte der Band ist ersichtlich, dass sich Ian Paice zur Streitpartei in den internen Auseinandersetzungen der Gruppe gemacht hätte, was wiederum nicht bedeutet, er habe keine Meinung gehabt. Sein Bemühen war vielmehr, das Maximum aus der Musik herauszuholen. Dabei zeigte er nicht mit dem Finger auf andere oder verfolgte zu stark eigene Interessen. Er ist ein im besten Sinne gruppendienlicher Musiker. Möglicherweise ist er deshalb länger dabei als alle anderen.

Don Airey - Bescheiden, gruppendienlich und doch prägend

Donald Smith „Don“ Airey erblickte 1948 in Sunderland/England das Licht der Welt. Dank elterlicher Förderung entwickelt er schon im frühkindlichen Alter seine Leidenschaft zum Klavierspielen. Er bekommt Klavierunterricht und schließt sich im Teenageralter einer Band an. Den notwendigen theoretischen Unterbau beschafft er sich schließlich am Royal Manchester College Of Music und erwirbt ein Musik-Diplom.

Schnell wird der begabte Tastenspieler zum gefragten Mann an Klavier und Keyboards. Als in den Endsechzigerjahren und zu Beginn der Siebziger das Keyboard eine immer wichtigere Rolle in der Rockmusik einnimmt, trifft er genau zur rechten Zeit auf den Musikmarkt.

Die Liste seiner Mitwirkung bei anderen Künstlern liest sich folglich wie das „Who Is Who“ des Rock. Dazu gehörten Rainbow, Ozzy Osbourne, Black Sabbath, Gary Moore, Whitesnake, Colosseum II, Jethro Tull, Brian May, Michael Schenker Group und viele andere mehr. Eine nicht abschließende Aufzählung und die Erkenntnis, dass es deutlich mehr als 100 Alben sind, auf denen Don Airey seine Fingerabdrücke auf den Tasten hinterlassen hat. Nicht von ungefähr sind darunter etliche Hard Rock - Formationen. Don Airey entwickelte ein Gespür für die Rolle eines Keyboarders in Hard Rock-Bands, wobei er sich nach eigenen Angaben – auch nicht zufällig - sehr von Jon Lord inspirieren ließ.

Einstieg bei Deep Purple

Don Aireys Bescheidenheit erlaubte es nicht sich vorzustellen, er könne mal Mitglied bei Deep Purple werden. Nachdem er lange bereits im Dunstkreis der Band und ihren Ablegern hervorragende Keyboardarbeit abgeliefert hatte, führte aus Sicht von Deep Purple praktisch kein Weg an ihm vorbei, so es denn die Vakanz gäbe. Er entwickelte sich zu einer Wunschbesetzung für den Fall des Falles. - Und der trat ein: Im Sommer 2001 musste sich Jon Lord einer Knieoperation unterziehen und fiel für den laufenden Tourplan aus. Schnell kam man auf Don Airey als temporäre Ersatzlösung, um nicht die Termine absagen zu müssen. Mit einer Rückkehr Jon Lords noch während der Tour war schließlich nicht zu rechnen. Dessen Gesundheit erlaubte es nicht.

Anfang des Jahres 2002 war es dann aber wieder so weit. Jon Lord tourte mit Deep Purple, und was zu diesem Zeitpunkt keiner außerhalb der Band wusste – Jon Lord hatte beschlossen, sich von Deep Purple zu trennen. Bereits seit längerer Zeit suchte er den Weg zu seiner eigentlichen Berufung, den klassischen Kompositionen, fühlte sich aber trotzdem als Teil von Deep Purple. Ein Spagat, der eine Zeit lang funktionierte, aber irgendwann eben nicht mehr. Jon Lord, überdies des Tourens überdrüssig und mit Blick auf die noch verbleibenden Jahre wechselwillig, schlug folgerichtig den Knoten durch und erklärte seinen Ausstieg bei Deep Purple. In Freundschaft, im Einvernehmen mit den anderen Bandmitgliedern und mit deren großem Verständnis.

Fast lief es ab wie beim Fußball, wo bereits auf der Ersatzbank der einsatzhungrige Spieler auf seine Einwechselung wartet. Schnell war daher klar – Don Airey übernimmt bei Deep Purple die Keyboards. Im März 2002 wurde der Wechsel vollzogen.

Der Übergang von Jon Lord zu Don Airey 2002 verlief so geräuschlos wie nur was. Don Airey war aus dem Stand bereit und in der Lage, die Rolle des Keyboarders bei Deep Purple in gleicher Weise zu besetzen, was bemerkenswert, aber nicht völlig überraschend war. Er hatte die Band und ihre Musik lange studiert und brachte viel Erfahrung mit.

So wurde er zur Idealbesetzung und widerlegte gleichzeitig die einmal von Ritchie Blackmore geäußerte These, Deep Purple könnten weiterbestehen, wenn er – Blackmore – nicht mehr dabei sei. Niemals aber, wenn Jon Lord ausscheiden würde. Doch, sie konnten es.

Zusammenarbeit mit Deep Purple

Don Airey ersetzte nicht nur musikalisch perfekt den brillanten Organisten und Keyboarder Jon Lord. Auch eine angenehm zurückhaltende, unauffällige und bescheidene Art sich zu geben, gehört zum

Naturell Aireys. Er war damit in jeder Hinsicht die optimale Nachbesetzung für den Gründer und einen der langjährigen musikalischen Köpfe von Deep Purple. Ähnlich wie Steve Morse ist er musikalisch und charakterlich ein Gewinn für die Gruppe geworden, da er sich ähnlich loyal und gruppendienlich einzufügen in der Lage war, ohne Starallüren mitzubringen.

Die erste Albumproduktion, bei der Don Airey mitwirken konnte, war das 2003 erschienene „BANANAS". Es enthielt sowohl Kompositionsanteile von Don Airey als auch die letzten Kompositionsbeiträge von Jon Lord. Ein Umstand, der zeigt, dass der kreative Prozess von Deep Purple nahtlos fortgesetzt wurde.

Überhaupt hat Don Airey ein Verständnis über die Zusammenarbeit als Keyboarder in einer Hard Rock-Band, wie es nutzbringender kaum sein kann. So sieht er sich als zuständig für das Wohlergehen der Gitarristen, damit sie das Beste aus sich herauszuholen vermögen. Sie spielen die Riffs. Ein Keyboarder kann das nicht leisten. Aber er legt ihnen den Teppich dafür aus, hört auf das Zusammenspiel mit dem Bassisten und entwickelt ab und an die eine oder andere passende Bridge. Diese Philosophie habe er sogar erfolgreich bei Ritchie Blackmore`s Rainbow angewandt. Selbstlos und mannschaftsdienlich, wie er ist. Die Hammondorgel fungiert dabei wie ein Klebstoff, der verschiedene musikalische Substanzen zusammenhält oder zusammenfügt.

Diese Bescheidenheit Don Aireys führte aber keinesfalls dazu, dass die Keyboards bei Deep Purple einen Bedeutungsverlust erleiden oder erlitten haben. Bereits auf „BANANAS", der ersten Produktion mit Deep Purple, ist die typische Orgel wunderbar präsent und mit zahlreichen guten Soloanteilen vertreten. Auf dem späteren Album „NOW WHAT?!" (2013) wurden die Keyboards nach Ansicht etlicher Kritiker das dominante Instrument. Ein Verdienst Don Aireys – und ein vorläufiger Höhepunkt seines Schaffens bei Deep Purple.

2. Kapitel

Deep Purple Live – immer ein Erlebnis

Live-Konzerte und die daraus veröffentlichten Alben sind bei Fans und Sammlern hoch angesehen. Grund genug, sich diesem Thema in einem eigenen Kapitel zu widmen, zumal mit Deep Purple eine selbsterklärte Live-Band zu besprechen ist.

Deep Purple schaffen es live immer wieder, ihren kraftstrotzenden Hard Rock in einer beeindruckenden Gruppenleistung auf die Bühne zu bringen. Sie entwickeln dabei eine besondere Dynamik, die sie einzigartig macht.

Ihre Gruppenleistung ist stets größer als die Summe der Einzelleistungen ihrer Mitglieder. Wenn Sie spielen, erzeugen sie einen Synergieeffekt.

Dabei sind es besonders die Momente, in denen die Band vom geraden Weg des tausendmal gleich oder ähnlich gespielten Stückes abweichen und ihren Improvisationen freien Lauf lassen.

Wer Deep Purple einmal live erlebt und in sich aufgenommen hat, geht wieder hin. Die Gruppe, die sich nach eigener Aussage als eine reine Liveband sieht, deren Tourneen nur kurzzeitig durch die gelegentliche Aufnahme neuer Alben unterbrochen werden, ist praktisch das ganze Jahr unterwegs.

Dass das bei Herren im gesetzten Alter zu Problemen führen kann, merkt man bei ihnen nicht. Sie lassen es sich zumindest nicht anmerken und sind erkennbar mit Spaß dabei.

Die Schattenseiten ständiger Tourneen

Als Ritchie Blackmore 1993 endgültig Deep Purple den Rücken zugekehrt hatte, begründete er dies neben den musikalischen Differenzen und seinen Wünschen nach einer eigenen Band auch mit dem nicht endenden Tourneestress.

Jon Lord verließ die Gruppe 2002, nachdem er eine persönliche Entscheidung getroffen hatte. Er wollte sich in den ihm verbleibenden Jahren vorrangig der Klassik widmen, aber auch in jedem Fall die zahlreichen Reisen um den Erdball beenden. Steve Morse quittierte 2022 seine Zugehörigkeit zur Band, weil er das Tourprogramm mit seinen familiären Wünschen nicht mehr in Einklang bringen konnte. Die so kraftstrotzende und stets potente Liveband hatte in den Jahren ihres Wirkens auch einen Aderlass zu verkraften – nicht zuletzt aufgrund der intensiven Tourneen.

Dem Korsett der Gruppe, bestehend aus den ursprünglichen Mark II – Mitgliedern Ian Paice, Ian Gillan und Roger Glover scheint das Reisen rund um den Globus jedoch weiterhin nichts auszumachen. Gleiches gilt wohl auch für Don Airey und Neumitglied Simon McBride.

Wer sie dieser Tage erlebt, sieht immer noch eine enorm agile Band, die es genießt, Musik aus ihrem umfangreichen Backkatalog live aufzuführen. Natürlich gibt es mittendrin ein paar Songs des aktuellen Albums, ansonsten aber reihenweise Klassiker von den veröffentlichten Großtaten der Bandgeschichte. Dabei nimmt das unverändert populärste Album „MACHINE HEAD“ den nach wie vor größten Raum ein. So erklangen in den letzten Konzerten der „Doppel-Opener“ aus „Highway Star“ und „Pictures Of Home“, später im Konzertverlauf noch „Lazy“, „Space Truckin`“ und … natürlich „Smoke On The Water“. Auch das aus der Aufnahmesession von „MACHINE HEAD“ stammende und auf dem Album nicht berücksichtigte „When A Blind Man Cries“ war wieder im Set.

Darunter mischen sie immer mal wieder einen länger nicht gespielten Song, zuletzt „Anja“ vom 1993er-Album „THE BATTLE RAGES ON“. Das Stück wurde nach Veröffentlichung der damaligen CD live vorgestellt und verschwand danach eine geraume Zeit aus der Setlist.

Als Zugaben profilierten und profilieren sich weiterhin die beiden großen Single-Hits der Band „Hush“ aus dem Debütalbum „SHADES OF DEEP PURPLE“ (1968) und „Black Night“, das parallel zum Album „DEEP PURPLE IN ROCK“ veröffentlicht wurde und sich wegen des Mitgröhlrefrains förmlich für Live-Darbietungen aufdrängt.

Wer die Wahl hat, hat natürlich auch die Qual. Wer weiß das aktuell besser als die Musiker von Deep Purple. Bei dieser Fülle an Klassikern bleiben schon einmal die großen Alben der Frühphase, wie etwa „DEEP PURPLE IN ROCK“ und „FIREBALL“ kurzzeitig unterrepräsentiert oder gänzlich ohne Berücksichtigung bei den Livekonzerten.

Auf der Bühne herrscht regelmäßig sichtbar gute Laune, auch wenn das sympathische Dauergrinsen von Steve Morse durch den eher ernst wirkenden Simon McBride ersetzt wurde. Aber die Chemie stimmt. Simon McBride hat sich hervorragend in die Musik von Deep Purple eingearbeitet. Seine solistischen Beiträge klingen souverän, leichtfüßig, temporeich und virtuos. Er spielt mit bemerkenswerter Lockerheit die schnellen Läufe und – im Gegensatz zu Vorgänger Steve Morse – zieht es ihn auch immer mal in die Bühnenmitte. Dort ist immer dann Platz, wenn Ian Gillan nicht singt, da der sich in den Gesangspausen öfter mal in die Garderobe hinter der Bühne zurückzieht. Wenn in diesem Augenblick ein Gitarrensolo folgt, begibt sich Simon McBride ins Zentrum des Geschehens. Das zeugt von Selbstbewusstsein. Als absoluter Könner auf seinem Instrument darf er sich dieses Selbstbewusstsein aber auch erlauben. Die Gruppe schätzte ihn vom ersten Tag an als vollwertiges Mitglied. Für Ian Gillan ist er bereits einer der besten Gitarristen der Welt.

Der Umgang mit der Vielfalt der Liveveröffentlichungen

Deep Purples Live-Veröffentlichungen sind über die Jahrzehnte beträchtlich gewachsen. In jedem Fall in der Anzahl, aber auch in der musikalischen Qualität. Grund genug, einige Alben zu würdigen. Aber welche?

Keine Frage - die Menge der Livealben hat auch bei ihnen

inzwischen Ausmaße erreicht, die es jedem interessierten Fan, Autoren oder Journalisten schwermachen, den Überblick zu bekommen. In der Vergangenheit war es eben für die Record Companies ein Leichtes, auf diese Weise Geld zu verdienen. Jedes zusätzliche Livealbum, egal ob relevant oder nicht, konnte verkauft werden und erhöhte mindestens die Deckungsbeiträge, meist auch die Gewinne. Und so gab es förmlich eine inflationäre Tendenz, aus den Touren zu einem neuen Album auch eine Live-CD oder -DVD/Blueray-Disc zu produzieren. Selbstverständlich muss man nicht alle besitzen, zumal bei sich ständig überschneidenden Programmabfolgen.

Es geht mir in diesem Kapitel nicht darum, den vergeblichen Kampf um die Vollständigkeit aller Live-Alben gegen eine Unzahl vorhandener Bootlegs zu gewinnen, sondern vielmehr eine Auswahl bekannter und häufig zitierter Alben zu besprechen.

Die nachstehende Auflistung ist daher nicht als abschließend oder vollständig anzusehen. Wohl aber soll sie einige Meilensteine in den Fokus rücken und hierbei auch eine Empfehlung sein.

Es sind nicht die Top 10 der Livealben, die ich dafür ausgewählt habe. Es lag mir näher, der wechselvollen Geschichte dieser Band angemessen Rechnung zu tragen und auch die Unterschiedlichkeit ihrer Produktionen hervorzuheben. Ich habe folglich eine bunte Mischung ausgewählt, die in unterschiedlichen Besetzungen eingespielt wurde. Und so unterschiedlich, wie die Besetzungen waren, so unterschiedlich fiel auch die Bewertung aus. In ähnlicher Weise wie bei den Studioalben gewinnt der Leser und Musikfan einen Überblick über die Veröffentlichungen und bekommt auch eine Meinung dazu.

Das höchstpersönliche Liveerlebnis

Im Vorwort hatte ich bereits erwähnt, dass ich im Laufe meines Lebens einige Konzerte von Deep Purple live erleben konnte. Welche besondere Stimmung unter den Besuchern dabei herrscht, bekam ich an einem dieser Konzerttage auf unvergessliche Art und Weise zu spüren. Es war wohl 2005, als Deep Purple in Ostdeutschland unterwegs waren. Da ich in Ostdeutschland Freunde hatte, verabredeten wir uns zu einem dieser Konzerte. Es fand in Halle an der Saale open air statt.

Halle verfügt über einen großen Park, in dem Konzerte unter freiem Himmel gut möglich waren und sind. Zusammen mit einem Freund verfolgte ich das Konzert. Dabei tranken wir einige Biere. Natürlich spielten Deep Purple unter anderem auch „Smoke On The Water“. Es war ein sonniger und warmer Sommertag und das Konzert ein voller Erfolg.

Auf dem Rückweg durch den Park schlenderten wir auf eine Gruppe Fans zu, die sich auf den Rasen gesetzt hatte. Einer von ihnen klimperte auf einer Akustikgitarre. Und der spielte … natürlich … das Intro zu „Smoke On The Water“. Das berühmteste Gitarrenriff. Millionen von Hobbygitarristen können es spielen.

Er spielte es immer und immer wieder. Seine Zuhörer um ihn herum, es mögen etwa 30 Personen gewesen sein, hörten angeregt zu. Plötzlich rief einer „... weiter ...!“ und erwartete den Übergang zur Strophe, den alle hören wollten. Doch der Gitarrist musste eingestehen, dass er die Akkorde der Strophe nicht wusste. Er war nur in der Lage, das Intro zu spielen.

„Wer kann den Song weiterspielen …?“ schallte es in die Runde. In diesem Augenblick passierten mein Freund und ich die Gruppe der Fans auf dem Rasen. Keiner meldete sich.

Spontan erklärte ich im Vorbeigehen, ich könnte es. Tatsächlich hatte ich mich mit diesem Song als Gitarrist schon einmal befasst und mir war die weitere Akkordfolge geläufig.

Sofort forderten sie mich auf, das Stück zu spielen. Ich nahm also die Gitarre und begann noch einmal von vorn mit dem Intro, spielte dann die Strophe und schließlich den Refrain. Etliche sangen von Beginn an mit. Und der Refrain ertönte aus 30 bierseligen Kehlen laut und unüberhörbar bis weit über die Parkfläche hinaus. Danach Beifall, Jubel und ausgelassene Fröhlichkeit.

Ich hatte die Gruppe mit der Kleinigkeit eines gespielten Liedes glücklich gemacht und der Applaus, den sie mir spendierten, war laut, nachhaltig und voller Dankbarkeit. Es war ein Moment, den man nicht mehr vergisst.

CONCERTO FOR GROUP AND ORCHESTRA (Live in der Royal Albert Hall 1969) - Verbunden mit der Klassik

1. First Movement: Moderato – Allegro
2. Second Movement: Andante
3. Third Movement: Vivace – Presto

Die CD-Veröffentlichung 2002 enthält dagegen folgende Setlist:
Disc 1 (band only):
1. Intro (radio clips)
2. Hush
3. Wring That Neck
4. Child In Time

Disc 2: Concerto:
1. First Movement: Moderato – Allegro
2. Second Movement: Andante
3. Third Movement: Vivace – Presto
4. Encore: Third Movement: Vivace - Presto (part)

Die Originalaufführung am 24. September 1969 in der Royal Albert Hall sah dagegen wie folgt aus:

1. "Symphony No. 6 Op. 95" (Malcolm Arnold), performed by Royal Philharmonic Orchestra
    - 1st Movement: Energico
    - 2nd Movement: Lento
    - 3rd Movement: Con Fuoco
2. „Hush“ (Joe South), performed by Deep Purple
3. "Wring That Neck" (Ritchie Blackmore, Nick Simper, Jon Lord, Ian Paice), performed by Deep Purple

4. „Child in Time" (Blackmore, Ian Gillan, Roger Glover, Lord, Paice), performed by Deep Purple
5. „CONCERTO FOR GROUP AND ORCHESTRA" (Jon Lord with lyrics by
Ian Gillan), performed by Deep Purple with The Royal Philharmonic Orchestra

- First Movement: Moderato – Allegro
- Second Movement: Andante
- Third Movement: Vivace – Presto

„Parts oft he Concerto`s Third Movement" (Zugabe)

Line-up
- Ritchie Blackmore / Lead guitar
- Ian Gillan / Lead vocals
- Jon Lord / Organ, Keyboards, Backing vocals, [String/Woodwind arrangements]
- Ian Paice / Drums, Percussions
- Roger Glover / Bass, Backing vocals

Vorgeschichte

Als es zu diesem Konzertevent kam, hatten sich Deep Purple Mark II gefunden und sollten bald mit „IN ROCK" ihren bahnbrechenden Aufschlag vornehmen. Jon Lord plante jedoch zu dieser Zeit vorrangig die Aufführung eines von ihm komponierten und bisher nicht dagewesenen Rock-Concertos mit einem klassischen Ensemble. Außer Jon Lords Leidenschaft für die Klassik kann man über die Motive nur rätseln. Wollte er die Band anlässlich ihrer Umbesetzung in eine neue Richtung führen? Hatte ihm dazu das Stück „April" auf dem dritten Album Appetit gemacht? In jedem Fall ging er einen Schritt weiter, hin zur Klassik, weg vom Rock.

Dieses Mal sollten Klassik und Rock stärker als bei „April" ineinandergreifen und gemeinsame Parts bekommen.

Zeitlich passte das eigentlich überhaupt nicht, sollte doch mit der neuen Besetzung an dem kommenden Album gearbeitet werden. Und das neue Album sollte Deep Purple in neuem Licht erstrahlen lassen, um der Welt zu zeigen, dass die Personalwechsel fruchteten.

Aber man arrangierte sich und so liefen beide Projekte – die Vorbereitung des Concertos und das Album „IN ROCK“ - parallel nebeneinander. Da Jon Lord die Vorbereitung für sein Concerto als für ihn wichtiger ansah, überließ er Ritchie Blackmore die Federführung bei der Entwicklung des neues Rockalbums. Und das sollte auch deutlich sichtbar werden. Ritchie Blackmore nutzte den Freiraum, um ein Übergewicht im ewig andauernden musikalischen Kampf zwischen Gitarre und Orgel anzustreben. Außerdem begann er, Riffs zu entwickeln, die als Leitlinie für die Songs verwendbar waren und mit denen die Handschrift Deep Purples künftig deutlicher werden sollte. Eine Methode, die auch bei den britischen Konkurrenten von Led Zeppelin und Black Sabbath seit kurzer Zeit erfolgreich funktionierte. Dafür gab er sein teilweise zurückhaltendes Rhythmusspiel der ersten drei Alben auf.

Jon Lords Komposition wurde zusammen mit dem Royal Philharmonic Orchestra am 24. September 1969 live aufgeführt. Deep Purple gehörten damit zu den ersten Rockbands, die diese Zusammenarbeit zwischen ernster und unterhaltender Musik wagten und damit auch nachfolgenden Rockbands diesen Weg aufzeigten.

Das „CONCERTO FOR GROUP AND ORCHESTRA“ ist kein typisches Livealbum. Normalerweise befinden sich auf Livealben die herausragenden Stücke bisher erschienener Studioveröffentlichungen. Damit sind sie eine Art „Best Of – Werkschau“ einer Band und skizzieren die Großtaten der Vergangenheit. Nicht so das Concerto. Der klassische Teil der aufgeführten Stücke wurde nicht zuvor veröffentlicht, war also neues Songmaterial. Die ergänzenden Rocksongs entstammten dagegen, mit einer Ausnahme, bisherigen Veröffentlichungen.

Die Songs

Der Ablaufplan sah zunächst drei Songs aus dem Backkatalog von Deep Purple vor.

Also eröffneten sie mit ihrem überraschenden Hiterfolg, der natürlich nicht fehlen durfte - „Hush“. Das Stück bleibt bis heute der einzige Song von Deep Purple, den Ian Gillan singt, obwohl er nicht unter seiner Beteiligung entstanden ist. Aktuell steht Hush in jedem Konzert als Zugabe.

Hier ist anschließend das einer Jam-Session entsprungene und auf gut 13 Minuten ausgedehnte „Wring That Neck“ vom Album „THE BOOK OF TALIESYN “ zu hören. Klar – hier geht es um Fingerfertigkeit an Gitarre und Orgel, mehr noch als in der Studioversion. Live wird hier und da das Tempo gern einmal angezogen. Das geschieht auch in diesem Fall.

Nach rund sechs Minuten ist der eigentliche Song erzählt und die Improvisationen von Orgel und Gitarre verlassen alle eingefahrenen Bahnen und wuchern wild durch den teilweise nicht mehr gleichmäßig pulsierenden Takt. Das ist besonders gegen Ende nicht mehr wirklich spannend, aber irgendwo sollte hier auch der Spaß am Zusammenspiel einer Rockband sichtbar werden.

Überraschend für dieses Event ist die bereits einstudierte und nun präsentierte Version von „Child In Time“. Schließlich sollte das Stück erst noch auf „IN ROCK“ veröffentlicht werden.

Ian Gillan bezeichnete den Song in seiner Ansage als eine Geschichte über einen Verlierer. Die Deutungshoheit über den Inhalt wandelte sich im Laufe der Zeit bis hin zu einem Anti-Kriegs-Song. Auch in der Interpretation klingt diese frühe Live-Aufnahme noch recht gemäßigt gegenüber der furiosen Performance auf „MADE IN JAPAN“. Damit war die Band warm gespielt und es sollte der Hauptgang folgen.

Nun also der eigentliche Grund des Zusammentreffens an diesem legendären Ort: Das „Concerto For Group & Orchestra.“

First Movement: Moderato - Allegro kennzeichnet den ersten von drei Sätzen. Nach einer klassischen Einleitung entwickelt sich ein Leitthema, das in den Song führt und immer wieder zurückkehrt. Hier wirken Streicher und Bläser harmonisch zusammen. Das Orchester bleibt zunächst unter sich. Nach knapp 8 Minuten übernimmt die Rockband das Thema. Band und Orchestra spielen hier zunächst nacheinander und weniger miteinander. Ihr Weg führt aber immer wieder zurück zum Thema. Ritchie Blackmore bekommt seinen Solopart, den er konträr zum bisherigen Verlauf sehr rockbetont und aggressiv anlegt. Als Zeichen seiner Verärgerung über die Veranstaltung, die ihm nicht behagt, so die spätere Lesart, verlängert er eigenständig seinen Solopart deutlich. Schließlich verstummt die Rockband und der erste Satz wird über das Orchester beendet.

Second Movement: Andante wird mit einem spannenden Klassikthema eröffnet und leitet über in den sehr melodiösen Teil, auf dessen Grundlage Ian Gillan seinen Gesangspart präsentiert. Hier spielen Band und Orchester dichter zusammen. Das Stück entwickelt sich nach dem obligatorischen Solo der Orgel zu einem kammermusikalischen Schlussteil, wo es langsam in der Versenkung verschwindet.

Mit dem **Third Movement: Vivace – Presto** wird die Aufführung wieder lebhafter. Band und Orchester rücken jetzt weiter zusammen und spielen miteinander. Ian Paice bekommt in diesem Satz sein Schlagzeugsolo. Insgesamt ist dieser Part etwas schwieriger zugänglich, aber dadurch auch musikalisch anspruchsvoller und interessanter. Der stete Wechsel zwischen Orchester und Band, das eigentliche Ziel, sorgt hier für die größte Spannung.

Fazit:

Das „CONCERTO FOR GROUP AND ORCHESTRA“ verschaffte Jon Lord die innere Befriedigung und einen für ihn wichtigen Entwicklungsschritt. Für einen Moment lang hatte er die künstlerische Führung von Deep Purple allein übernommen. In seinen Augen und auch musikhistorisch betrachtet war es ein Schritt nach vorn. Auch Dirigent und Orchester schätzten die Zusammenarbeit. Dennoch blieb es das einzige klassische Projekt von Deep Purple.

Den Musikkritikern gefiel es dagegen weniger. Auch die Bewertung der anderen Deep Purple – Mitglieder fiel zumindest gespalten aus. Sicher ein Grund dafür, warum dieser musikalische Gedanke keine Fortsetzung fand und Jon Lord künftig seine Orchestervisionen allein durchführen musste. Ritchie Blackmore machte auch öffentlich später keinen Hehl daraus, mit dieser Musik nicht viel anfangen zu können.

Die Bewertung eines solchen Projekts hängt wesentlich davon ab, inwieweit eine Aufgeschlossenheit gegenüber klassischer Musik und einer Mixtur aus Rock-Klassik oder Klassik-Rock vorhanden ist. Eine unmittelbare Vergleichbarkeit mit den traditionellen Purple-Songs hinkt in jedem Fall. Der Gesang spielt bis auf eine kurze Sequenz im zweiten Teil keine wirkliche Rolle.

Die rockigen Teile wirken gegenüber den Orchesterparts nur teilweise verbindend, mehr aber abgrenzend. Hier zeigte sich eine talentierte, aber noch nicht fertige junge Rockband.

Die drei Deep Purple-Songs zum Auftakt des Konzerts gibt es in späteren, weit besseren Liveversionen zu hören. Das Concerto blieb einmalig und ist schon deshalb interessanter Baustein in der Diskografie von Deep Purple.

MADE IN JAPAN (Live 1972) - Im Zenit ihres Könnens

Songs
1. Highway Star
2. Child In Time
3. Smoke On The Water
4. The Mule
5. Strange Kind Of Woman
6. Lazy
7. Space Truckin'

Total Time: 76:27

Remastered version bonus CD - Zugaben:
1. Black Night
2. Speed King
3. Lucille

Total Time: 21:45

Line-up
- Ritchie Blackmore / Guitars
- Ian Paice / Drums
- Ian Gillan / Vocals
- Roger Glover / Bass
- Jon Lord / Organ, piano

Allgemeines zum Album

Jeder in der Band hat ein Lieblingsalbum. „MADE IN JAPAN“ war das Lieblingsalbum von Schlagzeuger Ian Paice. Er bezeichnete in Interviews das Album besonders deshalb als herausragend, weil die Gruppe zu dieser Zeit „in der Form ihres Lebens“ gespielt habe. Besser seien diese Songs nie aufgeführt worden. Es spricht einiges dafür, dass er mit dieser Ansicht richtig liegt.

Zuvor brachten Deep Purple mit „MACHINE HEAD“ ihr für viele Fans – nicht dagegen für die Kritiker - bestes Studioalbum heraus. Vier der sieben Tracks auf „MADE IN JAPAN“ wurden von „MACHINE HEAD“ entnommen. Die später als Box-Set veröffentlichte Albumversion enthält noch die Zugaben, von denen mit „Speed King“ und „Black Night“ zwei weitere Stücke aus diesen Aufnahmen stammten.

Die Songs

Der Opener **Highway Star** entfaltet gleich sein rasendes Tempo und die Band ist vom ersten Moment an in Topform. Ein besonderes Augenmerk gilt naturgemäß den beiden schnellen Solostrecken von Ritchie Blackmore und Jon Lord. Sie gelingen perfekt und zeigen, mit welcher Spielfreude die Band sofort auf der Bühne präsent war. Herausragend – nicht nur hier – auch das Schlagzeug von Ian Paice.

Überhaupt ist „Highway Star“ der perfekte Einstiegssong. Er zündet wie ein Motor und beginnt zu laufen. Das auf einer klassischen Grundlage gespielte Orgelsolo und das folgende Gitarrensolo sind unnachahmlich und heben das Stück gegenüber vielen anderen Rocksongs heraus.

Mit seiner Gesangsleistung bei **Child In Time** setzte sich Ian Gillan für alle Ewigkeit ein Denkmal. Seine hohen, ekstatischen Schreie sind an Dramatik kaum zu überbieten. Bemerkenswert, was dieser Sänger in jungen Jahren seinen Stimmbändern abverlangen konnte.

Smoke On The Water ist der erste Song, bei dem Deep Purple die Studioversion etwas ausweiten. Natürlich ist da dieses unsterbliche Riff und auch das sehr melodiös und präzise gespielte Gitarrensolo Ritchie Blackmores, das den Song unsterblich gemacht hat.

Dass Deep Purple nicht nur an Gitarre und Keyboard begnadete Solisten haben, verdeutlicht **The Mule.** Der vom Album „FIREBALL“ entnommene Song diente dazu, das in den 70er-Jahren obligatorische Schlagzeugsolo in das Live-Set zu transportieren. Was aus heutiger Sicht etwas zu lang geraten scheint, war damals Kult und wurde leidenschaftlich gepflegt und allseits bejubelt. Insgesamt fällt die Live-Version dieses Stückes deutlich druckvoller aus als auf dem Studioalbum „FIREBALL“.

Strange Kind Of Woman ist dem Grunde nach kein spektakulärer Song. Deep Purple holen aus der einfachen Grundidee basierend auf drei sich immer wiederholenden Akkorden allein durch Ihre Intensität im Vortrag eine Menge heraus. Ein Klassiker wurde dieses Stück aber vor allem durch das Duell zwischen Gitarrist und Sänger. Ritchie Blackmore, der im Laufe der Jahre ihrer Zusammenarbeit häufig genug Kritik an Ian Gillans Gesangsleistungen äußerte, bescheinigte ihm hier jedoch die Genialität, auf jeden Einwurf seiner Gitarre mit identischer Stimme eine Antwort gefunden zu haben.

Für **Lazy** ließen sich Deep Purple schon immer Zeit. Das Stück, noch heute in den Live-Sets enthalten, war stets die Gelegenheit für den Keyboarder, sein Instrument und dessen Möglichkeiten näher vorzustellen. „Lazy" im Sinne des Songs ist hier nur das Intro. Nach zwei Minuten kommt ein Groove dazu, der langsam in das Thema überleitet. Wie viel Spaß das Spielen hier bereitet, wird deutlich, denn der Song steigert sich phänomenal.

Den Abschluss des ursprünglichen Albums „MADE IN JAPAN" bietet hier **Space Truckin'** in einer XXL-Version über 20 Minuten. Deep Purple beweisen eindrücklich, wie weit sie sich von der Studiovorlage zu entfernen bereit waren und dass sie schon damals eine Band gewesen sind, die von der Improvisation lebte. Nach rund fünf Minuten endet die ursprüngliche Version und mündet in die Improvisation, die Jon Lord allein auf der Orgel vollführt. Es ist sein Solostück. Zum Finale kommt die Gitarre wieder hinzu und der Song gleitet förmlich ab in den Weltraum. Ende einer beeindruckenden Vorstellung.

Die Zugaben waren damals nicht Bestandteil des veröffentlichten Doppelalbums. In der Gesamtbewertung fallen sie qualitativ etwas ab, was aber auch an dem zuvor gebotenen hohen Niveau liegt. Hier werden die Grundmuster der Songs stärker verlassen. Während **Black Night** recht ungewohnt behutsam beginnt, geht bei **Speed King** noch einmal richtig die Post ab. Wenigstens dieser Track hätte das ursprüngliche Album noch schmücken können. Mit einer entspannten, aber dennoch druckvollen Version von **Lucille,** einem alten Rock`n`Roll-Klassiker, beenden sie schließlich das Set.

Fazit:

Das Jahr 1972 war zweifellos ein besonderes Jahr für Deep Purple und vielleicht der Karrierehöhepunkt.

Welche Möglichkeiten sie als Live-Band hatten, zeigten sie hier: Ein perfektes und wuchtiges Rhythmusfundament aus Schlagzeug und Bass, zwei virtuose Solisten an Gitarre und Keyboard und ein Rocksänger, der stimmliche Möglichkeiten hatte, wie sie zuvor in diesem Genre nicht vorgekommen waren.

Besonders erwähnen möchte ich an dieser Stelle den Bassisten Roger Glover, der bei der Besprechung der Songs nicht ausdrücklich gewürdigt worden ist. Wie so oft sind die Bassisten in den Musikgruppen der ausgleichende Pol zwischen den radikalen Flügeln einer Band. So auch hier. Bescheiden, songdienlich, zuverlässig. Als Mensch wie auch als Musiker. Es liegt in der Natur der Sache, dass Bassisten häufig Hintergrundakteure sind, aber für den Zusammenhalt der Band eine sehr wichtige Funktion ausüben. Wenige Ausnahmen, bei denen Bassisten Bandleader sind, einmal außen vorgelassen. Roger Glover hatte und hat bei Deep Purple mit seinem Bassspiel sehr häufig auch eine Art Rhythmusgitarre darzustellen. Besonders Ritchie Blackmore verzichtete auf durchgehendes Rhythmusgitarrenspiel, wenn er nicht gerade als Solist aktiv war. Er setzte stattdessen eher einzelne Noten und hielt sich schon mal vornehm zurück. Hier erfüllte Roger Glover seine songdienliche Aufgabe, indem er den vorhandenen Raum durch sein kraftvolles Spiel füllte.

Aus den ohnehin guten Songs ihrer Studioalben in dieser Besetzung zauberten Deep Purple live mit ihrer unbändigen Spielfreude und der Qualität ihrer Improvisationen noch eindringlichere, tempogeladenere, intensivere Versionen, was „MADE IN JAPAN" für viele zum Besten aller Livealben in der Rockmusik macht. Die rasend schnellen Instrumentalpassagen, teils improvisiert, beeindrucken noch heute.

Bemerkenswert ist dabei, dass die Gruppe 1972 noch völlig unverfälscht gespielt hatte und es praktisch noch keine „Fake-Livealben" gab. Als solche sind diejenigen zu bezeichnen, die durch Overdubs im Studio nachbearbeitet worden sind oder aber solche, die gar nicht live entstanden sind, sondern mit künstlichem Applaus einen Live-Effekt vortäuschten.

Stattdessen ist dieses Konzert, auch wenn die Aufnahmen aus unterschiedlichen Tagen resultieren, pur und nicht gefiltert.

War „DEEP PURPLE IN ROCK“ eine Lektion in Sachen Hard Rock, so entstand mit „MADE IN JAPAN“ das Pendant für Live-Konzerte.

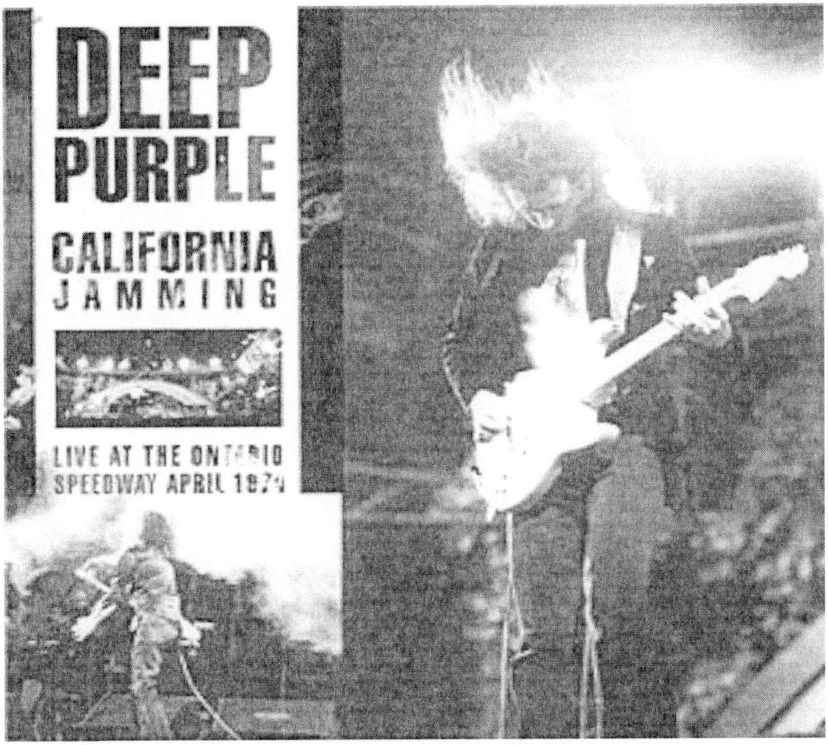

CALIFORNIA JAMMING (1974) -
Die Neuen stellen sich vor

© Universal

Songs
1. Burn
2. Might Just Take Your Life
3. Lay Down, Stay Down
4. Mistreated
5. Smoke On The Water
6. You Fool No One / The Mule
7. Space Truckin'

Total Time: 73:26 (1996 CD), 78:48 (2003 remaster)

Line-up
- Ritchie Blackmore / Lead guitar
- David Coverdale / Vocals
- Glenn Hughes / Bass guitar, vocals
- Jon Lord / Keyboards
- Ian Paice / Drums

Recorded: 6 April 1974

Anmerkungen

Kurz nach der Veröffentlichung ihres ersten Albums sind Deep Purple in Ihrer Mark III - Besetzung live in concert zu erleben.

Es ging nach Amerika, wo am 6. April 1974 der California Jam veranstaltet wurde - ein Festival auf dem Ontario Motor Speedway bei Los Angeles. Deep Purple spielten hier vor rund 250.000 Menschen als Headliner neben anderen, durchaus populären Bands wie Black Sabbath oder Emerson, Lake & Palmer.

Mit „Burn“ eröffneten sie ihr Set kraftvoll und direkt, blieben dabei dicht an der Studioeinspielung. Den Schwerpunkt bildete naturgemäß das zwei Monate zuvor erschienene gleichnamige Album, von dem insgesamt fünf der sieben Stücke stammten. Man mag zu den Songs und zu dieser Phase von Deep Purple stehen, wie man will. Live waren sie stets eine Klasse für sich, und das gilt auch gerade hier bei diesem Konzert mit den beiden Neumitgliedern. Kraftvoll und mitreißend präsentieren sie ihre neuen Werke. Da verzeiht man auch schon mal den einen oder anderen schrägen Gesangston. Schließlich spielte die Band ihr Set bisweilen mit noch etwas höherem Tempo als in den Studioversionen. Auffallend war dabei, dass David Coverdale eher etwas zurückgenommen agierte, während Co-Sänger und Bassist Glenn Hughes ziemlich extrovertiert und phasenweise überdreht über die Bühne stolzierte.

Solange Ritchie Blackmore bei Deep Purple die Gitarre spielte, hing vieles von ihm ab. Besonders galt das bei Live-Konzerten. Hier hatte er erkennbar Lust und zeigte Spielfreude. Deutlich wird das vor allem bei „Mistreated", das hier vielleicht in der besten aller Live-Versionen dargeboten wurde. Gespannt war man zweifellos auf das ältere Material der Gruppe, von dem hier … natürlich … „Smoke On The Water" gespielt wurde. Von hier an stieg der Jam-Charakter ihres Konzerts. Das nachfolgende „You Fool No One" wurde mit einem Intro von „Lazy" eröffnet, bevor das kraftvolle Schlagzeug zum eigentlichen Song überleitete, der auch noch mit „The Mule" gekoppelt wurde. Natürlich um Ian Paice ein Schlagzeugsolo zu gönnen. Eingeleitet wurde dies mit einem beeindruckenden Solopart Ritchie Blackmores. Den Abschluss des Konzerts bildete „Space Truckin`" mit rekordverdächtigen 25 Minuten. Auf „MADE IN JAPAN" waren es dagegen nur gute 19 Minuten gewesen. Ähnlich wie seinerzeit bekam Jon Lord hier seinen Solopart, bei dem er sich insgesamt stärker mit dem Synthesizer beschäftigte. Ein bisschen erinnerte es an Keith Emersons Ausbrüche während der Live-Konzerte von Emerson, Lake & Palmer. Aber Jon Lord wäre nicht Jon Lord, wenn nicht auch die Klassik in seinen Solopart eingebaut worden wäre. Die abschließende Instrumentalschlacht endet mit einem völlig überdrehten Ritchie Blackmore, der gleich mehrere, insgesamt drei, seiner Gitarren „opferte", indem er sie erst mit den Füßen malträtierte und dann ins Publikum warf. Damit nicht genug, räumte er auch Teile der Verstärkeranlage ab und warf sie in den Sicherheitsgraben vor der Bühne. Mit Musik hatte das nichts mehr zu tun. Aber die restlichen Musiker improvisierten den Jam trotzdem unbeeindruckt bis zum bitteren Ende durch.

Auf einem Album ergibt das keinen Mehrwert. Im Konzertfilm wirkt es zumindest unterhaltsam. Insgesamt eine beeindruckende Leistung der Band, die zum damaligen Zeitpunkt noch den Schwung des Neuen in sich trug, auch wenn die musikalische Qualität gegen Ende des Konzerts zugunsten einer Endlossession nachgelassen hatte.

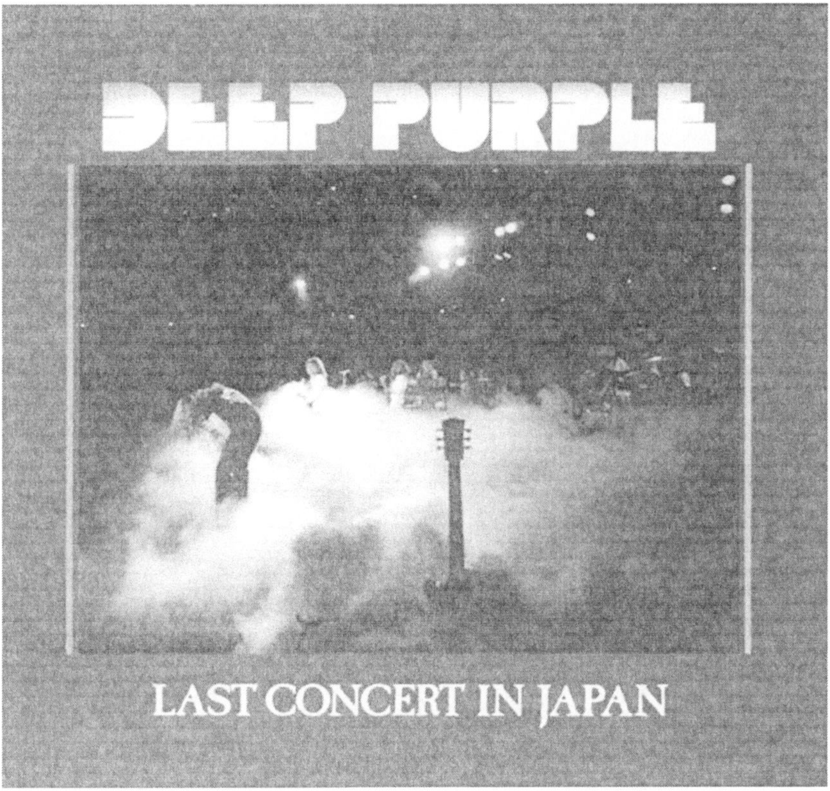

LAST CONCERT IN JAPAN (live 1977) - Der Offenbarungseid

© Universal

Songs
1. Burn
2. Love Child
3. You Keep On Moving
4. Wild Dogs
5. Lady Luck
6. Smoke On The Water
7. Soldier Of Fortune
8. Organ Solo/Woman From Tokyo
9. Highway Star

Total Time: 47:01

Line-up
- Jon Lord / Keyboards, Organ, Backing vocals
- Ian Paice / Drums & Percussion
- Tommy Bolin / Guitars, Lead vocals on „Wild Dogs"
- David Coverdale / Lead vocals
- Glenn Hughes / Bass, vocals

In den 70er Jahren waren Livealben von Rockgruppen außerordentlich populär. Auch wegen ihrer profitablen Umsatzzahlen kam es häufig zu Veröffentlichungen. Protzig, majestätisch und laut mussten sie sein. Deep Purple stellten in dieser Zeit keine Ausnahme dar, hatten sie doch auch mit „MADE IN JAPAN" hierfür in gewisser Weise die Blaupause geliefert. War dieses Album noch ein künstlerisches Abbild ihrer eindrucksvollen Musik zu dieser Zeit, so wurde die Veröffentlichungspraxis in der Folge teils mehr, teils überwiegend bis ausschließlich an Verdienstmöglichkeiten der Plattenfirmen ausgerichtet. Klare Geschäftspolitik, ohne Rücksicht auf den künstlerischen oder musikalischen Wert. Zu den Alben, auf die diese Beschreibung zutrifft, gehört auch das vorliegende.

Entsprechend dieser Praxis kamen 2011 Auszüge dieses Konzerts ebenfalls auf der Veröffentlichung „PHOENIX RISING" auf den Markt. Auch hierbei ging es um Material, das die Band in Japan und teilweise den USA eingespielt hatte.

Die Songs

Der Türöffner zu diesem Album war erneut „Burn". Letztlich die einzige wirkliche Großtat aus der Coverdale/Hughes-Ära. Zuvor zeigte David Coverdale mit einer zünftigen Schreiattacke, dass er in jedem Fall gewillt ist, seinem Vorgänger zumindest in diesem Punkt das Wasser zu reichen. Daher tat er dies öfter, immer im Wechsel mit eher belanglosen und teilweise arrogant wirkenden Ansagen zu den einzelnen Songs. Aber zurück zu „Burn": Von der Gitarre, eigentlich das Schlüsselinstrument in diesem Song, war bis zum Gitarrensolo wenig bis nichts zu hören. Tommy Bolin setzte offenbar aus. Zum Gitarrensolo war er schließlich da, aber vermasselte es weitgehend. Der Phaser, der auf seinem Gitarrensound lag, kaschierte die dünne Improvisationsidee nur unzureichend. Vom Original war er meilenweit entfernt. Duelle mit Jon Lords Orgel – früher ein Markenzeichen der Gitarre – Fehlanzeige. Nicht nur hier versuchte Jon Lord mit seiner Orgel, die Lücken im Sound zu kitten, die durch die fehlende Präsenz der Gitarre entstanden waren.

Auch bei dem sparsamen Rocker „Love Child" setzte eher der etwas quäkige Synthesizer die Akzente. „You Keep On Moving" besticht zumindest ansatzweise durch den zweistimmigen Gesang und ein gelungenes Orgelsolo. Bei „Wild Dogs" und „Lady Luck" wird die große Distanz zu den Deep Purple-Songs der Mark II – Ära wieder überdeutlich. Nachdem das wirklich bunt gewürfelte Set nun „Smoke On The Water" und anschließend „Soldier Of Fortune" vorgesehen hatte, folgte daran anschließend Jon Lords Orgelsolo. Hier wurde schließlich auch bei ihm die Lustlosigkeit deutlich erkennbar. Ideenlos passte es sich dem mäßigen Niveau der Platte an. Nach einigen atmosphärischen Tönen mündete das Ganze in ein Zitat aus „Woman From Tokyo" und etwas angedeuteter Klassik, bevor Gitarrengequietsche und (wiederholt) lüsternes Geschrei von David Coverdale der recht unmotivierten Spielerei ein Ende bereitete.

Zum Finale wurde dann noch der „Highway Star" von der Kette gelassen. Und als hätte man es geahnt, war das Gitarrensolo Bolins nur ein billiger Abklatsch dessen, was Ritchie Blackmore daraus gemacht hatte. Jon Lord verzichtete sogar auf seinen Solopart. Insgesamt gibt es hier die wohl schlechteste aller Versionen dieses Songs zu hören. Selbst die Aufnahme mit dem von Ritchie Blackmore versemmelten Gitarrensolo auf dem Album „COME HELL OR HIGH WATER“ hinterlässt weniger Bauchschmerzen, weil der Rest der Band funktionierte.

Fazit:

Dieses Album kratzt an dem guten Ruf, den sich Deep Purple bis dahin erspielt hatte. Die Auflösung der Band sollte folgen. Nach diesem „LAST CONCERT IN JAPAN“ wäre eine Fortsetzung auch nicht erwünscht gewesen.

Das sah wohl auch Bassist Glenn Hughes nicht anders. Seiner Auffassung nach hätte diese „schreckliche Aufnahme“ nicht veröffentlicht werden dürfen.

Schlagzeuger Ian Paice äußerte sich in einem Interview wie folgt: „Tommy Bolin – was für ein toller Gitarrist im Studio, aber live war es eine Katastrophe mit ihm.“ Diese Äußerung aus berufenem Mund wird durch dieses Album belegt. Natürlich wurde Tommy Bolin stets an seinem Vorgänger gemessen. Das ist nicht immer fair, war er doch ein völlig anderer Gitarrist. Der Irrtum seiner Mitgliedschaft bei Deep Purple ist aber auch denjenigen zuzuschreiben, die ihn eingeladen haben, Teil der Gruppe zu werden.

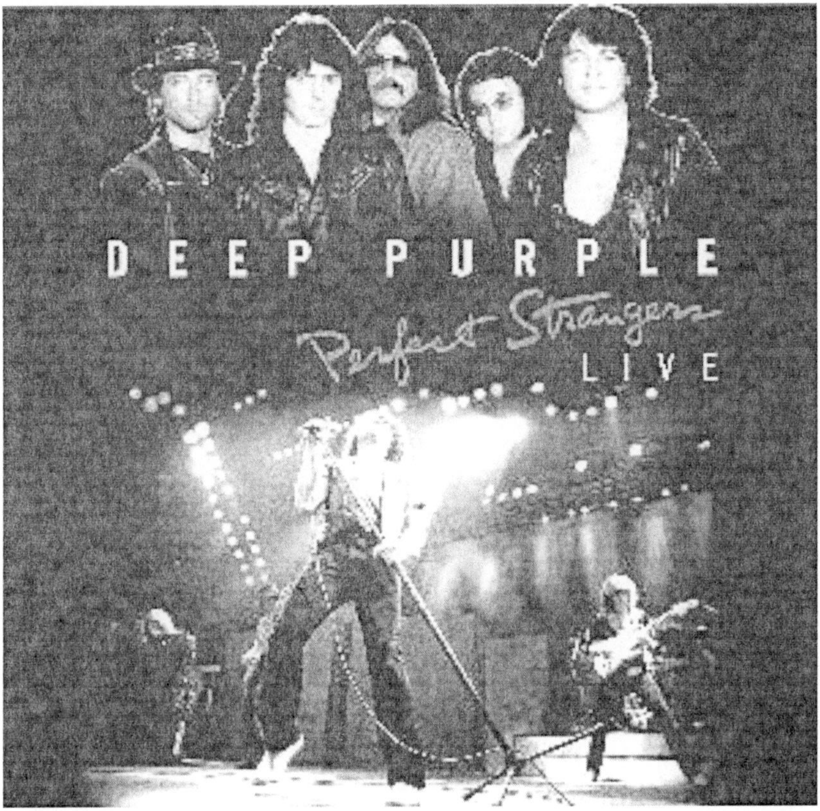

PERFECT STRANGERS (LIVE 1984) - Auferstanden und bereit zu neuen Taten

© earMUSIC / Edel Music & Entertainment GmbH

Live, released in 2013

CD/LP 1

1. Highway Star
2. Nobody's Home
3. Strange Kind Of Woman
4. A Gypsy's Kiss
5. Perfect Strangers
6. Under The Gun
7. Knocking At Your Back Door
8. Lazy (Including Ian Paice drum solo)

Total Time: 53:06

CD/LP 2

1. Child In Time
2. Difficult To Cure
3. Keyboard Solo
4. Space Truckin' (With Ritchie Blackmore guitar solo)
5. Black Night
6. Speed King
7. Smoke On The Water

Total Time: 62:41

Line-up

- Ian Gillan / Vocals
- Ritchie Blackmore / Guitar
- Jon Lord / Organ, Keyboards
- Roger Glover / Bass guitar
- Ian Paice / Drums

Recorded in Melbourne, Australia in 1984

Die Fakten

Nach ihrer überraschenden Reunion zeigten sich Deep Purple live mit dem neuen Album „PERFECT STRANGERS“ im Gepäck. Dazu waren sie mit Australien in einem Land unterwegs, das ihnen stets wohlgesonnen war.

Auf der Setlist standen allein fünf Songs vom neuen Album, eingerahmt von ihren Klassikern aus „In Rock“ und „MACHINE HEAD“.

Besonders unter Beobachtung standen die beiden streitbaren Alphatiere Ritchie Blackmore und Ian Gillan, derentwegen es Anfang der 70er Jahre zur Trennung gekommen war.

Im Gegensatz zu späteren Live-Auftritten war Ritchie Blackmore bei diesem Konzert ausgesprochen gut drauf, scherzte sogar auf der Bühne ab und an mit den Kollegen und warf ihnen musikalisch die Bälle zu. Jedoch tut Übermut selten gut. Im Falle Blackmores führte seine durchaus engagierte Vorstellung zu einer sehr starken Dominanz, bisweilen einer Überbetonung der Gitarre in den Songs, was regelmäßig zu Lasten des anderen Virtuosen Jon Lord und dessen Orgel ging.

Am deutlichsten wurde das beim Solospiel, wenn sich Ritchie Blackmore in das Zentrum der Bühne begab und für meinen Geschmack hier und da ein Stück weit zu sehr auf Abwegen solierte. Improvisation ist stets belebend, wirkte hier an manchen Stellen aber etwas übertrieben. So lag der eine oder andere Ton seiner Gitarre harmonisch im Grenzbereich. Das kann man mögen – immerhin ist es Rockmusik. Den Songs tut es nicht immer gut. Aber Deep Purple – und das gehört auch zur Wahrheit – funktionierten immer dann, wenn sie einen spielfreudigen Gitarristen hatten. Und den hatten sie hier.

Bei Ian Gillan ging es stets weniger um seine Laune, dafür mehr um den Zustand seiner Stimme. Für die harten und lauten Rocksongs braucht es nun einmal ein entsprechendes Organ in Topform. - Nicht zuletzt, um auch die neuen Songs in der kraftvollen Qualität des Studioalbums live präsentieren zu können.

Hier gab es sehr schnell Entwarnung! Ian Gillan war gut bei Stimme, dominierte in den Gesangsparts und lieferte sich mit Ritchie Blackmore einige musikalische Duelle, was bei den beiden üblicherweise für ein zwischenzeitlich gutes Verhältnis sprach.

Die einfache Erkenntnis lautete: Ist die Band gut drauf, wird es nicht nur ein gutes Konzert. Manchmal können Deep Purple musikalisch sogar Berge versetzen.

Die Songs

Bereits beim Opener „Highway Star“ zeigten Deep Purple, dass sie wieder Lust hatten, miteinander zu spielen und auch zu improvisieren. Das setzte sich bei „Strange Kind Of Woman“ fort. Eine Anlaufzeit? Brauchten sie nicht. Von Anfang an zeigten sie durch Gestik und Mimik, dass der Spaß zurückgekehrt war.

Vor allem er war wieder da: Ritchie Blackmore, der bereits mit den ersten harten, metallischen Riffs seiner weit nach vorn gemischten Gitarre unzweifelhaft andeutete, wo es langgeht. Seine schnellen und wilden Soloattacken erinnerten sofort an die vergangene große Zeit der Band und vermittelten so etwas wie eine Aufbruchstimmung.

Die neuen Songs des gerade veröffentlichten Albums „PERFECT STRANGERS“ fügten sich dabei gut in das Set ein. „A Gypsy`s Kiss“ geriet zu einer atemberaubend schnellen Version, eingeleitet durch ein bluesiges Vorspiel. Überhaupt wurde das Tempo bei etlichen der Stücke angezogen.

Bei „Under The Gun“ steigerte sich Ritchie Blackmore so sehr in das Gitarrensolo hinein, das er sein Instrument bis fast zur Zerstörung malträtierte. Bis hierhin fast eine perfekte Inszenierung.

Bei „Knocking At Your Backdoor“ gerät ein erneut hoch risikoreich improvisiertes Gitarrensolo Blackmores allerdings leicht daneben. Hier war es zu viel des Guten.

Natürlich dürfen auch die Klassiker nicht fehlen. „Lazy“ wird in der wahrscheinlich schnellsten aller Versionen vorgetragen.

Was hier noch effektvoll wirkt und die Improvisationsfreude zeigt, geriet bei zwei der anderen Highlights wiederum etwas daneben.

„Child In Time“, zum damaligen Zeitpunkt noch regelmäßig in den Live-Sets enthalten, zeigte einen fast vollständig freistil-agierenden Ritchie Blackmore, der das Solo an einigen Stellen förmlich versemmelte, indem er rasend wild drauflos spielte und dabei fast zwangsläufig einige Töne neben die Spur setzte.

Der Übermut verschwand dann aber schnell zugunsten der Spiellaune, als es um die Bearbeitung von Beethovens Neunter ging. „Difficult To Cure“ spielten sie harmonisch exakt.

Nach diesem wilden und furiosen Ritt war es Zeit für Jon Lord, der als Keyboarder bis zu diesem Zeitpunkt deutlich im Hintergrund agiert hatte, was sicherlich vor allem daran lag, dass die Gitarre Blackmores etwas zu stark nach vorn gemischt war. Aber auch die Soloanteile waren deutlich zugunsten der Gitarre verteilt. Wie auch immer: Jon Lord war ein Teamplayer und reihte sich ins Team ein. Sein Keyboardsolo geriet bunt und vielseitig und zeigte die verschiedenen Sounds seiner Anlage.

Zum Finale folgten nacheinander „Space Truckin“ (hier auch noch einmal Jon Lord mit Soloanteilen), „Black Night“, „Speed King“ und „Smoke On The Water“. Vier Songs, die über die Jahrzehnte bis heute für Deep Purple standen und stehen.

Der „Speed King“ bot wie so oft Raum für diverse Improvisationen und Spielereien. „Smoke On The Water“ wurde zum finalen Stück, für das sie sich noch einmal gut zwölfeinhalb Minuten Zeit nahmen.

Was zuvor durch das rasante Tempo und die perfekt spielenden Mitmusiker gut funktionierte, geriet beim obligatorischen „Smoke On The Water“ jedoch etwas daneben. Okay, es ist die ewige Zugabe, hunderte Male gespielt. Gleichwohl hat das Gitarrensolo einige Läufe, die man dazu schlicht hören möchte. Stattdessen improvisierte Ritchie Blackmore sein Solo in der ersten Hälfte völlig frei, spielte etwas komplett anderes, anfangs mit Bottleneck und traf dabei etliche Töne nicht. Erst mit den Schlusstönen kehrte er zur Originalvorlage zurück.

Den Schlusschören, gesungen vom Publikum, tat dies aber keinen Abbruch. Die Konzertbesucher lagen sich längst glückselig in den Armen ob des beeindruckenden Konzerts.

Fazit:

Trotz einiger etwas schräg geratener Passagen bleibt das Konzert eine bemerkenswerte Vorstellung. Laut, schnell, urwüchsig, wild und virtuos präsentierten sich Deep Purple in einem vor allem auf ihre beiden Frontmänner Ian Gillan und Ritchie Blackmore zugeschnittenen Set.

Kein Zweifel: Sie waren zurück.

Darüber hinaus gibt es nur wenig Livematerial aus dieser Zeit. Ein Grund mehr, dieses Konzert in seiner Sammlung zu wissen.

COME HELL OR HIGH WATER - Lieber ein Ende mit Schrecken ... Birmingham, England, 9.November 1993

Die Konzerttournee unter dem Motto „COME HELL OR HIGH WATER“ erlangte besonderen Ruhm unter den Live-Dokumenten von Deep Purple. Die legendäre Mark II – Besetzung mit Blackmore, Lord, Paice, Gillan, Glover hatte sich kurz zuvor zum dritten Anlauf zusammengefunden und das Album „THE BATTLE RAGES ON“ veröffentlicht. Zusätzlich war es Zeit für ein neues Live-Album.

Auf der Tour spielten sie insgesamt ein sehr buntes Set, das zu einem großen Teil aus den älteren Dauerbrennern der erfolgreichen 70er-Jahre bestand, einigen wenigen Songs der 1. Reunion aus den 80er-Jahren sowie ausgewählten Songs des neuen Albums.

Bemerkenswert ist das Set zunächst an sich, enthält es doch ein letztes Mal eins der größten Aushängeschilder der Band, nämlich „Child In Time“. Bekanntlich kapitulierte Ian Gillan in der Folgezeit vor diesem Stück, da er befürchtete, die schwierigen Gesangspart nicht mehr fehlerfrei abrufen zu können. Auch bei ihm verändert sich die Stimme im Alter.

Interessanterweise waren auch einige andere, bisher eher weniger live gespielte Songs zu hören, so „Anyone`s Daughter“ vom FIREBALL-Album sowie das Rolling Stones-Cover „Paint It Black“. Letzteres im Zugabenteil. Schließlich gibt Ritchie Blackmore eine Interpretation von Beethovens Neunter Sinfonie zum Besten. Also durchaus hoher Unterhaltungswert.

Die Setlist sah insgesamt wie folgt aus:

1. Highway Star
2. Black Night
3. Talk About Love

4. Twist In The Tale
5. Perfect Strangers
6. Beethoven (Difficult to Cure)
7. Knocking At You're Back Door
8. Anyone's Daughter
9. Child in Time
10. Anja
11. The Battle Rages On
12. Lazy
13. Space Truckin'
14. Woman From Tokyo
15. Paint It Black
16. Smoke On The Water

Es hätte alles sehr schön beginnen können, aber einer war dagegen. Zu den negativen Begleiterscheinungen dieses Konzerts gehörte gleich der Opener „Highway Star“, den die vier Musiker ohne Ritchie Blackmore beginnen mussten. Ein absolutes Novum. Er kam nicht mit auf die Bühne.

Während die ersten Takte bereits liefen und sich Jon Lord an der Orgel aus der Not heraus eine etwas längere Improvisation einfallen ließ, blieb Ritchie Blackmore weiter der Bühne fern.

Hintergrund war ein Streit mit dem Kamerateam, die das Konzert filmen sollten. Ritchie Blackmore war mit der Position der Kameras jedoch nicht einverstanden. In der ohnehin bereits aufgeladenen Atmosphäre innerhalb der Band schien er offenbar einen Moment lang zu erwägen, dem Konzert vollständig fernzubleiben. Unterdessen ließ sich der Rest der Gruppe nichts anmerken und eröffnete das Set wie geplant. Sie verlängerten das Intro deutlich, sicher in der Erwartung, ihr Gitarrist würde noch rechtzeitig einsteigen. Aber das tat er nicht.

Ian Paice beendete schließlich mit einem Wirbel auf der Snare-Drum die Hängepartie nach einer längeren Zeit und leitete die erste Strophe ein. Alle spielten, als sei nichts gewesen und Ian Gillan begann zu singen. Nach der zweiten Strophe folgt üblicherweise das Orgelsolo. Just zu diesem Zeitpunkt aber betrat Ritchie Blackmore schließlich doch die Bühne und feuerte ein krachendes Riff aus seiner

Gitarre ab, sodass ihn niemand überhören konnte. Er spielte sich mit einigen schnellen Sololäufen direkt in den Vordergrund, was offenbar Jon Lord davon abhielt, seinerseits mit dem ihm vorbehaltenen Solo zu beginnen. So überließ er dem Gitarristen das Feld.

Und Ritchie Blackmore spielte seinen Solopart an ungewohnter Stelle vollständig durch, wurde dabei aber erneut von einer Kamera abgelenkt, deren Position ihm missfiel. In diesem Augenblick fühlte er sich betrogen, seine Konzentration auf das Gitarrensolo ließ nach und prompt verpatzte er die schnell gespielten Triolen, indem er einen Halbton abrutschte, was hörbar dissonant klang. Er unterbrach das Solo und warf einen Becher Wasser in Richtung des Kameramanns, wobei er die Linse der Kamera erwischte. Daraufhin wurde die Kamera entfernt.

Der Rest der Gruppe spielte mit bewundernswerter Ruhe einfach weiter. Was sollten sie auch sonst tun?! Abbrechen und diskutieren war keine Alternative. So wurde der „Highway Star“ nach einer abschließenden Strophe vorzeitig beendet.

Anschließend beruhigte sich der launenhafte Gitarrist. Zumindest versah er seine Arbeit wie gewohnt introvertiert, und anders als seine Kollegen ohne einen Funken Freundlichkeit und Zugewandtheit dem Publikum gegenüber. Mit finsterer Miene und auf die Gitarre konzentriert spielte er seine Parts, ab und an mit kurzem Blickkontakt zu Jon Lord, mit dem er die Soloeinsätze abstimmen musste.

Das Konzert hatte im Folgenden durchaus seine Momente.

„Knocking At Your Backdoor“ und auch „Anyone`s Daughter“ gerieten zu spielerischen Höhepunkten, weil sich Gitarre und Orgel als Soloinstrumente die Bälle geschickt zuwarfen und die Gruppe dabei die ausgetretenen Pfade verließ, um gekonnt zu improvisieren.

Für alle Zuschauer überraschend war noch einmal „Child In Time“ im Set. Ian Gillan betonte die herausragende Bedeutung des Songs für sich selbst und überstand auch die schwierigen Gesangs-, oder besser Schreiparts, dank der Unterstützung durch die Orgel, ohne einen falschen Ton zu setzen.

Das Konzertende bestand schließlich aus dem überraschend

aufgeführten Stones-Titel „Paint It Black“, bei dem Jon Lord mit einem ausgiebigen und überragenden Orgelsolo zu hören ist und … natürlich „Smoke On The Water“, das bis dahin noch im Set fehlte.

Das Publikum nahm es wie gewohnt begeistert auf.

Der anschließende Abgang von der Bühne war für die nachfolgenden Ereignisse bezeichnend.

Ritchie Blackmore schnallte nach dem letzten Ton sofort seine Gitarre ab, winkte kurz ins Publikum und verschwand von der Bühne. Die anderen vier Gruppenmitglieder blieben dagegen noch eine Weile auf der Bühne, umarmten einander, lachten, agierten mit dem Publikum und feierten sich und das Konzert. Die Uneinigkeit dürfte auch den Zuschauern nicht verborgen geblieben sein.

Ritchie Blackmore hatte sich offenbar entschieden, Deep Purple zu verlassen und zeigte das auch.

Einige Tage später, am 17.11.1993, vollzog sich die Trennung nach dem Konzert in Helsinki/Finnland. Ritchie Blackmore reiste ab. Der Rest ist Geschichte. Die Band konnte Joe Satriani als Aushilfsgitarristen gewinnen und mit ihm die Tour zu Ende zu spielen. Kurz darauf trat Steve Morse die vakante Stelle des Gitarristen bei Deep Purple an.

LIVE AT THE OLYMPIA `96 (1997) - Die Neuausrichtung der Band

CD1
1. Fireball
2. Maybe I'm A Leo
3. Ted The Mechanic
4. Pictures Of Home
5. Black Night
6. Cascades: I'm Not Your Lover
7. Sometimes I Feel Like Screaming
8. Woman From Tokyo
9. No One Came
10. The Purpendicular Waltz

CD2
1. Rosa's Cantina
2. Smoke On The Water
3. When A Blind Man Cries
4. Speed King
5. Perfect Strangers
6. Hey Cisco
7. Higway Star

Line-up
- Ian Gillan / Vocal & Harmonica
- Jon Lord / Hammond organ & Keyboards
- Steve Morse / Guitars & Backing vocals
- Ian Paice / Drums
- Roger Glover / Bass & Backing vocals

Deep Purple mit neuem Gitarristen, neuem Studioalbum und nun auch mit einem neuen Live-Doppelalbum, genau genommen einem Bootleg, über dessen Sound die Meinungen auseinander gehen. Für ein Live-Album ist er so schlecht aber nicht.

Dazu kommt ein recht gut gemischtes, interessant zusammengestelltes Programm. Beim Auftakt „FIREBALL“ zeigte die Band noch etwas Nervosität. Aber gerade der neue Gitarrist Steve Morse lieferte bei diesem Konzert zuverlässig ab und ließ seinen berühmten Vorgänger nicht vermissen.

Mit „Maybe I'm A Leo“ war ein neues der älteren Stücke am Start. Auch „When A Blind Man Cries“ fand nach dem Ausscheiden Blackmores Eingang in die Setlist. Dazu etliche Stücke des neuen Albums „PURPENDICULAR“. Zunächst aber folgte „Pictures Of Home“ und sofort lief die Sache rund. Steve Morse überraschte mit einigen neuen Fills in der Strophe und einem herausragenden Gitarrensolo am Ende des Songs. Mit dem dann folgenden „Black Night“ war das Eis gebrochen und das Publikum sang mit. Die Einbeziehung des Publikums und erste solistische Duelle dehnten den Song auf siebeneinhalb Minuten aus. Auch ein Zeichen für die (zurückgekehrte) Spielfreude der Gruppe, hatten doch außerdem „Smoke On The Water“, „Highway Star“, „Speed King“ und das neue „Cascades: I'm Not Your Lover“ allesamt Überlänge. Bei letzterem verstärkten die extra für diesen Gig verpflichteten Bläser (Trompete, Saxophon und Posaune) den Sound kraftvoll und Steve Morse bekommt einige Minuten für eine Demonstration seiner Fähigkeiten auf der Gitarre.

Fazit:

Die Mischung aus älterem Material, von dem der überwiegende Teil wie selbstverständlich von „MACHINE HEAD“ stammt, und insgesamt sechs neuen Stücken des PURPENDICULAR-Albums machen dieses Bootleg zu einem echten Sammlerstück. Die Band experimentiert und hat umgestellt. Die neuen Songs klingen frisch, unverbraucht und locker. Der ergänzende Bläsersound bei einigen Nummern sorgt für einen zusätzlichen Aha-Effekt. Die älteren Klassiker bekommen durch Steve Morse besonders auf den Solostrecken interessante neue Interpretationen. Dass „When A Blind Man Cries“ bisher nicht im Set berücksichtigt wurde, bleibt unverständlich, besonders wenn man hört, was Steve Morse dazu alles auf der Gitarre möglich macht. Mehr als einmal duellieren sich Jon Lord und Steve Morse hörenswert. Eine Empfehlung, nicht nur für Fans!

TOTAL ABANDON AUSTRALIA `99 - Live immer noch eine Klasse für sich

Live, released in 1999

Songs
1. Ted The Mechanic
2. Strange Kind Of Woman
3. Bloodsucker
4. Pictures Of Home
5. Almost Human
6. Woman From Tokyo
7. Watching The Sky
8. Fireball
9. Sometimes I Feel Like Screaming
10. Steve Morse Guitar Solo
11. Smoke On The Water
12. Lazy
13. Perfect Strangers
14. Speed King
15. Black Night
16. Highway Star

Total Time: 116:07

Line-up
-Steve Morse / Guitar
-Ian Gillan / Vocals
-Roger Glover / Bass guitar
-Jon Lord / Organ, keyboards
-Ian Paice / Drums

Nach Veröffentlichung von ABANDON, einem ihrer schwächeren Alben, spielten Deep Purple dieses Material auf ihrer Tour durch Australien im Jahr 1999. Wie so oft bestimmten in erster Linie die älteren Songs der Mark II - Phase das Live-Set. Mit „Almost Human“ und „Watching The Sky“ nahmen sie lediglich zwei der aktuellen Songs mit auf die Bühne – offenbar angesichts der zwischenzeitlichen Erkenntnis, dass „ABANDON“ keine adäquaten neuen Glanzlichter zu bieten hat. Stattdessen waren mit „Ted The Mechanic“ und „Sometimes I Feel Like Screaming“ auch zwei Stücke des Vorgängers „PURPENDICULAR“ dabei.

Zu den live eher seltener gespielten Songs gehörte auch „Bloodsucker“, ursprünglich erschienen auf „In Rock“, aber wiederveröffentlicht als „Bludsucker“ auf „ABANDON“. Der Rest des Konzerts wird traditionell von den Klassikern aus der Zeit davor getragen, allen voran von ihrem populärsten Album „MACHINE HEAD“.

Was häufig bereits nach dem ersten Song zu erkennen ist, wird auch hier klar: Die Tagesform der Gruppe. - Entwarnung: Deep Purple erwischten einen guten Tag. Ian Gillan war ordentlich bei Stimme und die Band in ausgezeichneter Spiellaune. So gab es das eine oder andere Highlight. Aus „Pictures Of Home“ wird eine achtminütige Langfassung, in der Steve Morse auf der Gitarre alle und jeden verzaubert. „FIREBALL“ hat immer noch das rasante Tempo, ein Orgel-Doppelsolo der Spitzenklasse und das beste Roger-Glover-Basssolo ever.

Inmitten der Klassiker platzierten sie die erwähnten Neulinge aus dem Album „ABANDON“. Deren kompositorische Schwächen kann Ian Gillan mit überzeugendem Gesangsvortrag zumindest bei „Watching The Sky“ etwas kompensieren.

Der zweite Teil des Konzerts ist zunächst eine imposante Darbietung des Gitarristen Steve Morse, der mit „Sometimes I Feel Like Screaming“, seinem anschließenden „Steve Morse Guitar Solo“ und der Einleitung zu „Smoke on the Water“ mit originellen Zitaten aus einigen Rockklassikern eine längere Vorstellung seines Könnens zeigen durfte. Von nun an gibt es die erwartete Best Of-Abfolge. Den Übergang von „Smoke On The Water“ über Jon Lords Einleitung zu „Lazy“ gestalten sie geschickt, weil fließend. Nach „Perfect Strangers“ folgt das heftige „Speed King“ inklusive der obligatorischen Tempoduelle zwischen Gitarre und Orgel sowie jeweils einem

Bass- und Schlagzeugsolo. Sogar ein Rock`n`Roll-Zitat passt noch rein. Deep Purple lassen sich hierfür gute 14 Minuten Zeit. Nicht alles davon ist permanent spannend, zeigt aber Spielfreude und das blinde Verständnis der Musiker untereinander. Hiernach ist dann das Ende des normalen Sets erreicht. Es folgen als Zugaben noch „Black Night“ und als Rausschmeißer der „Highway Star“, letzterer sonst häufig der Opener ihrer Konzerte.

Fazit:

Ein insgesamt gelungenes Livekonzert einer bestens aufgelegten Band, die zum damaligen Zeitpunkt noch Jon Lord als Keyboarder und einen bereits eingearbeiteten Steve Morse als Gitarristen in ihren Reihen hatte.

PERIHELION (2001) - Raritäten inklusive

Songs
01 Woman From Tokyo
02 Ted The Mechanic
03 Mary Long
04 Lazy
05 No One Came
06 Sometimes I Feel Like Screaming
07 Fools
08 Perfect Strangers
09 Hey Cisco
10 When A Blind Man Cries
11 Smoke On The Water
12 Speed King
13 Hush
14 Highway Star
15 End Credits

Line-up
- Steve Morse / Guitar
- Ian Gillan / Vocals
- Roger Glover / Bass
- Jon Lord / Organ, Keyboards
- Ian Paice / Drums

Live At The Sunrise Theatre, Miami, Florida, June 5th 2001

Das Album PERIHELION dokumentiert eines der letzten Konzerte Deep Purples mit Jon Lord, der ja bekanntlich 2002 seinen Ausstieg vollzog. Die Band zeigte sich an diesem Abend spielfreudig und gut gelaunt. Beim Blick auf die Setlist fällt auf, dass hier einige in der Vergangenheit eher weniger live gespielte Songs dabei waren. „Mary Long", „Fools" und „When A Blind Man Cries" gehörten seit jeher zu den Stücken, bei denen der frühere Gitarrist Ritchie Blackmore sein Veto eingelegt hatte. Vom zuletzt veröffentlichten Album „PURPENDICULAR" standen mit „Ted The Mechanic", „Sometimes I Feel Like Screaming" und „Hey Cisco" immerhin drei Stücke im Programm.

Daneben präsentierten Deep Purple einige ihrer Dauerbrenner, wie etwa „Lazy", das in einer atemberaubenden Geschwindigkeit mit tollen Sololäufen aufgeführt wurde. Zu den Höhepunkten sind sicherlich auch „Sometimes I Feel Like Screaming" und „Fools" zu zählen. Wie ausbaufähig sich besonders das FIREBALL-Stück „Fools" darstellt, ist hier zu erleben. Es gibt weitere tolle Momente in diesem Konzert. Etwa das entspannte „When A Blind Man Cries" und die beeindruckenden Tempoduelle zwischen Gitarre und Orgel beim unvermeidlichen „Speed King". „Highway Star", häufig als Einstieg in die Konzerte gesetzt, taucht hier in der Zugabe auf.

Die Gruppe in der mittleren Phase ihres Schaffens spielte sich nicht nur souverän, sondern auch mitreißend durch ein interessant aufgebautes Konzertprogramm.

AUSTRALIAN TOUR 2001 WOLLONGONG - Die Ehrenrunde von Jon Lord

13. März 2001 Basketball-Arena von Wollongong/New South Wales

Songs

CD 1 (69:26)
1. Woman From Tokyo
2. Ted The Mechanic
3. Mary Long
4. Lazy
5. No One Came
6. Black Night
7. Sometimes I Feel Like Screaming
8. Fools
9. Perfect Strangers
10. Hey Cisco

CD 2 (45:56)
11. When A Blind Man Cries
12. Smoke On The Water
13. Speed King (special Guest Jimmy Barnes)
14. Hush
15. Highway Star

Total Time: 115:22

Line-up
- Steve Morse / Guitar
- Ian Gillan / Vocals
- Roger Glover / Bass
- Jon Lord / Organ, Keyboards
- Ian Paice / Drums

Deep Purple tourte 2001 erneut durch Australien. Vom recht schwachen 1998er Album „ABANDON“ befand sich kein Song mehr in der Setlist. Stattdessen griff man mit drei Songs auf das Vorgängeralbum „PURPENDICULAR“ zurück. Den Rest des Konzerts bestritten sie aus ihren Erfolgsalben der Mark II – Ära. Auch wenn, oder gerade weil seit der letzten Tournee kein neues Album veröffentlicht worden ist, verändern sie ihr Live- Programm regelmäßig etwas.- Klar, ewig die gleichen Songs zu spielen wird auf Dauer langweilig. Dagegen steht allerdings regelmäßig die Zuhörererwartung, der man gerecht werden will. Demzufolge können einige wenige Songs einfach nicht weggelassen werden. So ging man auch hier vor.

Bekanntlich gehörten die 2001er Konzerte zu den letzten mit Jon Lord, der zu diesem Zeitpunkt bereits seinen Abschied von Deep Purple beschlossen, aber noch nicht verkündet hatte. Den Opener machte diesmal „Woman From Tokyo“. Die Gruppe war sofort präsent, Ian Gillan bei Stimme und darüber hinaus äußerst redselig. Ein Abend, der sich also lohnen sollte. Nicht zuletzt, weil Deep Purple live schon einmal mit abweichenden Live-Versionen ihrer Songs aufwarteten. Hier war überraschend „Mary Long“ mit im Programm. Das allein war neu, wurde aber noch getoppt durch Steve Morse, der sich hier mal nicht an Ritchie Blackmores Gitarrenvorlagen hielt, sondern mit einer neuen und interessanten Interpretation des Gitarrensolos beeindruckte. Zu den seltener live gespielten Songs gehörte hier auch das stets mitreißende „No One Came“. Spätestens hier wird deutlich, dass der Gesang Ian Gillans stark nach vorn gemischt wurde. An Abenden mit Stimmproblemen ein Risiko, an diesem Abend aber nicht. Die Aufnahmen wurden erkennbar neu gemastert, die Qualität ist sehr gut. Auffällig auch der weibliche Backgroundgesang, der bei den Refrains unterstützend eingreift.

Zweifellos gibt es inzwischen einen schier unüberschaubaren Haufen von purpleschen Live-Veröffentlichungen. Deep Purple teilen hier das Schicksal mit den meisten anderen Rockdinosauriern, die jahrzehntelang im Geschäft sind. Umso interessanter sind diejenigen Live-Alben, die die weniger oft gespielten Songs enthalten. So bietet dieses Konzert neben den bereits erwähnten „No One Came“ und „Mary Long“ eine zehnminütige Version von „Fools“, die zunächst entspannt beginnt, sich dann aber zu einem Rockmonster aufbläst und noch in das nachfolgende „Perfect Strangers“ überleitet. Selten gehört.

Auch Balladen sind nach wie vor nur wenige in ihren Konzerten zu hören. Eine schafft es hingegen immer mal wieder ins Programm, und zwar „When A Blind Man Cries“. Eine feierliche Inszenierung wurde auch wieder „Smoke On The Water“ mit knapp drei Minuten Vorspiel, bestehend aus Rockzitaten, die Steve Morse aus seiner Gitarre schüttelte. Aber alles natürlich nicht neu.

Neu dagegen war der Gastauftritt des australischen Rockmusikers Jimmy Barnes bei „Speed King“. Das Stück mutierte in gut 15 Minuten zu einer großen Jam-Session, in der auch alle Soli untergebracht wurden. Jimmy Barnes wirkte anschließend auch noch bei den Zugaben mit und schrie mit Ian Gillan nach Kräften beim „Highway Star“ um die Wette. Hier wurde die Schraube allerdings erkennbar überdreht.

So endete dieses Konzert in Australien, einem Land, in dem Deep Purple gern zu Gast sind und waren. Neben dem obligatorischen Live-Stoff bietet die Gruppe hier einige eher weniger oft gespielte Songs in teilweise veränderten Versionen.

DEEP PURPLE WITH ORCHESTRA LIVE AT MONTREUX (2011) - Mit Orchesterverstärkung an historischer Stätte

Songs

CD 1
1. Orchestral Intro
2. Highway Star
3. Hard Lovin` Man
4. Maybe I'm A Leo
5. Strange Kind Of Woman
6. RAPTURE OF THE DEEP
7. Woman From Tokyo
8. Contact Lost
9. When A Blind Man Cries
10. The Well Dressed Guitar

Total Time: 48:35

CD 2
1. Knocking At Your Back Door
2. Lazy
3. No One Came
4. Don Airey Keyboard Solo
5. Perfect Strangers
6. Space Truckin'
7. Smoke On The Water
8. Hush
9. Black Night

Total Time: 61:18

Line-up
- Ian Gillan / Vocals
- Steve Morse / Guitar
- Roger Glover / Bass guitar
- Don Airey / Organ, keyboards
- Ian Paice / Drums
- Symphony orchestra conducted by Stephen "BK" Bentley-Klein

Deep Purple und Montreux – die unendliche Geschichte, niedergeschrieben in ihrem größten kommerziellen Hit „Smoke On The Water". Schon allein deshalb schaut man auf dieses Konzert an einem denkwürdigen Ort.

Eine weitere Besonderheit ist das unterstützende Symphonie-Orchester, hier das Neue Philharmonische Orchester aus Frankfurt. Deep Purple verbanden schon im 1969er „CONCERTO FOR GROUP AND ORCHESTRA" die Elemente Rock und Klassik. Hier geht es allerdings weniger um Klassik, sondern vielmehr um eine Interpretation des Purple-Stoffs mit Orchesterinstrumenten. Das sorgt für einen gehaltvollen Sound, lässt die Rockband aber etwas reduziert erscheinen und ist insgesamt - natürlich - Geschmackssache. So bekommt „Lazy" schon mal ein Violinensolo eingearbeitet, das es nicht gebraucht hätte. Andere Songs wiederum gewinnen durchaus.

Zu Beginn ist Ian Gillan nicht optimal bei Stimme. Bereits die Opener „Highway Star" und „Hard Lovin` Man" bereiten ihm ein paar Probleme, sodass er zwischendurch einige Silben aussetzt. Dafür wird man mit eher selten live gespielten Tracks verwöhnt, u.a. „Hard Lovin` Man" oder „No One Came". Besonders die Version von „Hard Lovin` Man" hat es in sich. Kraftvoll ohnehin – noch verstärkt durch das mächtige Orchester. Ähnliches gilt für „RAPTURE OF THE DEEP", dessen eindrucksvolles Riff mit Orchesterunterstützung noch markanter erscheint. Deep Purple spielen natürlich in der Hauptsache ihre Klassiker, wie das wohl unvermeidliche „Strange Kind Of Woman", dessen Mehrwert hier allerdings nicht erkennbar wird.

Die Struktur der Setlist entspricht sonst der eines zu dieser Zeit typischen Live-Konzerts von Deep Purple. Insbesondere das Schlussdrittel bringt mit „Smoke On The Water", „Perfect Strangers" und

„Space Truckin`“ sowie den beiden Zugaben „Hush“, mehr ein Medley mit Basssolo und …., und „Black Night“ die üblichen Verdächtigen. „Space Truckin`“ stellte sich nicht als beste Wahl dar, weil auch hier die stimmlichen Möglichkeiten Ian Gillans inzwischen nicht mehr ausreichten, um an die Studioversion heranzukommen.

Fazit:

Eins von vielen Live-Erlebnissen mit Licht und etwas Schatten in einer aufgepeppten Instrumentierung, die durchaus ihren Reiz hat. Die kräftigen Riff-Akkorde der Band werden in der Mehrheit durch die Orchestrierung noch mehr verdichtet und nehmen eine imposante Größe ein.

LIVE IN ROME (2013) - Viel Rückenwind mit neuem Album

Songs
Fireball
Into The Fire
Hard Lovin` Man
Vincent Price
Strange Kind Of Woman
Contact Lost
Guitar Solo
All The Time In The World
The Well-Dressed Guitar
The Mule
Bodyline
Lazy
Above And Beyond
No One Came
Key Solo
Perfect Strangers
Space Truckin`
Smoke On The Water
Hush
Bass Solo
Black Night

Line-up
- Roger Glover / Bass
- Ian Gillan / Vocals
- Steve Morse / Guitar
- Don Airey / Keyboards
- Ian Paice / Drums

Released 06 Dec 2019
Recorded live at Ippodromo Delle Capannelle, Rome, Italy on 2013/07/22.

Anmerkungen

Das Album zeigt Deep Purple auf ihrer Tour anlässlich der Veröffentlichung ihres Albums „NOW WHAT!?“. Neben etlichen Dauerbrennern aus der Mark II - Phase standen natürlich die neuen Songs des gerade veröffentlichten Albums im Vordergrund dieses Live-Konzerts. Zunächst aber starteten sie hart und direkt mit den alten Klassikern „FirebalL“ und „Into The Fire“. Besonders „Into The Fire“ vom Kultalbum „In Rock“ bereitete dem noch nicht hinreichend aufwärmten Sänger Ian Gillan hörbar Probleme. Das nachfolgende „Hard Lovin` Man“ entwickelte sich dagegen zu einem wiederentdeckten Juwel, das mit brillanter Spielfreude von allen Beteiligten inszeniert wurde. Und von da an lief die Hard Rock – Maschine wie am Schnürchen. Von Ian Gillans Problemen beim Gesang merkte man nichts mehr. Mit „Vincent Price“ folgte eins von vier Stücken des neuen Albums „NOW WHAT!?“, die an diesem Abend vorgestellt wurden. Deep Purple mixten die neuen Songs unter den bekannten Kuchen, der aus den häufig gespielten Live-Klassikern bestand. Dabei harmonierten die neuen Songs perfekt mit den alten Großtaten.

Überraschend spielten sie nach langer Zeit mal wieder „The Mule“ vom „FIREBALL“-Album. - Natürlich mit einem kurzweiligen Schlagzeugsolo von Ian Paice. Darüber hinaus schafften es Deep Purple in diesem Konzert, ihre älteren Studioversionen in neuen und frischen, interessanten Interpretationen erklingen zu lassen. Eine davon war „No One Came“, nicht zuletzt, weil das Stück den Solisten Freiraum für fantasievolle Improvisationen gibt. Seit jeher eine der Stärken der Band.

Von den neuen Songs schaffte es besonders „Above And Beyond“, sich so langsam zum Dauerbrenner zu entwickeln. Das sentimentale Stück in Erinnerung an den verstorbenen Keyboarder und Gründer Jon Lord entfaltet live stets eine besondere Magie.

Im Schlussdrittel setzten Deep Purple auf die bekannten Formate. Dem sehr abwechslungsreichen Keyboardsolopart von Don Airey voller Klassik mit etwas augenzwinkerndem Kitsch folgte das spannend inszenierte Schwergewicht der 80er-Jahre, „Perfect Strangers“. Mit einem gesanglich wieder etwas reduzierten „Space Truckin`“ und der unvermeidlichen Bandhymne „Smoke On The Water" endete der offizielle Teil. Als erste Zugabe zeigte sich wie gewohnt „Hush", angereichert um ein improvisiertes Tempo-Duell zwischen Gitarre und Orgel. Anschließend bekam nun auch Bassist Roger Glover als letztes Gruppenmitglied seinen Solopart, bevor die Zuschauer mit einer Langfassung von „Black Night" gebührend verabschiedet wurden. Hier packte noch einmal Steve Morse kräftig in die Saiten und zitierte von ZZ Top bis Led Zeppelin den einen oder anderen Rockklassiker.

Fazit:

Deep Purple erlebten 2013 dank eines gelungenen neuen Albums ganz gewiss noch einmal ein künstlerisches Hoch. Dieser Live-Auftritt, dessen interessante und vielschichtige Songauswahl in den ersten zwei Dritteln mit den eingestreuten neuen Stücken ihres gerade veröffentlichten Albums „NOW WHAT!?" garniert wurde, belegte dies eindrucksvoll.

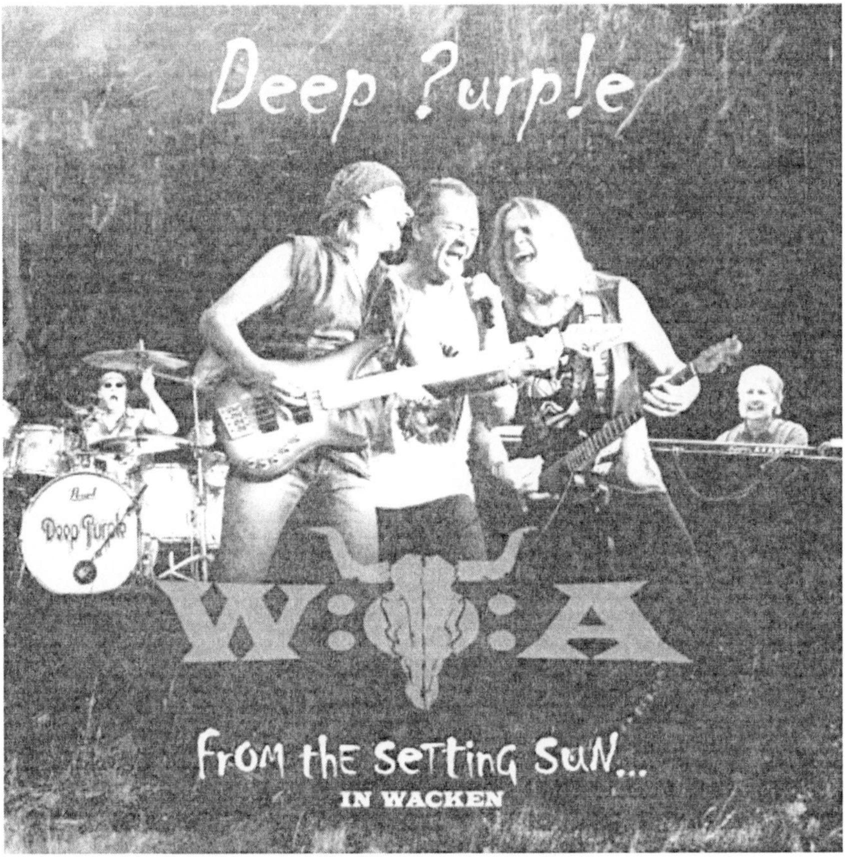

FROM THE SETTING SUN... IN WACKEN ...TO THE RISING SUN ... IN TOKYO (Live 2015) - Doppelkonzert in Tokio (brillant) und Wacken (durchwachsen)

© earMUSIC / Edel Music & Entertainment GmbH

FROM THE SETTING SUN... (IN WACKEN) - live August 2013, veröffentlicht 2015

Songs

CD 1

1. Highway Star
2. Into The Fire
3. Hard Lovin` Man
4. Vincent Price
5. Strange Kind Of Woman
6. Contact Lost
7. The Well Dressed Guitar
8. Hell To Pay
9. Lazy

CD 2

1. Above And Beyond
2. No One Came
3. Don Airey`s solo
4. Perfect Strangers
5. Space Truckin'
6. Smoke On The Water (Featuring Uli Jon Roth)
7. Green Onions / Hush
8. Black Night

Total Time: 97:00

Line-up

- Ian Gillan / Vocals
- Steve Morse / Guitar
- Roger Glover / Bass guitar
- Don Airey / Organ, Keyboards
- Ian Paice / Drums

Guest musician: - Uli Jon Roth / Guitar on "Smoke On The Water"

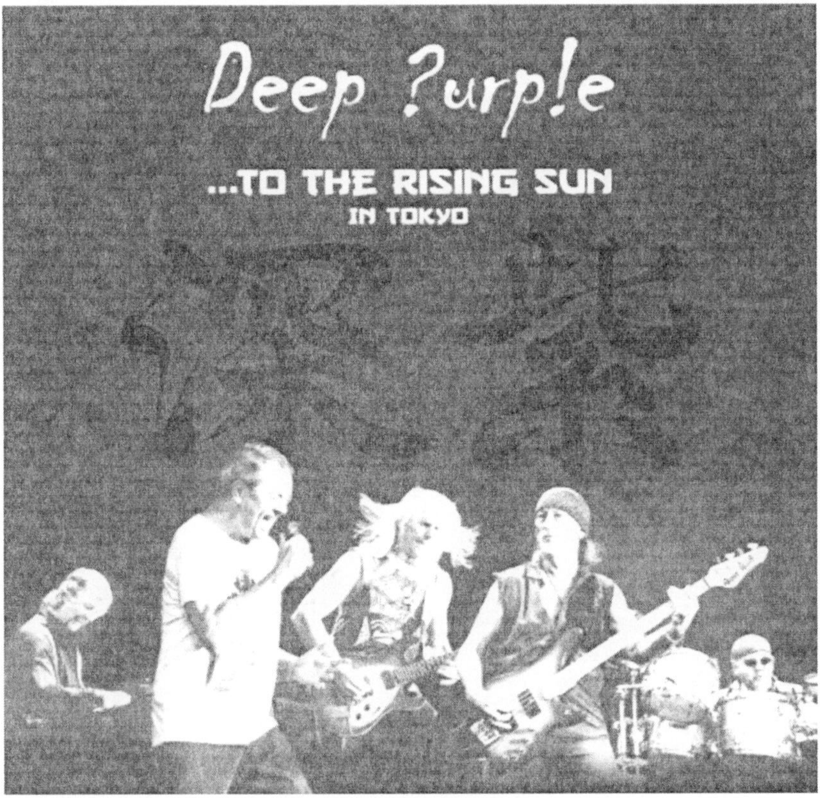

...TO THE RISING SUN (IN TOKYO) -
Live April 2014, veröffentlicht 2015

© earMUSIC / Edel Music & Entertainment GmbH

Songs
CD 1 (59:41)
1. Après Vous
2. Into The Fire
3. Hard Lovin' Man
4. Strange Kind Of Woman
5. Vincent Price
6. Contact Lost
7. Uncommon Man
8. The Well Dressed Guitar
9. The Mule
10. Above And Beyond
11. Lazy

CD 2 (48:59)
1. Hell To Pay
2. Don Airey's Solo
3. Perfect Strangers
4. Space Truckin'
5. Smoke On The Water
6. Green Onions / Hush
7. Black Night

Total Time: 108:40

Line-up
- Ian Gillan / Vocals
- Steve Morse / Guitar
- Roger Glover / Bass guitar
- Don Airey / Organ, Keyboards
- Ian Paice / Drums

Anmerkungen

Ein Doppelkonzert, zunächst in Wacken im August 2013, dann in Tokio im April 2014, jeweils im Jahr 2015 veröffentlicht. Kurz zuvor hatten Deep Purple ihr Album „NOW WHAT?!“ herausgebracht. Das

Programm der beiden Konzerte enthielt mit „Vincent Price", „Above And Beyond" und (nur in Tokio) „Après Vous" und „Uncommon Man" einige der neuen Stücke. Der Rest der Konzerte bestand aus überwiegend altbewährtem Material.

Zwangsläufig drängt sich ein Vergleich auf. Vorweg: Sammler werden an diesen beiden Konzerten sicherlich ihre Freude haben. Dennoch gibt es trotz der weitgehend übereinstimmenden Setlists deutliche Unterschiede. Danach ist in erster Linie das Konzert in Tokio zu empfehlen. Deep Purple hatten sich hier spätestens seit „MADE IN JAPAN" unsterblich gemacht. Ungewohnt eröffneten sie das Tokio-Konzert mit „Après Vous" und ließen den „Highway Star" ganz weg. Ein Wagnis? Nein! Vom ersten Moment an waren sie in Topform. Da das Konzert am Abend stattfand, wirkte auch die Lightshow als gekonnte Untermalung, was sicherlich als optisches Schmankerl auch die Musik besser konsumieren lässt. Herausragend sind gleich zu Beginn die Versionen von „Hard Lovin' Man" und „Strange Kind Of Woman", ganz besonders auch ob der brillanten Gitarrenarbeit von Steve Morse. Ihren verstorbenen Gründer Jon Lord würdigte die Band mit dem eigens dafür geschriebenen „Above And Beyond". Das hervorragende Zusammenspiel der Gruppe beeindruckte während des gesamten Konzerts. In der obligatorischen Zugabe „Hush" duellierten sich Steve Morse und der Keyboarder Don Airey hörenswert. Insgesamt ist „TO THE RISING SUN" eines der besten veröffentlichten Konzerte dieser Besetzung.

In Wacken dagegen waren die Rahmenbedingungen für Deep Purple problematischer. Vielleicht erklärt das auch die am Anfang herrschende spürbare Nervosität der Gruppe. Es war helllichter Tag und daher gab es keine Lightshow. So etwas mag man als weniger wichtig ansehen, doch die Optik spielt unbewusst immer eine Rolle, vor allem bei Bands, die nicht gerade eine große Bühnenshow liefern. Das Auge hört eben mit. Im Bühnenhintergrund war noch nicht einmal ein Banner der Gruppe. Also eine recht triste Optik. Auch ist Wacken alljährlich der Tummelplatz der Metalbands. Rock oder Hard Rock sind dort üblicherweise nicht primär gefragt, allenfalls als Beimischung. Deep Purple hatten also trotz ihres hohen Bekanntheitsgrades ganz gewiss kein Heimspiel.

Ian Gillan merkte man überdies ein paar Probleme mit seiner Stimme an. Im Laufe der langen Karriere und angesichts der schwierig zu singenden Parts, die er weitgehend in seinen jüngeren Jahren eingesungen hatte, durchaus verständlich. So bereiteten ihm „Hard Lovin` Man" und „Hell To Pay" einige Schwierigkeiten. Auch bei „Space Truckin`" brauchte er Auszeiten und ließ einige Silben weg. Im Unterschied zu Tokio verzichteten Deep Purple hier auf „The Mule", „Après Vous" und „Uncommon Man" und eröffneten traditionell mit „Highway Star". Auch das selten gespielte „No One Came" vom Album „FIREBALL" war dabei. Als Gast bei „Smoke On The Water" kam hier der frühere Scorpions-Gitarrist Uli Jon Roth mit auf der Bühne. Insgesamt eine unterhaltsame Show, die aber musikalisch nicht an das brillante Zusammenspiel in Tokio heranreichte.

Unter dem Strich ist Deep Purples Auftritt in Wacken keinesfalls als ein schlechtes Konzert zu klassifizieren. Aber das Bessere ist nun einmal der Feind des Guten.

*****

3. Kapitel

Folgewirkungen

Deep Purple vs. Uriah Heep - Konkurrenz aus der Heimat

Im Grundaufbau bestehen Deep Purple aus einer Rhythmusgruppe, in der Bassist und Schlagzeuger mit harten Anschlägen und einem tief gestimmten Sound ein erdiges Fundament legen, auf dessen Basis eine kräftige Gesangsstimme sowie zwei Melodieinstrumente im wechselseitigen Solospiel die Akzente setzen.

Das ist von der Positionierung nichts Einmaliges im Rockkosmos. Ganz im Gegenteil. Zur Gründungszeit von Deep Purple war dieses Line-up für eine ganze Reihe von Bands typisch. Entschieden sie sich nicht für zwei Gitarren, von denen eine für den Rhythmus und die andere für das Solospiel verantwortlich war, lief das Ganze auf die Kombination Gitarre/Keyboard hinaus.

Einige Bands wählten stattdessen lediglich ein Melodieinstrument, zumeist die Gitarre, und spielten als Trio oder Quartett. Deep Purple entschieden sich von vornherein für eine fünf Köpfe starke Besetzung mit der damals recht populären und vielfältig eingesetzten Orgel sowie einer Gitarre als Melodieinstrumente. Zum Hard Rock kamen sie zwar erst 1970 mit ihrem Album „DEEP PURPLE IN ROCK". Diesem Stil blieben sie aber seitdem treu.

Mit Deep Purple artverwandt sind am ehesten ihre britischen Landsleute von Uriah Heep. Und sie sind zu einer dauerhaften Konkurrenz erwachsen. Diese ähnlich ausgerichtete britische Band, die wie Deep Purple auch heute noch aktiv ist, gründete sich fast parallel gegen Ende der 60er-Jahre. Nimmt man den Vergleich der Chronisten, so waren Deep Purple zwar etwas eher komplett, aber nicht gänzlich früher im Hard Rock unterwegs.

Zeitweise erschienen beide Gruppen wie eine Zwillingsgeburt, von der ein Zwilling kurzzeitig früher das Leben erblickte.

Wer sich in dieser Zeit für Rockmusik interessiert hat, konnte beide nebeneinander wachsen sehen und dabei erstaunliche Parallelen feststellen. Beispielsweise wählten beide das gleiche Line-up und auch die gleiche Musikausrichtung, was sie sehr schnell zu direkten Konkurrenten machte. Ein Vergleich dieser beiden Hardrock-Bands ergab sich daher fast zwangsläufig. Aus Sicht von Deep Purple war ihnen niemand zu gleicher Zeit so ähnlich. Besonders hervorzuheben sind dabei die Keyboards. Durch die technischen Entwicklungen machten sie in den 70er-Jahren einen enormen Schub nach vorn, etwa durch den Synthesizer. Deep Purple und Uriah Heep hatten Keyboarder, die sich aber beide für die Orgel als Tasteninstrument entschieden und dies beibehielten.

Ungeachtet dessen waren aber nicht nur die jeweiligen Keyboarder sehr unterschiedliche musikalische Persönlichkeiten. Alle fünf Musiker mit ihren Qualitäten und ihrer Position in der Gruppe unterschieden sich bei genauerer Betrachtung recht deutlich.

Deep Purple setzten in erster Linie auf die instrumentalen Fähigkeiten von Ritchie Blackmore (Gitarre), Jon Lord (Orgel) und Ian Paice (Schlagzeug). Alle drei galten bereits recht früh als Virtuosen auf ihren Instrumenten. Das Solospiel nahm insofern einen breiten Raum ein. Dieser Qualität hatten Uriah Heep nichts Gleichwertiges entgegen zu setzen, wenngleich auch ihre Musiker fraglos ihre Instrumente beherrschten. Aber ihr Ansatz war stärker songorientiert. Da sie überdies fast alle eine passable Chorstimme hatten, füllten sie ihre Musik mit reichlich Harmonie- und Backgroundgesang aus.

Deep Purple waren etwas eher am Start, verbrachten allerdings die ersten drei Alben mit der Suche nach der musikalischen Richtung. Ihre Musik der ersten Jahre war eher progressiv und von vielen damals erfolgreichen Künstlern beeinflusst, wobei sie sich auch etlicher Coverversionen bedienten.

Zwangsläufig beeinflussten sie die in Gründung befindlichen Uriah Heep. Diplomatisch formuliert haben Uriah Heep regelmäßig

Kenntnis genommen von den Aktivitäten Deep Purples, was aber im Laufe beider Karriereverläufe auch umgekehrt gilt. Heep-Songs wie etwa „Gypsy“, „Traveller In Time“ und „Bird Of Prey“ aus der Anfangszeit bis 1972 hätte man sich auch von der Mark II - Besetzung Deep Purples vorstellen können. Die Zutaten dieser Stücke entsprechen denen, die auch von Deep Purple verwendet worden sind.

Schaut man auf die ersten Alben Deep Purples ab „IN ROCK“ (1970) fällt der umgekehrte Vergleich etwas schwieriger aus.

Allenfalls das fast etwas poppige „Never Before“ von „MACHINE HEAD“ (1972) wäre auch so ein Song, der ungefähr in der gleichen Zeit von Uriah Heep hätte stammen können.

Der Ansatz von Uriah Heep

Mit der gleichen Grundausrichtung an Stil und Instrumentierung und einer auch prinzipiell dem Hard Rock zugeneigten Ausrichtung wähnt man nicht zu Unrecht Uriah Heep ganz nah bei Deep Purple. Und doch sind ihre Markenzeichen unterschiedlich. Der von Uriah Heep geprägte Hard Rock hat eine stärkere melodische Komponente. Bereits in den Kompositionen ist die Gesangsmelodie häufiger melodisch ausgelegt, was durch den teilweise 4-stimmigen Backgroundgesang noch einmal deutlich betont wird. Im Unterschied dazu arbeiten und arbeiteten Deep Purple stets nur mit einem Leadsänger – die kurze Phase Mitte der 70er-Jahre mit Coverdale/Hughes mal ausgenommen. Ian Gillan singt allein und häufig auch ohne Backgroundgesang. Live sowieso. Auf den Studioalben verzichtet die Gruppe auch punktuell auf Backgroundgesang. Dort, wo er vorhanden ist, hat mehrheitlich Ian Gillan auch diese Parts eingesungen.

Uriah Heep erzielte in der Summe deutlichere Singleerfolge als Deep Purple. Wenn man so will – die einzige Disziplin, in der sie Deep Purple die Stirn bieten konnten oder sogar überlegen waren. Ihr „Lady In Black“, eigentlich ein untypischer Song für eine Hard Rock Band, mutierte 1971 zum bekanntesten Stück und ihrer bis dato erfolgreichsten Single. Uriah Heep spielen den Song noch heute regelmäßig in den Konzerten als Zugabe. Mit „Easy Livin`“ schufen sie außerdem eine ähnliche Hymne wie „Smoke On The Water“. Der langjährige Keyboarder Ken Hensley dominierte die Band als musikalischer Kopf während seiner Zugehörigkeit. Durch sein Talent als Songwriter und seine darüber hinaus vorhandene Fähigkeit zu singen und auch Gitarre zu spielen bestimmte er weitgehend die Richtung und schuf einen Großteil sogenannter unsterblicher Songs, allen voran das bereits erwähnte „Lady In Black“. Während Deep Purple ab 1970 immer ein Stückchen stärker von der Gitarrendominanz eines Ritchie Blackmore partizipierten, waren die Rollen bei Uriah Heep eher auf ein Gleichgewicht zwischen Gitarre und Keyboards ausgerichtet. Was die Virtuosität der Musiker anging, gab es die oben erwähnten Unterschiede. In der progressiven Musik der späten 60er-Jahre und fortan dominierte das instrumentale Solospiel. In dieser Disziplin besaßen Deep Purple mit Gitarrist Ritchie Blackmore, Organist Jon Lord und Schlagzeuger Ian Paice gleich drei Ausnahmekönner. Ihre instrumentalen Einlagen faszinierten Fans und Fachwelt bereits von Beginn an. Uriah Heep verfügten nicht über dergleichen starke Solisten. Konsequenterweise standen bei Ihnen der Gruppensound, die Songs und der vielstimmige Harmoniegesang im Vordergrund. Gleichwohl gab es auch in den Songs von Uriah Heep instrumentale Auswüchse, etwa bei „July Morning“ oder „The Magician`s Birthday“. Hier untermalten geschickt atmosphärische Beigaben das Solospiel.

Im Mittelpunkt ihrer Musik stand gleichwohl stets der einzelne Song, der Gesamtsound und die Leistung des Kollektivs, weniger der Solist.

Interessanterweise erlebten auch Uriah Heep in der Zeit von 1972 bis 1975 eine künstlerische und kommerzielle Hochphase. Das Kreativteam bestand damals aus Keyboarder, Gitarrist und Sänger Ken Hensley, Lead Sänger David Byron, Gitarrist Mick Box sowie der Rhythmusgruppe um Lee Kerslake an den Drums und Gary Thain am Bass. Ihr Album „Demons And Wizards“ mit den erfolgreichen Singles „Easy Livin“ und „The Wizard“ stellte 1972 den frühen Höhepunkt ihres Schaffens dar. Der melodische Hard Rock mit dem vielstimmigen Gesang hob sich inzwischen deutlicher von Deep Purple ab. Bis 1975 blieben sie nahezu auf Augenhöhe mit Deep Purple, wenngleich denen zu dieser Zeit nach den Umbesetzungen kurzzeitig komplett die Puste ausging. „Return To Fantasy“ war 1975 das letzte große Album von Uriah Heep, bevor es auch bei ihnen eine Zeit lang eher bergab ging.

Mit dem neuen Sänger John Lawton und dem Hit „Free Me“ waren sie 1977 noch einmal groß im Geschäft. Sowohl Lawton als auch Mastermind Ken Hensley verließen in der Folgezeit die Band nach diversen Streitigkeiten.

Ende der 80er Jahre fanden Uriah Heep in Bernie Shaw die Idealbesetzung beim Gesang. Noch heute ist der Sänger Teil der Gruppe um das einzig verbliebene Gründungsmitglied Mick Box. Aktuell veröffentlichten Uriah Heep mit "Chaos & Colour" 2023 ihr mittlerweile 27. Studioalbum. Es gilt als eines ihrer besten Werke der letzten Jahre, vielleicht sogar der letzten Jahrzehnte. Die melodiöse Hard Rock – Mischung weiterhin konsequent beibehaltend, bietet die britische Konkurrenz zu Deep Purple dem vermeintlich großen Bruder weiterhin ordentlich die Stirn. Fünf Studioalben mehr haben sie auf ihrer Habenseite, und dies trotz einer rd. 10-jährigen Schaffenspause zwischen 1998 und 2008, während Deep Purple zwischen 1976 bis 1984 nicht aktiv waren.

Untereinander gibt es keine Berührungsängste zwischen den Beteiligten, wie es scheint. Gemeinsame Festivalauftritte noch heute sind ein Beleg dafür.

Ableger von Deep Purple – wo gehobelt wird, fallen Späne

Deep Purple haben viele Gruppen beeinflusst. Sie haben einen eigenen Stil geprägt, ihn perfektioniert und weiterentwickelt. Sie haben dabei über all die Jahrzehnte ihre Grundausrichtung beibehalten und den Hard Rock mit Gitarre und Orgel und ihrer ureigenen Spielart inzwischen zu einem Alleinstellungsmerkmal geführt.

Wie die meisten ihrer Kollegen, denen es gelingt, über Jahrzehnte aktiv und erfolgreich zu bleiben, haben sie Personalwechsel vornehmen und ertragen müssen. Die daraus resultierenden temporären Veränderungen in ihrer Musik habe ich bei der Besprechung der Studioalben dargestellt.

Was aber ist aus den Musikern geworden, die Deep Purple nach einer gewissen Zeit verlassen haben und ihren Karriereweg anderweitig suchten? Ich nenne sie Ableger. Diese Bezeichnung aus der Pflanzenwelt ist nicht abwertend gemeint. Ganz im Gegenteil. Für einige von ihnen war Deep Purple eine Lehrzeit, eine Episode und sicherlich auch ein Sprungbrett zu ihrer späteren Berufung.

Die nachfolgende Zusammenfassung einiger dieser Fälle behandelt nicht umfassend alle der personellen Abzweigungen und Ableger über die Jahrzehnte. Auch wird der weitere musikalische Weg von ihnen nicht in allen Details beschrieben. All dies würde den Rahmen dieses Buches sprengen. Vielmehr wäre es Stoff genug für ein eigenes Buch. Deshalb führe ich nur diejenigen Musiker auf, denen eine bemerkenswerte Fortsetzung ihrer Karriere gelungen ist und die dabei den Geist und die Musik Deep Purples als Leitmotiv im Hinterkopf behalten haben.

Rainbow

1975 sah Ritchie Blackmore bei Deep Purple keine Zukunft mehr. Nach jahrelangen Streitigkeiten um die musikalische Richtung der Gruppe und ihre personelle Aufstellung stieg er aus. Auf dem letzten Album STORMBRINGER agierte er kurz zuvor bereits relativ lustlos und war auch als Songwriter weniger aktiv als früher, was sich stark auf die Qualität der Songs auswirkte. Außerdem missfiel ihm, dass die Band einige seiner Songvorschläge ablehnte. Die von ihm beanspruchte Vormachtstellung geriet in Gefahr. Seit einiger Zeit arbeitete er parallel an einem Soloalbum. Mit Ronnie James Dio war auch ein potenter Sänger verfügbar. So zog er einen vorläufigen Schlussstrich und verließ Deep Purple.

Gemeinsam mit Ronnie James Dio gründeten sie „Rainbow“, was zunächst aber „Ritchie Blackmore`s Rainbow“ heißen sollte. Es war erklärte Absicht Blackmores, da weiterzumachen, wo er mit Deep Purple aufgehört hatte. Anfangs klappte das auch gut. Besonders das 1976 erschienene Album „Rising“ war voll mit hochklassigem Hard Rock.

Ritchie Blackmores schwierigem Charakter fielen jedoch mehr und mehr seine Musiker zum Opfer. Da er Rainbow als sein ureigenes Projekt ansah, entschied er auch allein über alle wesentlichen Dinge. Häufige Besetzungswechsel kennzeichneten die Zusammenarbeit von Rainbow. Selten blieb eine feste Formation länger als ein Album zusammen. Ritchie Blackmore nahm sich die Freiheit, Umbesetzungen vorzunehmen, wann immer ihm irgendetwas nicht gefallen hatte. Es waren dafür aber nicht nur persönliche oder musikalische Probleme ursächlich. Auch generelle Richtungsentscheidungen standen an. Der Stilwechsel zum Rock mit poppigen Elementen griff mehr und mehr Raum. - Angeblich ging es um Marktanteile in den USA, die aber letztlich nicht zufriedenstellend erreicht werden konnten. Die Unzufriedenheit wuchs. 1984 schließlich hatte Ritchie Blackmore wieder einmal genug und löste Rainbow auf, um überraschend Deep Purple zu reformieren. Entsprechende Bestrebungen dahin liefen schon länger. Ritchie Blackmore wechselte also zurück. Zuvor soll er vergeblich versucht haben, frühere Deep Purple-Mitglieder bei Rainbow anzuwerben.

In den Folgejahren gab es für Deep Purple bekanntlich erneut ein Auf und Ab, bei dem mit Joe Lynn Turner auch wieder einmal ein anderer Sänger ausprobiert wurde. Nach Veröffentlichung des Albums „THE BATTLE RAGES ON“ im Jahr 1993 hatte Ritchie Blackmore endgültig genug und kehrte Deep Purple für immer den Rücken (Stand 2023). Noch einmal reaktivierte er Rainbow, um schließlich kurz darauf gemeinsam mit seiner neuen Partnerin Candice Night die Formation Blackmore`s Night ins Leben zu rufen. Mit Ausnahme einiger nachfolgender Konzerttourneen kam es zu keiner nachhaltigen Neuauflage von Rainbow.

Mit Rainbow erreichte Ritchie Blackmore insgesamt nicht die Popularität von Deep Purple, war aber doch mit rd. 28 Millionen verkaufter Alben der erfolgreichste Ableger Deep Purples. Gleichzeitig bewies er, dass er fernab seiner alten demokratisch ausgerichteten Band auch als Bandleader in einer anderen Formation Erfolge vorzuweisen hat.

Whitesnake

Was unternahm eigentlich David Coverdale nach dem Aus von Deep Purple im Jahr 1975? Als junger und unerfahrener Sänger war er rund zwei Jahre lang bei Deep Purple gewesen. Zweifellos hatte er Blut geleckt und Businesserfahrungen gesammelt. In der Blüte seiner Jahre nun aufzuhören war für ihn kein Thema. Er fühlte sich vielmehr berufen, es solo zu versuchen. Einen Namen hatte er sich durch seine Zugehörigkeit zu Deep Purple erarbeitet. Nach zwei Alben unter seinem Namen kristallisierte sich eine feste Formation von Musikern heraus, die unter anderem aus den beiden Gitarristen Micky Moody und Bernie Marsden bestand und die künftig unter dem Namen „Whitesnake“ firmieren sollte. David Coverdale gelang es überdies, mit Jon Lord und Ian Paice zwei Gründungsmitglieder von Deep Purple zeitweise in die Gruppe zu integrieren.

Insgesamt waren Whitesnake sehr erfolgreich. Sie erreichten mit „Here I Go Again“ und „Is This Love“ in den USA die Spitze der Singlecharts. Spätestens dadurch mutierten sie zu einer ernstzunehmenden Konkurrenz für Deep Purple und waren neben Rainbow der erfolgreichste Ableger der Band. David Coverdale war es gelungen, sich mit einer Mischung aus verschiedenen Rockelementen einen großen Fankreis aufzubauen.

Whitesnake durchlebten aber nicht nur erfolgreiche Zeiten. Zwischenzeitliche Auflösungen und Wiedervereinigungen gab es bei ihnen auch. Etwa als David Coverdale mit dem ehemaligen Led Zeppelin – Gitarristen Jimmy Page 1993 das Album „Coverdale/Page“ aufnahm und dafür zuvor Whitesnake auf Eis legte. Ein Irrweg, wie sich herausstellte. Zu einem weiteren Album mit Jimmy

Page kam es daher nicht.

David Coverdale besann sich also wieder auf seine alten Verbindungen und erfolgreichen Zeiten und hielt an Whitesnake fest. Inzwischen sieht er sich langsam am Ende seines Weges und kündigte sein baldiges Karriereende an. Obwohl er jünger als die Deep Purple Mitglieder aus der Mark II-Besetzung ist, hat auch er bereits das Rentenalter erreicht.

Whitesnake verkauften mehr als 20 Millionen Alben.

Gillan/Ian Gillan Band

Ian Gillan hatte im Verlaufe seiner Karriere immer mal wieder Zeit, um sich eigenen Vorhaben zu widmen. Zwei Mal musste er den Posten als Sänger von Deep Purple räumen, weil er insbesondere mit Ritchie Blackmore in einen Dauerstreit geriet und daraufhin gefeuert wurde. Nach seinem ersten Rauswurf und einer musikalischen Pause gründete er die „Ian Gillan Band". 1978 wurde daraus „Gillan". In der Anfangsphase der Ian Gillan Band experimentierte die Gruppe zwischen Rock und Jazz. Ian Gillan blieb in der Folge wieder stärker einer Mischung aus Hard Rock und Heavy Metal zugewandt. 1982 beendete er einstweilen seine Soloaktivitäten, um sich überraschend den britischen Kollegen von Black Sabbath anzuschließen, die zu dieser Zeit einen neuen Sänger suchten. Dabei war die zwischen Ian Gillan und dem Sabbath-Gitarristen Tony Iommi bestehende lange Freundschaft der Wegbereiter. Unter dem Strich wurde jedoch schnell klar, dass dies keine dauerhaft fruchtbare Zusammenarbeit werden konnte. So beendeten sie die Liaison nach einem gemeinsamen Album 1983 gesichtswahrend.

Ian Gillan wurde anschließend Teil der Reunion von Deep Purple. Die Gruppe hatte übereinstimmend befunden, dass sie noch nicht fertig gewesen waren und – sie hatten neues Material geschrieben. Da der Frieden nur von kurzer Dauer war, musste Ian Gillan 1990 ein weiteres Mal aussetzen, als die Band erneut in Streitigkeiten geriet und schließlich mit Joe Lynn Turner als neuem Sänger das Album „SLAVES AND MASTERS" aufnahm. Nach seiner nochmaligen Rückkehr für das Album „THE BATTLE RAGES ON" verließ kurz nach dessen Veröffentlichung Dauerrivale Ritchie Blackmore endgültig die

Gruppe Deep Purple.

Ian Gillan blieb in der Folgezeit trotz des Fulltimejobs bei Deep Purple auch weiterhin solistisch aktiv. Musikalisch beschritt er dabei nunmehr andere Wege als in den 70er-Jahren und grenzte sich von Deep Purple stärker ab. Besonders die Alben „Dreamcatcher“ (1997) und „Gillan’s Inn“ (2006) zeigten ihn als einen gereiften und vielseitig agierenden Musiker, der zwischen Rock, Blues, Folk, Jazz und Weltmusik locker hin und her wechselt. Dass er damit nicht nur Zuspruch erfahren hat, weil er eingeschworenen Deep Purple - Anhängern anderes lieferte als sie von ihm erwarteten, war es ihm offenbar wert. Ian Gillan sieht sich inzwischen als Sänger breiter aufgestellt als in der Anfangsphase seiner Karriere. Die Freiheiten seien ihm gegönnt. Mit einem Rauswurf bei Deep Purple muss er wohl heuer nicht mehr rechnen.

Blackmore’s Night

Ritchie Blackmore war stets ein unruhiger Geist und selten länger mit einem Zustand zufrieden. So verwundert es nicht, dass er nach seinem wohl endgültigen Ausstieg bei Deep Purple im Jahr 1993 auch mit seiner „Ersatzformation“ Rainbow nicht dauerhaft glücklich geworden ist. Zeit für etwas anderes war bei ihm öfter. Aber als er beschloss, sich vom Hard Rock gänzlich abzuwenden, kam dies für die Fachwelt überraschend. Immerhin hatte er sich den Ruf als einer der einflussreichsten Gitarristen dieses Genres erarbeitet. Auch wenn seit seinem Abschied von Deep Purple bereits etliche Jahre vergangen waren, gab es immer wieder Stimmen, die sich eine Rückkehr von Ritchie Blackmore wünschten. Aber das war stets aus verschiedenen Gründen nicht möglich.

Mehr und mehr fühlte er sich zum Folk und der Renaissancemusik hingezogen. Diese Leidenschaft wurde auch von Candice Night geteilt, einer amerikanischen Sängerin, die bereits bei Rainbow für Backgroundgesang eingesetzt worden war. Mit ihr gründete er 1997 Blackmore`s Night. Für Ritchie Blackmore war dies ein Wechsel von elektrischer zu akustischer Gitarre, fernab rockiger Gitarrenriffs. Eine Hinwendung zu klassischem Gitarrenspiel. Zur passenden Untermalung der Folk- und Renaissance-Musik setzt die Gruppe bisweilen auch eine Schalmei, eine Drehleier, Mandolinen und andere zu mittelalterlicher Musik verwendbare Instrumente ein.

Die Konzerte von Blackmore`s Night finden oftmals in Schlössern oder auf Burgen statt, um der Musik einen geeigneten Rahmen zu verleihen. Außerdem kleidet sich die Band bei ihren Auftritten mittelalterlich. So bekommen die Zuschauer einen ganzheitlichen Eindruck.

Neben eigenen Kompositionen präsentieren Blackmore`s Night eine Reihe von Coverversionen. Seine früheren Mitstreiter von Deep Purple hatten Blackmores Wünsche in dieser Richtung seinerzeit regelmäßig abgelehnt.

Gelegentlich aufkommenden Gerüchten um eine Wiedervereinigung von Deep Purple tritt Ritchie Blackmore keinesfalls entgegen. Eher nährt er sie, allerdings ohne dabei konkreter zu werden. Die jetzigen Mitglieder von Deep Purple sehen hingegen keinen Sinn in einer neuerlichen Zusammenarbeit mit ihrem früheren Gitarristen. In Interviews darauf angesprochen lehnen sie jegliche Gedanken daran ab.

Blackmore`s Night bestehen bis heute.

Black Country Communion

Ähnlich wie David Coverdale stand auch Bassist und Sänger Glenn Hughes bei der Auflösung von Deep Purple noch am Beginn seiner Karriere. Mit Black Country Communion wurde er Teil einer sogenannten Supergroup, die neben Glenn Hughes aus dem Schlagzeuger Jason Bonham – Sohn des Led Zeppelin-Schlagzeugers John Bonham-, Keyboarder Derek Sherinian sowie Gitarrist und Sänger Joe Bonamassa bestand. Ihr Debüt gaben sie im Jahr 2010. Besonders Joe Bonamassa entwickelte in dieser Zeit seine Soloaktivitäten intensiver und war dabei sehr erfolgreich. Deshalb schien klar, dass der Gruppe keine längere gemeinsame Zeit verbleiben sollte. Mit dem Album „IV“ endete 2017 die Zusammenarbeit.

Glenn Hughes musste sich neu orientieren. Auch wenn ihm der große Wurf nicht gelang, war und ist er bis heute ein gefragter Musiker. Bei Live-Konzerten griff er immer wieder auf die in seiner Zeit entstandenen Deep Purple – Songs zurück.

IAN PAICE & PURPENDICULAR

Für Schlagzeuger einer Rockgruppe gibt es im Regelfall wenig Möglichkeiten solistischer Entfaltung. Im Wesentlichen mag das daran liegen, dass sie selten als Bandleader eine Formation prägen oder etablieren können. Songschreibern, Sängern und Gitarristen ist es überwiegend eher vorbehalten, Initiativen zur Gründung neuer musikalischer Aktivitäten zu entwickeln und die Richtung zu bestimmen.

Im günstigeren Falle schließen sich die Schlagzeuger einer bestehenden Gruppe an, wenn ihnen nach zusätzlicher Beschäftigung ist. Ian Paice stellt dafür keine Ausnahme dar. Die 2007 gegründete Band „Purpendicular", deren Namen auf das 1996er-Album von Deep Purple zurückgeht, hatte er bereits einige Zeit beobachtet, bevor er sich ihr anschloss.

„Purpendicular" verwenden das klassische Instrumentarium Deep Purples, kopieren die Band aber nicht, sondern interpretieren sie auf ihre Art. Natürlich gibt es Deep Purple- Klassiker wie „Child In Time", „Black Night", „Smoke On The Water", „Woman From Tokyo" und einiges mehr zu hören. Aber eben nicht nur.

Deep Purple-Coverbands gibt es inzwischen viele. Das besondere Merkmal von Purpendicular ist zweifelsohne die Tatsache, dass ihnen mit Ian Paice ein Gründungsmitglied und der bis heute bei Deep Purple verbliebene Drummer angehört. Sein Schlagzeugspiel prägte die Band von Beginn an und ist unverwechselbar.

Aber sie spielen eben nicht nur die Songs ihrer Vorbilder, sondern veröffentlichen auch eigenes Songmaterial, so geschehen 2015 auf ihrem Debütalbum „This Is The Thing". Neben Ian Paice wirkten als Gäste auch u.a. Roger Glover, Don Airey und Steve Morse mit. In der Folgezeit wuchs die Popularität von „Purpendicular" stetig, wozu auch umjubelte Live-Konzerte mit weiteren prominenten Musikern beitrugen. Bis heute ist Ian Paice dabei – wenn er eben nicht gerade das Schlagzeug bei Deep Purple bedient.

Demon's Eye

Demon`s Eye sind eine weitere Deep Purple-Tribute-Band. Ihr Name entstammt einem Song vom 1971 erschienenen Album „FIREBALL".

Ähnlich wie „Purpendicular" sind auch „Demon`s Eye" mit reichlich Musik von Deep Purple unterwegs, schreiben aber ebenfalls eigene Stücke. Ihr Album „The Stranger Within" veröffentlichten sie 2011. Ein weiteres Album mit Eigenkompositionen folgte 2015.

Geadelt wurde diese Gruppe auch durch Ian Paice, der während einiger Konzerte das Schlagzeug übernahm. Als ferne Verwandtschaft zu Deep Purple gilt ihr Sänger Doogie White, der auch schon für Ritchie Blackmores Formation Rainbow tätig war.

„Demon`s Eye" werden von vielen Musikkritikern und Journalisten als die beste Tribute-Band von Deep Purple gewürdigt. Ähnlich wie das Original liefern sich Orgel und Gitarre während ihrer Konzerte zahlreiche Duelle, zumeist improvisiert. Der Schwerpunkt ihrer Konzerte und ihrer Interpretation liegt in der 70er-Jahre-Phase von Deep Purple, in der besonders die Alben „IN ROCK", „FIREBALL" und „MACHINE HEAD" für weltweite Aufmerksamkeit sorgten.

Neben diesen sehr erfolgreichen Ablegern gibt es eine unbestimmte Zahl an weiteren, mehr oder weniger auf Deep Purple zurück zu führenden Rockgruppen, die – jeder für sich – dokumentieren, wie einflussreich die Musik dieser seit 1968 bestehenden Band war und ist.

Letzte Meldung

Wenn man ein Buch schreibt, das nicht nur eine Vergangenheitsbetrachtung sein soll, bedarf es immer wieder der Recherche. Neuigkeiten drohen täglich.

Unter dieser Rubrik versuche ich eine letzte Aktualisierung.

Im Text habe ich an verschiedenen Stellen bereits die Erwartung oder Mutmaßung über ein neues Studioalbum geäußert. Tatsächlich laufen nun, im September 2023, hierzu Aufnahmearbeiten. Roger Glover hatte entsprechende Gerüchte bestätigt. Mit dem Erscheinen eines neuen Albums von Deep Purple ist 2024 zu rechnen.

Über den Autor

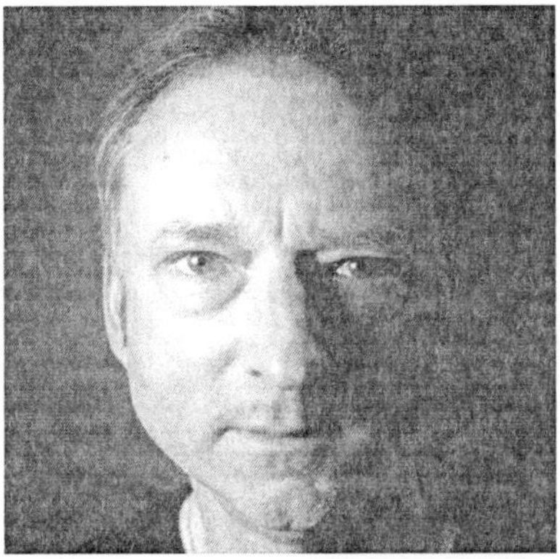

Helge Holm, geboren 1960, Dipl.-Verwaltungswirt, Dozent, Buchautor und Musiker.

Nach einer Verwaltungsausbildung und anschließenden Fachhochschulstudium war er lange Jahre in der Kommunal- und Landesverwaltung tätig. Seine Arbeitsschwerpunkte lagen in der Finanz- und Haushaltsplanung, Haushaltskonsolidierung sowie betriebswirtschaftlichen Fragestellungen.

Helge Holm betätigt sich bereits lange Jahre als Musiker und Komponist und hat vier CDs herausgegeben.

2018 veröffentlichte er das Buch **„Erfolg im Musikbusiness – Wissenswertes über Popularmusik“**, erschienen im Fidelio-Verlag.

2019 erschien mit **„Haushaltskonsolidierung in Kommunen – Wege aus der Finanzkrise“** sein erstes Werk im Haufe-Verlag.

2020 wurde mit **„Generation Babyboomer“** seine autobiographisch geprägte Sicht auf das Zeitgeschehen in den letzten 60 Jahren in Deutschland im DeBehr-Verlag veröffentlicht.

2021 veröffentlichte der Haufe-Verlag das zweite Buch von Helge Holm **„Entscheidungsmethoden in der öffentlichen Verwaltung – sicher, wirtschaftlich, transparent“**.

Im gleichen Jahr erschien mit **„Das bisschen Alter kann uns mal …!“** eine humoristische Betrachtung über den Alltag der Menschen in der zweiten Lebenshälfte im DeBehr-Verlag.

Mit **„Aufstieg und Erfolg im Musikbusiness – Karriereaufbau im Bereich Solo-Artist oder als Bandmitglied“** veröffentlichte der DeBehr-Verlag 2022 eine Neuauflage des 2018 erschienenen Werkes.

Mehr von Helge Holm bei DeBehr

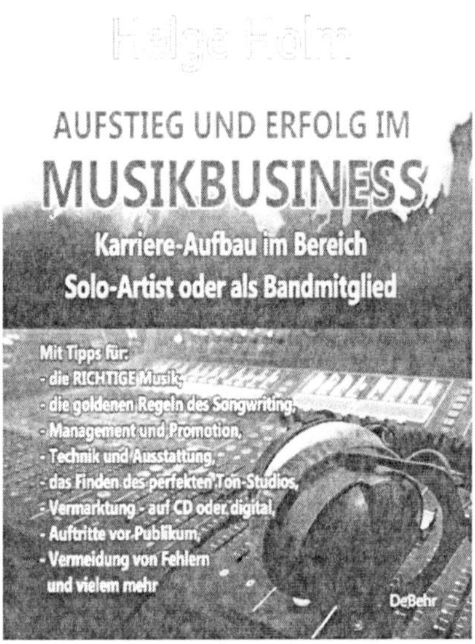

Du bist auf dem Weg zum Musiker oder verdienst bereits Geld mit deiner Leidenschaft, möchtest aber noch erfolgreicher werden? Dieses Praxisbuch zeigt Dir, worauf es ankommt und wie Du die notwendigen Schritte vorbereiten kannst, gewinnbringend Karriere zu machen. Bist Du eher der Solo-Musiker oder möchtest Du in einer Band auftreten? Wie findest du eine Band, die zu Dir passt? Welcher Musikstil soll es sein? Was sind die goldenen Regeln des Songwriting? Welche Technik und Ausstattung benötigst Du? Wie findest Du das perfekte Tonstudio? Welche Werbung bringt Dir Erfolg? Was musst Du bei Auftritten beachten? Welche Verträge im Business sind wichtig? Welche Fehler gilt es zu vermeiden? Dies und viel mehr erklärt auf verständliche Weise dieses Buch. Auch ohne Vorkenntnisse oder Beziehungen kannst Du Deine Strategie umsetzen und endlich mit Deiner Musik Geld verdienen.

Paperback mit 232 Seiten, Preis: 12.95€, ISBN: 9783957539663

Helge Holm

Das bisschen Alter kann uns mal

Humorvolle Tipps für
eine glückliche zweite Lebenshälfte

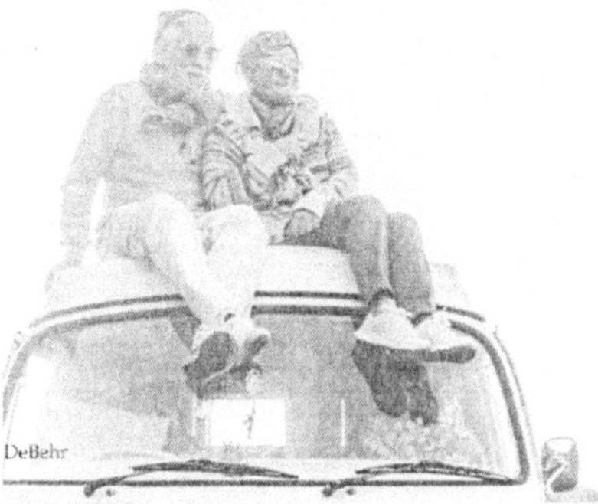

Klopfen die 50 an die Tür? Oder sind die 60 schon überschritten? Reißt der Wecker nicht mehr aus Träumen, weil der Arbeitsmarkt Sie in den Ruhestand geschickt hat? Sind die Kinder aus dem Haus? Wuselt Ihre geliebte zweite Hälfte beständig um Sie herum? Lockt die Couch mit Mittagsschläfchen-Angeboten? Glückwunsch, SIE SIND NUN ALT! In Rücken und Hüfte zwickt es. Der Friseur bändigt nur noch zarten Flaum. Die Augen schwächeln. Und es muss nicht immer Sex sein, ein gutes Essen tut es auch, was sich erfolgreich an den Hüften manifestiert. Eine üppige Lebenserwartung schubst uns gnadenlos in eine nie zuvor gekannte Leere von Tagen ohne gewohnte Pflichten. Die Zeit der neuen Selbstfindung steht bevor. Und deren wundervolle Möglichkeiten sind schier unbegrenzt. Machen Sie das Allerbeste daraus! Wie das geht, zeigt Helge Holm auf humorvolle Weise in seinem Ratgeber für alle, denn Alter ist Programm für jeden … irgendwann.

Paperback mit 188 Seiten, Preis: 11.95€, ISBN: 9783957538710

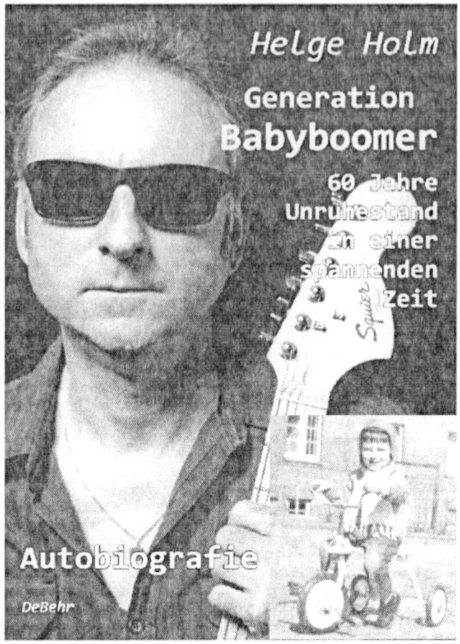

Der bekannte Musiker, Autor und Schauspieler Helge Holm gehört der Generation der Babyboomer an, jenen geburtenstarken Jahrgängen, die in einer Zeit aufwuchsen, welche gehörige Umbrüche brachte. Massive politische, wirtschaftliche, gesellschaftliche und nicht zuletzt technische Neuerungen standen an, quasi über Nacht wurde Vieles ganz anders, und so wurden die Boomer gezwungen, sich neu auszurichten. In seinem Buch beschreibt der Autor, wie diese Umbrüche sein Leben schicksalhaft beeinflussten und er das Beste daraus machte. „Verstehen kann man das Leben rückwärts; leben muss man es aber vorwärts", diese Weisheit haben die Babyboomer mehr als verinnerlicht. - Sie sind ein Babyboomer oder wollen wissen, wie Babyboomer ticken? - Sie suchen eine Herausforderung, vielleicht gerade in Ihrer 2. Lebenshälfte? - Sie sind mit Ihrem Leben nicht zufrieden und brauchen Anregungen, um etwas zu verändern? - Sie suchen Erfolgsrezepte und haben noch nie etwas von Frugalisten gehört? - Sie interessieren sich für schicksalhafte und interessante Lebensläufe? - Sie befinden sich permanent im Unruhestand? - Sie interessieren sich für deutsch-deutsche Begegnungen? - Sie wollen wissen, wie ein 60-jähriger Mensch seine Kindheit und die Zeit des „Damals" und „Heute" reflektiert? - Sie wollen wissen, wie man ohne Computer,

Internet und Handy überhaupt existieren konnte? - Sie sind künstlerisch interessiert? - Sie wollen wissen, wie man einen BURN-out überwindet? - Sie leben eigentlich im falschen Leben? Dann lesen Sie dieses Buch!
Paperback mit 240 Seiten, Preis: 11.95€, ISBN: 9783957537362

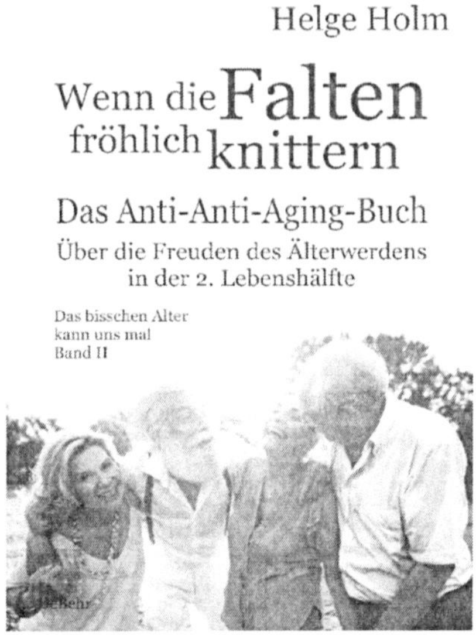

HURRA! Da sind sie, die ersten Fältchen als eines der Anzeichen, dass die 2. Lebenshälfte endlich begonnen hat. ALTER ist alles andere als tragisch, es verspricht sogar goldene Zeiten. Eltern haben plötzlich dauerhaft sturmfrei und finden sich neu als Paar. Ab und an etwas zu vergessen, kann sich als sehr erholsam erweisen. Durch mehr Freizeit bieten sich völlig neue Möglichkeiten der Hobby-Findung. Und wann konnte man schon 365 Tage im Jahr in den warmen Gefilden Urlaub machen? Im zweiten Band seiner Reihe "Das bisschen Alter kann uns mal" nimmt Helge Holm erneut das Älterwerden humorvoll auf die Schippe und gibt Tipps zum sich Rundum-Glücklich-Fühlen. Das Anti-Anti-Aging Buch für den bewussten Genuss dieses Lebensabschnittes.

Paperback mit 188 Seiten, Preis: 11.95€, ISBN: 978398727010